大学生就业创业能力训练教程

肖焰 肖竞 张晓超 编

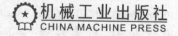

本书根据当前高校毕业生就业形势和大学生的实际情况，结合实训类教材的特点进行编写。全书分为"就业篇"和"创业篇"两部分。"就业篇"包括大学生自我认知和职业认知、职业生涯规划、就业准备、求职技巧、就业权益保护等训练内容，"创业篇"包括大学生创业能力培养、创业准备、创业团队管理、创业融资及创业实务等训练内容。本书在阐述就业创业基本理论知识的基础上，更注重大学生就业创业能力的培养和训练。每章有训练内容、训练步骤、训练要求和考核办法，操作性极强。

本书可以作为普通本科院校和高职高专院校大学生就业创业的实训教材，也可以作为其他青年就业创业的参考用书。

图书在版编目（CIP）数据

大学生就业创业能力训练教程/肖焰，肖竞，张晓超编. —北京：机械工业出版社，2019.1
ISBN 978-7-111-61271-1

Ⅰ. ①大… Ⅱ. ①肖… ②肖… ③张… Ⅲ. ①大学生–创业–高等学校–教材 Ⅳ. ①G647.38

中国版本图书馆 CIP 数据核字（2018）第 253854 号

机械工业出版社（北京市百万庄大街22号 邮政编码100037）
策划编辑：王 博　责任编辑：王 博
责任校对：黄兴伟　封面设计：马精明
责任印制：张 博
三河市国英印务有限公司印刷
2019年5月第1版第1次印刷
184mm×260mm・13 印张・321 千字
0001—3000 册
标准书号：ISBN 978-7-111-61271-1
定价：39.90 元

凡购本书，如有缺页、倒页、脱页，由本社发行部调换

电话服务　　　　　　　　　网络服务
服务咨询热线：010-88379833　机工官网：www.cmpbook.com
读者购书热线：010-68326294　机工官博：weibo.com/cmp1952
　　　　　　　　　　　　　　教育服务网：www.cmpedu.com
封面无防伪标均为盗版　　　金 书 网：www.golden-book.com

前言 Preface

大学生就业一直是我国经济社会生活中一个热点话题。我国曾长期以"就业包分配"的形式来安排大学毕业生的工作，那时大学生就业问题尚不突出。从20世纪90年代末开始，我国大部分高校陆续实行扩招，从1999年开始，大学生数量呈直线上升趋势，平均每年递增50万人左右，到2016年全国普通高校毕业生达到765万人，2017年达到795万人，2018年更是高达820万人。大学培养方式的变化也在逐渐改变着大学生就业市场的供需结构，大学生的就业情况也随之越来越复杂和严峻，大学生就业问题逐渐突出。解决大学毕业生就业问题，首先就要培养并提高其就业能力，这不仅有利于大学生就业质量的提升，更有利于我国实施人力资源强国战略，构建和谐社会。

另一方面，就业形势严峻也使得创新创业成为大学生就业的一条新出路。培养大学生创新精神和创业能力是高校人才培养的战略问题，也是我国高等教育的重要任务。《教育部关于大力推进高等学校创新创业教育和大学生自主创业工作的意见》中指出：在高等学校开展创新创业教育是深化高等教育教学改革，培养学生创新精神和实践能力的重要途径；是落实以创业带动就业，促进高校毕业生充分就业的重要措施。开展创新创业教育有利于提高大学生综合素质和核心竞争力，通过创业教育，培养大学生良好的创业素质，培育大学生的实践精神、探索精神、冒险精神和创业能力，进而促使大学生注重自身基本素质的提高，提高大学生就业竞争力。同时，开展创新创业教育也是建设创新型国家和落实"科教兴国"战略的需要。通过开展大学生创新创业教育，可以为社会输送一批具有创新思维的大学毕业生，推动国家创新体系的建立，实施科教兴国和建设创新型国家的发展战略。

本书作为一本提高大学生就业能力和创业能力的训练教材，根据大学生的实际特点和训练课程的教学模式，紧密结合我国经济社会的新形势和新特点，按照就业和创业的基本过程和环节，系统介绍了大学生就业和创业的知识与技巧，旨在帮助大学生掌握就业和创业各个环节的操作要点与技巧，提高大学生的就业能力和创业能力。本书作为一本训练教材，为每章设计了具体的训练内容，对训练的每个环节都做出了详细介绍和说明，帮助教师和学生迅速进入情景，完成训练内容。训练内容贴合就业和创业实践，实现了经济现实与高校课堂的融合。针对不同的训练内容，本书给出了不同的训练步骤、训练要求和考核办法，操作性强。

本书编写分工情况如下：肖焰编写了序言、第七章、第八章、第九章；肖竞编写了第二章、第三章、第五章、第十章；张晓超编写了第一章、第四章、第六章。

在本书编写过程中，我们阅读参考了大量国内外关于大学生就业创业的文献和书刊资料，并且查阅了国家历年颁布实施的关于大学生就业和大学生创业的相关法律法规、政策文件，在此表示感谢。本书的编写还得到了西安石油大学第七批校级教材建设项目的支持，也一并致谢！

为了配合本书在教学实践中的应用，我们制作了配套的电子教学课件，读者可以从 www.cmpedu.com 免费下载。

由于编者的水平有限，书中难免出现疏漏和不足，恳请同行和读者批评指正。

编　者

目 录 Contents

前 言

就 业 篇

第一章　大学生自我认知与职业认知训练　/2
　　第一节　自我定位与自我认知　/2
　　第二节　职业能力倾向及测量　/4
　　第三节　气质性格及测量　/6
　　第四节　职业适应性测量　/9
第二章　大学生职业生涯规划训练　/21
　　第一节　职业生涯规划概述　/21
　　第二节　职业环境评估　/26
　　第三节　职业生涯决策　/28
第三章　大学生就业准备训练　/45
　　第一节　就业形势和就业政策　/45
　　第二节　大学生求职就业准备　/50
第四章　大学生求职技巧训练　/66
　　第一节　求职形象与礼仪　/66
　　第二节　面试技巧　/69
　　第三节　无领导小组讨论　/71
　　第四节　公文筐测验　/73
第五章　大学生就业权益保护训练　/79
　　第一节　大学生就业权益保护概述　/80
　　第二节　签订就业协议和劳动合同　/83
　　第三节　大学生求职就业过程中的侵权行为　/87
　　第四节　人事代理和社会保险　/92

创 业 篇

第六章　大学生创业能力培养训练　/102
　　第一节　创业与创业精神　/102
　　第二节　创业者的素质能力　/104
　　第三节　大学生创业者的素质能力　/110
第七章　大学生创业准备训练　/119
　　第一节　创业市场调查　/119
　　第二节　开发创业项目　/123
　　第三节　商业模式开发　/125
第八章　大学生创业团队管理训练　/139

第一节　创业团队概述　/139

第二节　创业团队的组建　/144

第三节　创业团队的管理　/149

第九章　大学生创业融资训练　/157

第一节　创业融资的含义及特点　/157

第二节　大学生常用的融资渠道　/159

第三节　大学生创业的资金需求　/165

第四节　创业企业融资成本　/167

第十章　大学生创业实务训练　/177

第一节　创业计划书概述　/177

第二节　创办企业的法律形式　/181

第三节　新企业设立登记　/185

第四节　新企业选址　/189

参考文献　/201

就 业 篇

第一章

大学生自我认知与职业认知训练

> 知人者智，自知者明。
>
> ——老子

引言

就业问题直接关系到民生，是国家安定的基础，是建设社会主义和谐社会的重要条件。大学生作为新时代掌握先进知识的群体，其就业情况直接关系到社会经济的增长和社会的稳定。近几年来，随着中国经济的迅猛发展，社会经济结构的不断完善，高校规模的不断扩大，大批高校毕业生涌入就业市场，造成就业市场的自我调节失灵。解决好高校毕业生成功就业的问题，既是高校和学生本人的迫切要求，也是国家经济稳步前进、社会安定的迫切需求。社会经济发展的结构性矛盾使得大学生面临比以往更大的就业压力，大学生在就业选择时可能产生认知方面的问题。在这一背景下，研究当下大学生就业选择的认知影响因素，并探索当下大学生就业选择上认知存在的问题，进而提出相应训练项目，使得大学生能够结合自身实际情况，调整不良的认知心理，以积极的心态面对严峻的就业形势，慎重进行就业选择，实现职业理想，能够为社会的和谐稳定发展奠定坚实的基础。

训练目标

1）了解气质人格、个性智能等相关理论。
2）了解各项能力的具体内容。
3）熟悉并学会使用踏瑞人才测评系统测量各项潜能、气质类型、人格特质和职业兴趣类型。
4）学会应用测量结果进行自我定位和职业倾向选择与诊断。

第一节 自我定位与自我认知

自我定位就是确定我是谁，我是什么性格类型的人，我擅长什么，不擅长什么。社会定位就是我在社会的角色定位，我在社会大分工中应该处于什么位置，扮演什么角色，应该从事什么职业。正如我们认为某某演员扮演一个角色很成功，是因为演员的性格特质与角色很相似，是本色出演一样，自我定位成功的秘诀就是做本色演员。做本色演员得心应手，容易成功，做非本色演员很辛苦而且不容易成功。所以，要进行准确的自我定位，既要准确了解一个人的性格和天赋，又要充分了解各种不同的选择。

一、自我定位的概念

自我是人们对自己的主观意识，与实际情况不一定相符。自我可分为实际自我、理想自我、应该自我，以及公我（public self）、私我（private self）、自我实现（self-actualization）。这就是自我定位的实现结果，每个人在不同的事情中用不同的标准都能定位出不同情况的自己。从产生自我的那一刻起，人们就希望得到别人的积极关注，但积极关注是有条件的，只有符合人们的期望与标准，才会受到这种关注。不管你是否愿意，社会所关注的人都有特定的标准，不符合标准的，就得不到关注。为了得到积极关注，人们希望自己符合价值条件，而自我定位就是为了达到这个目标而实行的一种准备工作。

二、大学生就业创业时的自我认知

大学生就业创业时的自我认知是指大学生在选择就业时对自己及其社会环境的认知，以及对选择工作过程中的问题及事物要有自己的正确见解与判断。

大学生就业的认知影响因素指标体系如图1-1所示。大学生自我认知的主要特点有以下几点。

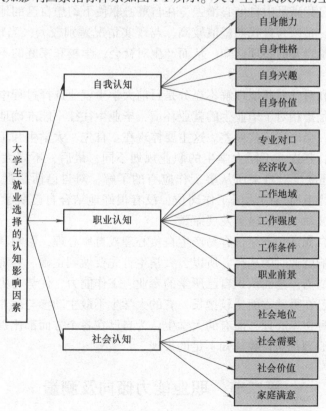

图1-1 大学生就业的认知影响因素指标体系

1. 自我认知的主动性和自觉性

大学阶段是人的一生中自我认知形成的关键时期，也是心智成熟的关键时期。这一时期的大学生逐渐摆脱一直以来的考试升学概念，开始思考学习以外的人生课题，他们会产生这样的疑问："我自己是一个什么样的人，我将成为什么样的人，我可以成为什么样的人。"这些疑问表现在实际行动中就是他们开始参与学校活动，参加社会实践，开始与周围老师、同学交流来认识自己、评估自己及完善自己，开始将自己的思想认知水平与社会期望化的自我个性品质进行比对，以适应社会发展的要求。

2. 自我认知概念的变化

研究表明，与高中时代相比，大学生的自我认知概念发生了显著的变化，主要表现在完整性、概括性、丰富性和稳定性。完整性是指大学生在重视自己的身体和外表的同时，开始注重自己的智力才能、气质性格、社交能力、意志品质和活动成绩等方面的培养，自我认知逐渐全面化、多元化，自我认知概念逐渐完善；概括性则是大学生对自己的描述不再只是主体我的描述，开始包括客体我和社会我，社会责任感更强；丰富性即大学生开始用自己的意识形态和情感分析探索自己的内心世界；稳定性指大学生开始自我认知成熟化，意识和行为较少受到外界影响，趋于稳定状态。

3. 自我评价增强但仍具有片面性

研究表明，大学生的自我评价能力随着年龄的上升而不断提高，开始不断审视自己的价值，完善自己的价值观。同时，大学生的自我评价表现出两种片面性，即高估自我和低估自我。高估自我是在自我满足中自信心增强，在自尊心驱使下幻想自己的地位，产生较高的自我认知；低估自我，是因为自我期望值较高，与现实情况差别较大，当现实与理想脱离时，产生妄自菲薄、自暴自弃的心理认知，从而产生对社会、学校和家庭的不满，产生焦虑的自我认知心理。

自我认知不足和对外界环境理解不充分是目前大学生就业选择过程中普遍存在的认知问题。外界环境主要是指相对于毕业生的就业环境，毕业生往往不能准确地对就业单位等客观环境有很好的了解，会出现一些偏差。这主要体现在：首先，大学生和工作单位在对综合素质上的看重点不同；其次，不同大学生的职业规划不同；最后，不同大学生的求职心态不同。目前，大学生还缺少对将来所从事工作应有的了解，对自己所掌握的就业信息分析不足，导致盲目追求当下所谓的热门工作岗位，没有很好地结合自己所学的专业做出长远规划，一旦遇到市场波动，容易碰到发展瓶颈。

如果大学生的自我认知不足，容易产生自负心理或自卑心理，影响其在就业市场的竞争力，进而间接地影响就业时的选择。所以，大学生首先要做到正确、客观评价自己，了解自身的兴趣、性格和能力，全面认识自己所学的专业、工作能力、优势与劣势，明白自己的长处与短处，知道自己在哪些方面比较擅长。有的大学生不敢主动参与就业竞争，对自身能力评价过低，产生一种自卑心理，而有的大学生认为自己在各个方面都比别人优秀，产生一种自负心理。这两种心理都是自我认知不足的表现。

第二节 职业能力倾向及测量

职业能力倾向测量是在 20 世纪 30 年代到 40 年代之间发展起来的。其必须具备两个方面的特征：一要具有预见性或潜在的可能性，即现在的身心状态及各个特性能作为预测未来的指标，否则测量就无价值；二要具有稳定性，作为能力倾向的身心状态及各个特性必须在较长时期内相对稳定，否则就无法作为预测未来的依据。

一、职业能力倾向的概念

能力倾向是指个体所具有的潜在能力，又称可发展能力或能力发展的可能性，根据个体能力倾向测量得分的高低可以预测其未来发展的可能性。职业能力倾向是指经过适当训练或置于适当的环境下而完成某项任务的可能性，而不是指当时就已经具有的现实条件。换言之，能力倾向指的是个体能学会做什么，即个体获得新知识和新技能的潜力，不是已经获得的知识技能。但是，离开了知识技能，能力倾向就无从谈起。一般认为，在知识、智力和能力倾向的关系中，智力处于认知能力的核心部位，影响一个人从事各种活动的效率，是人最基本的认知能力，而能力倾向处于智力的外围，介于智力与知识技能的中间，只影响一个人某一方面的活动效率，知识技能主要靠后天获得。三者之间虽有区别，也相互影响，有时难以区分。

二、能力倾向测量的功能

一般认为能力倾向测量具有两种功能：一是要具有诊断功能，即能判断一个人具有什么样的能力优势；二是要具有预测功能，即能测定个体在所从事的工作中适应和成功的可能性，包括在这项工作中发展的潜能。能力倾向测量的功能具体体现在3个方面：

1）什么样的职业适合某个人（职业选择和指导）。
2）对于某个工作岗位，什么样的人最合适（人员的录用和选择配置）。
3）为了使个人适应某个岗位，应对工作的哪些方面进行改善（岗位开发和职务再设计）。

三、职业能力倾向的测量

能力倾向是指个体所具有的潜在能力，或称可发展能力或能力发展的可能性，根据在此测量上的得分，个体可以全面了解自己能力倾向中的优势和不足，以更加科学地预测其未来发展的可能性。一般能力倾向测量所涉及的范畴主要有：词汇知识、言语运用、段落理解、拼写、数学推理、数字运算、抽象推理、语言推理、机械理解、空间关系、文书速度与准确性、译码速度、手指灵活性和手臂的灵活性等，见表1-1。

表1-1　几种主要的能力倾向测量

测量类别	测量名称	信　度	测量简介
基本潜能	语言能力测量	0.90	本测量是在吸收 GATB 思想精华的基础上，以我国文化为背景自行编制的本土化测量表
	数字运算能力测量	0.89	
	逻辑推理能力测量	0.88	
	批判思维能力测量	0.91	
	空间关系能力测量	0.88	
	资料分析能力测量	0.83	
	知觉速度测量	0.86	

第三节 气质性格及测量

气质是表现在心理活动的强度、速度、灵活性、倾向性等方面的动力特征。气质使人的全部心理活动都染上独特的个人色彩。例如，有的人脾气暴躁，易动感情；有的人则沉着冷静，不动声色；有的人反应迅速敏捷，活泼好动；有的人反应较迟钝，行动缓慢稳重。这也就是我们常说的"脾气""秉性"。气质是与生俱来的，例如，在婴儿期就存在气质的最直接表现，有的婴儿特别爱哭、脾气急躁，而有的婴儿则安静、轻易不闹。根据巴甫洛夫的研究，大脑皮质的神经过程具有三个基本特性：强度、均衡性和灵活性。强度指神经细胞和整个神经系统的工作能力和界限，均衡性指兴奋和抑制两种神经过程间的相对关系，而灵活性指兴奋过程更迭的速率。根据这三者不同表现，巴甫洛夫提出了四种高级神经活动类型，即兴奋型、活泼型、安静型和抑制型，分别对应四种气质类型：胆汁质、多血质、黏液质及抑郁质。

一、气质理论

1. 气质的定义

心理学中将气质定义为不因活动目的以及活动内容而变化的，较为稳定的典型的心理活动的动力特征。它与我们口语中的"性情""脾气"等意义相同。气质主要表现出以下两方面特点。第一，气质是不会随着人的动机以及心理状态而产生变化的。与人的其他心理特性相比，气质是最稳定的，一般不会改变。即使目的不同，或是活动不同，一个人所表现出的气质特点也都是一样的。第二，一个人气质的不同特性是有机地联系在一起的，而非偶然地相互结合。正因如此，才构成了表明气质不同类型的固定组织和结构。正如巴甫洛夫所说："气质是每个人及其神经系统的最基本特征，而一个人在生活中的各个方面都被打上了这一特征所特有的烙印。"

2. 气质的类型

（1）气质的体液学说　古希腊医生希波拉底在公元前五世纪就观察到人有不同的气质。他还提出了人的体内有血液、黏液、黄胆汁、黑胆汁四种体液。这四种体液在体内不同的混合比例形成了气质的四种基本类型，即多血质（血液占优势）、黏液质（黏液占优势）、胆汁质（黄胆汁占优势）、抑郁质（黑胆汁占优势）。

（2）气质的血型学说

1）A型：敏感多疑，内向，温顺，老实稳妥，怕羞，依靠他人，易冲动。

2）B型：活泼，外向，善于交际，感觉敏感，好管闲事，不怕羞。

3）AB型：介于A、B型之间。

4）O型：刚毅，支配欲强，有胆识，霸道，好胜，爱支使别人，不爱听从指挥。

（3）气质类型的基本特征

1）多血质：活泼、好动、适应新环境快；注意力容易转移，接受新事物快，但是印象不深；情绪和情感容易改变且直接表露于外。这种气质类型的女性较多地表现为富有朝气、热情活泼，但容易感情用事、情绪不稳定、感情不深刻，不能坚持煞费苦心的工作；而男性表现为工作效率高，适应能力强，敏捷好动，不愿从事平凡细致的工作，容易表现轻率。

2）胆汁质：直率、热情、精力旺盛；情绪易冲动、明显外露，但持续的时间不长；性情急躁、反应迅速。这种气质类型的女性较多地表现为积极主动、精力充沛、热情肯干、思维敏捷，但容易感情用事，不能正确地估计困难；而男性表现为热情、坚毅、敏捷，情绪反应强烈但难以控制。

3) 黏液质：安静、稳重、反应缓慢；情绪不外露、善于控制自己；注意力稳定但又难于转移。这种类型的女性较多地表现为善于克制、埋头苦干、冷漠、冷静稳健、因循守旧；而男性表现为态度持重，恪守纪律，善于忍耐，执着坚定，行为刻板。

4) 抑郁质：柔弱、情绪反应慢；行动迟缓、胆小、孤僻；善于察觉细小的事物。这种类型的女性较多地表现为怯懦、迟疑、多愁善感、扭怩腼腆、柔弱、情绪细致、耐受能力很差；而男性表现为处事谨慎、孤僻、迟缓、情绪深刻且持久、态度平稳且坚定。

现实生活中具有单一典型气质类型的人是很少见的，一般人都是混合气质类型的，只是会侧重于某个类型。

3. 气质的测量方法

气质的测量方法有观察法、条件反射测定法和测验法。

（1）观察法　观察法是指在被观察者不知情的情况下，观察者有计划、有目的地观察其言行、表现，以确定气质类型的方法。运用观察法要求在观察和记录一个人日常活动中的智力活动特征、行为特征、情绪特征和言语特征后，对得到的材料进行分析、判断、归纳、综合，最后根据气质类型的不同指标来判断气质类型。这种方法操作简单、容易掌握，如果运用得当就会得到跟实际相符的结果。

（2）条件反射法　条件反射法是指被试者在实验室里，实验者运用专业的实验仪器在形成和改变条件反射的过程中，记录被观察者的神经活动来确定气质的方法。

（3）测量法　测量法通过气质测量的60道题量表可大致确定人的气质类型。

二、性格的概念

性格是个人对现实的稳定态度和习惯化的行为方式。例如，一个人在任何场合都表现得活泼开朗，这种对人对事的稳定态度和习惯化的行为方式表现出的心理特征就是性格。

1. 性格的特征

性格具有以下特征：①性格是一种习惯化的态度和行为方式，一个人偶尔表现的特点不属于性格的表现；②性格主要是人在后天与环境的交互作用中形成的，即所谓的环境塑造性格；③性格可以在后天发生变化。性格主要在青春期后期渐渐稳定，到了成人期性格则因所遭受的重大事件的影响或者通过主观努力而改变；④性格与气质是两个不同的概念，但二者之间有一定联系。性格与气质都受到神经类型的影响，神经类型是气质直接的生理基础，神经类型只是性格的生物基础，性格的养成主要受到后天环境的影响。

2. 性格的类型

性格类型是指在某一类人身上共有的某些性格特征的结合，性格的划分没有统一的标准，以下是几种常见的性格分类。

（1）按知、情、意的表现程度进行分类　按一个人的智力、感情和意志在身上表现的优势程度不同可以分为三种类型：理智性格、意志性格和情绪性格。理智性格的人能理智地看待周围发生的一切，并能用理智控制和支配自己的行动；意志性格的人行动具有明确的目标，行为具有较强的主动性，具有自制、果断和持久坚定的特性；情绪性格的人言行举止容易受情绪的影响,但情绪体验深刻。在日常生活中,单一性格的人是极少见的,大多是介于三种性格之间的混合类型。

(2) 以心理倾向为依据进行分类 根据一个人的心理活动是倾向于内部还是外部环境,瑞士心理学家荣格把性格分为内倾型(内向型)和外倾型(外向型)。内倾型的人心理活动倾向于自己的内心,处事沉着谨慎,凡事三思而后行,但较少向别人显露自己的内心,缺乏判断力,交际面窄。外倾型的人心理活动倾向于外部环境,自由爽快,性情活泼开朗,对外部事物感兴趣,善于交际但行事轻率。绝对内倾和外倾性格的人是极少见的,大多数人是介于二者之间的中间性格。

(3) 以个体独立程度为依据进行分类 美国心理学家魏特金通过个体的知觉来研究性格,他把人的性格分为独立性和依存性两种,前者为独立型,后者为顺从型。他认为这两种类型性格的人在进行思维和工作时的信息加工方式是对立的,独立型性格的人不易受外界环境的干扰,具有坚定的信念,善于独立判断事物,发现问题并解决问题。顺从型性格的人易受干扰,独立性差,没有主见,应变能力差。

3. 性格的测量方法

(1) 行为评定法 行为评定法是通过在自然条件下观察一个人的行为,从而对他的性格特征进行评定。行为评定法是一种了解性格的重要方法,教师了解学生的性格,父母了解子女的性格,大都采用这种方法。这种方法的好处是简便易行,不为受测者所注意,因而得到的性格评定具有较高的预测价值。但是,这种方法也有一些缺点,首先,它要花费大量的时间;其次,易受评定者个人因素的影响,要做到高度一致、客观评价是比较困难的。

(2) 量表法 量表法也叫问卷法,是一种常用的性格测量方法。它的特点是向受测者提出一系列经过标准化的问题,要求受测者按照自己的情况做出回答。由于选定的问题与人的性格特点有关,因此通过分析受测者的答案就可以对他们的性格特点做出评定。但是受测者的回答是主观的回答,有真有假,也可能有意回避一些问题。因此在有些量表中,常编制一些题目来测试受测者回答的可靠性。量表法可以个别测量也可以团体测量,具体有以下几种:

1) 艾森克个性问卷。该问卷是由艾森克教授编写的,主要通过内外向、情绪稳定性、精神质量和效度四个方面来调查人们的个性,其中包括成人问卷(年龄大于16周岁)和少儿问卷(年龄在7~15周岁),每个问卷大概100道题。问卷采用是非题的形式,受测者回答与规定的答案相符时记1分,否则记0分。

2) Y-G性格问卷。它是由日本京都大学教授矢田部达明编制的。该问卷包含120个问题,测量12个性格特质,每个特质各有10个题目。12个性格特质是自卑性、抑郁性、循环性、非合作性、神经质、主观性、攻击性、乐天性、活动性、思维外向性、支配性、社会外向型。通过测量不仅可以确定受测者的性格特质,还可以进一步评定受测者的性格类型,该测量将性格类型划分为5类(A,B,C,D,E)。

自我认知偏差之:自信错觉

1995年的一天,一名壮硕的男子明目张胆地抢劫了美国匹兹堡的两家银行。没有戴面具甚至没有任何伪装,他只是面带微笑在监控下出入银行,随即当晚被抓获。警察逮捕该男子的时候,他表现得甚为惊讶,警察给他看了监控录像,他有些疑惑并嘀咕着"我抹上果汁了呀"。事情可能是这样的：该男子以为抹上柠檬汁会让他"隐身"，毕竟隐形墨水也有用柠檬汁的，只要他不靠近热源就不会被发现。警察总结了一下：该男子既没吸毒也没发疯，只是犯了一个"神奇"的错误。

后来这件事引起了康奈尔大学心理学家 David Dunning 的注意，他和他的研究生 Justin Kruger 对此展开了研究。他们认为，大部分人对其在社会及知识领域的能力感觉良好，但有些人却是过度自信。这种"自信错觉"便是所谓的"邓宁-克鲁格效应"，简称达克效应（D-K effect），这是一种认知偏差现象。

为了能在实验室中研究此现象，他们设计了一些巧妙的实验。在其中一项实验中，他们问了大学生们一系列有关语法、逻辑及笑话等问题，然后要求每个学生对自己的表现进行总体评价，并判断自己与其他学生的相对排名。实验结果耐人寻味，实际得分最低的学生总是高估他们的成绩，排名倒数 1/4 的学生自觉成绩优于 2/3 的学生。

这一现象不仅仅表现在课堂，而且深深渗透到日常生活之中。在后续的研究中，两位研究人员离开实验室，来到射击场，他们询问了枪械爱好者一些关于枪械安全的事情。调查结果与之前的结果相似：那些正确回答问题数最少的人高估了他们对枪械的了解。达克效应不仅在学识评估上有所体现，在其他个人能力评估等方面也有所体现。比如电视里的选秀节目，参赛者惨遭淘汰而面露惊讶。滑稽的是，这些人还没意识到自己被想象优势所蒙蔽。

每个人都或多或少地高估自我。一项研究发现，80% 的司机认为自己的技术高于平均水平。当人们评价自我的相对受欢迎度和认知能力时，也会有类似的结果。这主要是当人们发现自己能力不足时，不仅得出错误的结论，做出不佳的选择，还会丧失察觉自我错误的能力。在对大学生为期一学期的研究中，好学生（指成绩好）能够更好地预测他们的考试成绩，而差生尽管在成绩一再清楚地反馈下仍不承认自己做得不好。能力不足之人坚称他们做得正确。达尔文在《人类的由来》一书中写道：无知比知识往往更容易产生自信之心。

不过有趣的是，真正聪明的人也不能准确地自我评估，他们常常会低估自己的能力。在 Dunning 和 Kruger 的经典研究中，成绩好的学生认知得分均在前 1/4，预测成绩时却低估了自己的能力。这些学生认为，如果这些测试对他们来说很容易，那么对别人来说也一样。这所谓的冒充者综合征（Impostor Syndrome）可以认为是达克效应的逆效应，这使得能够取得很高成就的人没有意识到自己的才能，并认为其他人也能取得同样的成就。不过，真正有能力的人，可以调整对自我的评价，并给予适当的反馈，而能力不足的人则不然，这样，愚蠢劫匪的案件就可以完美结案了。

第四节 职业适应性测量

一、职业适应性的概念

职业适应性就是个体步入职业阶段后，逐步了解和熟悉职业环境和工作条件、人际关系等的一系列活动过程，是人与工作不断相互调适作用以达到和谐平衡的过程。职业适应性的具体内容应包括正确的职业价值观、自觉的择业意识、对相关职业要求和自己职业适合性的全面了解、比较成熟的职业理想、对相应职业角色在意识与行为两方面接纳的程度，以及在此基础上所形成的正确的自我期待等。职业适应性具体包括以下几方面。

1）职业认知适应：职业能力适应状况，即职业技能的掌握程度，具体包括在工作中对自己才智发挥的自我评价和是否获得奖励或荣誉。

2）职业技能适应：即职业技能的掌握程度，具体包括工作中对个体的专业知识和职业技能发挥的自我评价以及是否获得奖励或荣誉。

3）职业心理适应：即在职业领域里人际关系的处理情况，具体包括对适应单位制度的自我评价和对所在单位人际关系满意度的自我评价。

4）职业环境适应：个体内心对职业及职业环境的感觉，具体包括工作满意度和对工作收入满意度的自我评价。

二、职业适应性测量

个体在进入职场之后决定是否继续从事某种职业，是由个体与环境的相互作用决定的，因此应该从个体方面的满足感和组织方面的满意度两个方面来考核个体的职业适应问题。通过从个体特质的角度出发，探讨什么样的人适合什么样的工作，通过科学设计的量表测量个体适合从事什么样的职业。

1. 职业适应性的测量标准与指标

由于研究群体的不同，职业适应性结构的测量指标也不同。通常把职业适应性划分为几个细分的维度和结构内容，采用问卷形式，调查各个维度的得分情况，综合得出总体的职业适应性情况。比如可以将评价职业适应水平设置为职业能力适应、职业人际适应、职业心理适应和职业综合适应四个维度的内容。以教师为例，可以将教师的职业适应性分解成三个维度来测量，即技能适应、人际适应和心理适应。研究发现，对教师的综合职业适应水平有较大影响的因素包括家庭支持度、社会尊敬度、工资满意度、工作认可度等。又比如国有企业青年员工的职业适应性指标可以设计成职业技能掌握情况，职业规范了解程度和遵守情况，以及人际关系情况三个方面。同时，大量的研究表明，对职工的职业适应水平影响最大的是在岗时间，其他因素对职业适应水平的影响力从大到小依次排列为工种的复杂性、职前培训情况、工作态度、应变能力、文化教育背景、个性特征和文化程度等。

2. 职业适应性测量的方法

（1）一般能力倾向成套测量　一般能力倾向成套测量是1934年美国学者研究开发的非常有影响力的测量，它由美国劳工部就业保险局组织专家对美国2万个企业中的7.5万个职务进行调查分析，并进行了长达10年的专门研究，确定了20个职业模式10种能力倾向。一般认为能力倾向测量的功能具体体现在以下三个方面：①个体适合从事何种职业；②对于某个工作岗位，何种人最合适该岗位的要求；③为了使个人适应某个岗位，应在哪些方面进行改善和提高。

（2）霍兰德职业人格能力测量　霍兰德职业人格能力测量是美国著名职业指导专家霍兰德编制的，该测量能帮助受测者发现和确定自己的职业兴趣和能力专长，从而科学地做出求职择业的决策。

霍兰德的职业选择理论以对以下六种不同类型的人物及特性的分析为根据。

1）现实型（R）：喜欢使用工具、实物、机器或与物有关的工作；具有手工、机械、农业、电子方面的技能；爱好与建筑、维修有关的职业；脚踏实地、实事求是。

2）研究型（I）：喜欢各种与生物科学、物理科学有关的活动；具有极好的数学和科学研究能力；爱好科学或医生领域里的职业；生性好奇、勤奋自立。

3）艺术型（A）：喜欢不受常规约束从事创造性的活动；具有语言、美术、音乐、戏剧、写作等方面的技能；爱好能发挥创造才能的职业；天资聪慧、创造性强、不拘小节。

4）社会型（S）：喜欢参加咨询培训、教学和各种帮助他人的活动；具有与他人相处共事的能力；爱好教师、护士、律师一类的职业；乐于助人、友好热情。

5）企业型（E）：喜欢领导和左右他人，具有领导能力、说服能力及其他一些与人打交道所必需的重要技能；爱好商业或与管理人有关的职业；雄心勃勃、友好大方、精力充沛、信心十足。

6）常规型（C）：喜欢做系统地整理信息资料一类的事情，具有办公室工作和数字方面的能力，爱好与记录、整理文件、打字、复印及操作计算机等相关职业；尽职尽责、忠实可靠。

霍兰德提出六角形模型来解释六种兴趣类型之间的关系。六角形模型可以帮助我们对人格特质类型与职业环境类型之间的适配性进行评估。如果人格类型与职业环境匹配，就有可能增加职业满意度，带来职业成就感和提高职业稳定性。因此，占主导地位的特质类型可以为个人选择职业和工作环境提供方向，如图1-2所示。

(3) 卡特尔16种个性因素测量　卡特尔16种个性因素测量是由美国心理学家R. B. Cattell根据他的个性结构理论编制的，简称16PF。卡特尔认为人格的基本结构元素是特质。特质的种类很多，有人类共同的特质，有个人独有的特质。有的特质取决于遗传，有的取决于环境，有的与动机有关，有的则与能力和气质有关。

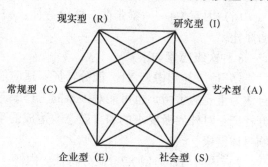

图1-2　霍兰德六角形模型

卡特尔在其人格的解释性理论构想的基础上编制了16种人格因素问卷，从16个方面描述个体的人格特征。这16个因素如下。

1）因素A——合群性。低分特征：缄默，孤独，冷漠。高分特征：外向，热情，合群。

2）因素B——聪慧性。低分特征：思想迟钝，学识浅薄，抽象思考能力弱。高分特征：聪明，富有才识，善于抽象思考，学习能力强，思考敏捷正确。

3）因素C——稳定性。低分特征：情绪激动，易生烦恼，心神动摇不定，易受环境支配。高分特征：情绪稳定而成熟，能面对现实。

4）因素E——恃强性。低分特征：谦逊，顺从，通融，恭顺。高分特征：好强固执，独立积极。

5）因素F——兴奋性。低分特征：严肃，审慎，冷静，寡言。高分特征：轻松兴奋，随遇而安。

6）因素G——有恒性。低分特征：苟且敷衍，缺乏奉公守法的精神。高分特征：有恒负责，做事尽职。

7）因素H——敢为性。低分特征：畏怯退缩，缺乏自信心。高分特征：冒险敢为，少有顾忌。

8）因素 I——敏感性。低分特征：理智，着重现实。高分特征：敏感，感情用事。

9）因素 L——怀疑性。低分特征：依赖随和，易与人相处。高分特征：怀疑，刚愎，固执己见。

10）因素 M——幻想性。低分特征：现实，合乎成规，力求妥善合理。高分特征：易幻想，狂放不羁。

11）因素 N——世故性。低分特征：坦白，直率，天真。高分特征：精明能干，世故。

12）因素 O——忧虑性。低分特征：安详，沉着，有自信心。高分特征：忧虑抑郁，烦恼自扰。

13）因素 Q1——实验性。低分特征：保守的，尊重传统观念与行为标准。高分特征：自由的，批评激进，不拘泥于现实。

14）因素 Q2——独立性。低分特征：依赖，随群附众。高分特征：自立自强，当机立断。

15）因素 Q3——自律性。低分特征：矛盾冲突，不顾大体。高分特征：知己知彼，自律谨严。

16）因素 Q4——紧张性。低分特征：心平气和，闲散宁静。高分特征：紧张困扰，激动挣扎。

8 种次级因素如下：

1）适应与焦虑型 X1。低分特征：适应能力强，通常感到心满意足，能做到所期望的及自认为重要的事情。也可能对困难的工作缺乏毅力，有知难而退、不肯奋斗努力的倾向。高分特征：对外界所要求的和自己意欲达成的事情常感到不满意，可能会使工作受到拖累，影响身体健康。

2）内向与外向型 X2。低分特征：内倾，趋于胆小，自足，在与别人接触中采取克制态度，适合从事精细工作。高分特征：外倾，开朗，善于交际，不受拘束，适合从事贸易工作。

3）感情用事与安详机警型 X3。低分特征：情感丰富而感到困扰不安，可能是缺乏信心，颓丧，对生活中的细节较为敏感，性格温和，讲究生活艺术，采取行动前再三思考，顾虑太多。高分特征：富有事业心，果断，刚毅，有进取精神，精力充沛，行动迅速，但常忽视生活上的细节，只对明显的事物注意，有时会考虑不周，不计后果，贸然行事。

4）怯懦与果断型 X4。低分特征：怯懦，顺从，依赖别人，纯洁，个性被动，易受人驱使而不能独立，为获取别人的欢心会事事迁就。高分特征：果断，独立，露锋芒，有气魄，有攻击性的倾向，通常会主动寻找可以施展这种行为的环境或机会，以充分表现自己的独创能力，并从中取得利益。

5）心理健康因素 Y1：低于 12 分者情绪不稳定的程度非常明显。

6）专业有成就者的人格因素 Y2：平均分为 55，67 分以上者应有其成就。

7）创造力强者的人格因素 Y3：标准分高于 67 者属于创造力强者的范围，应有其成就。

8）在新环境中有成长能力的人格因素 Y4：平均值为 22 分，不足 17 分者从事专业或训练成功的可能性极小；25 分以上者，则有成功的希望。

（4）卡特尔 16PF 测量的特点。

1）客观性。该测量结构明确，每一题都备有三个可能的答案，受测者可任选其一。在两个相反的选择答案之间有一个折中的或中性的答案，使受测者有折中的选择（例如，我喜欢看球赛：a. 是的；b. 偶然的；c. 不是的。或如，我所喜欢的人大都是：a. 拘谨缄默的；b. 介于 a 与 c 之间的；c. 善于交际的），避免了在是否之间必选其一的强迫性，所以受测者答题的自发性和自由性较好。为了克服动机效应，尽量采用了"中性"测量题，避免含有一般社会所公认的"对"或"不对"，"好"或"不好"的题目，而且被选用的问题中有许多表面上似乎与某种人格因素有关，但实际上却与另一人格因素密切相关。因此，受测者不易猜测每题的用意，有利于据实作答。从测量题的排列上看，采取了按序轮流排列方式，这既能使受测者保持作答时的兴趣，又有利于防止凭主观猜测题意去作答。受测者知道这是人格测量，或许有时会发现某一道题目的意义。但在多数情况下，测量题目和人格特质之间的关系不明显。

2）标准化。该量表重测信度较高（1981 年测试表明，最高的信度系数为 0.92，最低的信度系数为 0.48）；在效度方面，测量结果表明 16 种因素之间的相关较低，表明各因素之间是独立的。量表项目的因素负荷在 0.73～0.96 之间，同一因素中各题的反应有高度一致性。

3）多功能。通过 16 个人格因素或分量表上的得分和轮廓图，不仅可以反映受测者人格的 16 个方面中每个方面的情况和其整体人格特点的组合情况，还可以通过某些因素的组合效应反映性格的内外向型、心理健康状况、人际关系情况、职业性向、在新工作环境中有无学习成长能力、从事专业能有成就者的人格因素符合情况、创造能力强者的人格因素符合情况，也可以反映受测者的人格素质状况并作为临床诊断工具用于心理临床诊断。此外，16PF 与其他类似的测量相比较，能以相同的时间测量主要人格特征的更多方面，是真正的多元人格量表。

4）广泛性。16PF 的常模群体为正常人群，它的评价一般也是针对正常人的，因而适用领域很广。它既适合个别施测，也适合团体施测。每一次测量只需要 45min 左右即可完成。

5）深刻性。卡特尔有长期的临床心理学经验，在他的特质理论中不难发现本能心理学和精神分析理论的影响。此外，他出生和受教育于英国，有着良好的人文主义素养，具有很强的直觉体悟和洞察能力。因此他对人格结构和人格因素的解释具有整体性、动力性和深刻性。

训练项目一　自我评估训练

一、训练内容

要进行科学系统的自我认知，就需要运用科学先进的手段对自我进行测试和评估，在这里运用踏瑞人才测评教学的职业性向认知测试。运用软件进行自我能力倾向的测试，包括语言能力测量、数字运算测量、逻辑推理能力测量、批判思维能力测量、空间关系能力测量、资料分析能力测量和知觉速度测量。所涉及的测试范畴主要有词汇知识、言语运用、段落理解、拼写、数学推理、数字运算、数字推理、抽象推理、语言推理、机械理解、空间关系、文书记录速度与准确性、译码速度、手指灵活性和手臂的灵活性等。

二、训练步骤

1. 学生登录

打开 IE 浏览器，在地址栏内输入授课教师提供的登录网址，使用自己的学号和登录密码，输入账号密码并确认提交，经服务器验证通过后进入"学生个人管理界面"。

2. 阅读测量详细资料

在个人管理界面首页的左边目录栏部分，是"学习中心"栏，在"学习中心"一栏中单击下面的试卷类型，找到教师给自己分配的测量名称，然后单击后面的"详细"查看试卷的详细信息，认真阅读测量的配套资料，形成对该测量的初步整体印象。

3. 正式答题

阅读完测量配套信息，并初步形成测量的整体印象，大致了解测量的目的和内容后，在"未完成试卷"中单击测量试卷名称后的"开始测量"按钮，进行测量。

4. 查看测量结果

完成测量并成功提交测量结果后，系统自动回到"个人管理界面"，在"已完成试卷"中找到刚才完成的测量，分别单击"成绩""报告""答案"3个按钮，查看该测量的成绩、详细结果报告以及个人选择的原始答案等。

三、训练要求

1. 测量设备

服务器和计算机组成 NT 网络。

2. 软件环境

1）服务器采用 Windows 操作系统。

2）学生客户端计算机采用 Windows 操作系统并保证 IE 浏览器可正常运行。

3）踏瑞人才测量系统。

3. 测量要求

1）认真阅读与测量相关的"测量信息""理论背景"模块中关于本测量的基础理论，务必在开始测量前对测量形成一个初步的整体印象。

2）按照自己的真实想法选择每一个答案，不要考虑所谓"对错"的问题，务求获得对自我最真实的测量结果，通过测量实践更加全面地了解自身的素质，从而有助于提高个人素质和能力，为以后走上工作岗位提供实践基础和指导。

3）关注测量过程中出现的每一个问题，及时向任课教师反映，并如实记录相关问题与解决方法。

4）测量完成后，认真思考"思考题"并请将思考题与思考结果一并写入测量报告。

5）在所有测量完成后，严格依据测量过程和测量结果报表书写测量报告。

6）在测量过程中要保持安静，维护实验室的卫生情况。

四、考核办法

考核通过提交的测量报告来进行，其至少包括以下两个部分：

1）测评系统提供的本人的测量结果样本；

2）本人对"系统""测量过程""测量报告"的理性分析。主要结合所学的知识，从测量的"可信度"与"有效性"等方面进行分析。

成绩考核以测量报告中的个人分析情况为主，综合考虑测量态度和测量完成情况。

训练项目二　职业性向测量训练

一、训练内容

运用踏瑞人才测量软件的卡特尔 16 种人格特质调查、气质调查表、霍兰德职业兴趣测量，可以对个体的职业性向进行科学全面的评估。

1. 卡特尔16种人格特质调查

16PF 测量在国内有多种版本，本测量系统采用的是对其进行了比较大范围修改的新版 16PF 测量，使用的是新制订的常模。其特点是对个体的人格进行系统的分析，在较高层次人才招聘选拔中应用较多。

2. 气质调查表

本气质量表共60题，每种气质类型15题。受测者被要求对题目的陈述根据自己的实际情况在"很符合""较符合""介于符合与不符合之间""比较不符合"以及"完全不符合"中进行选择。采取五级评分制计分，根据得分多少确定气质类型。该调查表简单易行，信度和效度均较高，而且测量结果也比较符合实际，因此应用较广。

本测量基于霍兰德的职业兴趣理论，测量个体的职业兴趣类型，可以应用于工作岗位分析和个体的职业定向和人员选拔，以及个体可能的发展方向，帮助受测者发现和确定自己的职业兴趣和能力特长，从而更好地做出求职择业的决策。

二、训练步骤

与训练项目一一致。

三、训练要求

与训练项目一一致。

四、考核办法

与训练项目一一致。

辅助材料

一、艾森克人格问卷测量

请回答下列问题。回答"是"时，就在"是"上打"√"；回答"否"时就在"否"上打"√"。每个答案无所谓正确与错误。这里没有对你不利的题目，请尽快回答，不要在每道题目上做太多思索。回答时不要考虑应该怎样，只回答你平时是怎样的。每题都要回答。

1. 你是否有广泛的爱好？
2. 在做任何事情之前，你是否都要考虑一番？
3. 你的情绪时常波动吗？
4. 当别人做了好事，而周围的人却认为是你做的时候，你是否感到扬扬自得？
5. 你是一个健谈的人吗？
6. 你曾经无缘无故觉得自己"可怜"吗？
7. 你曾经有过贪心使自己多得分外物质利益吗？
8. 晚上你是否小心地把门锁好？
9. 你认为自己活泼吗？
10. 当看到小孩（或动物）受折磨时你是否难受？
11. 你是否时常担心你会说出（或做出）不应该说（或做）的事情？
12. 若你说过要做某件事，是否不管遇到什么困难都要把它做成？
13. 在愉快的聚会中，你通常是否尽情享受？

14. 你是一位易激怒的人吗？
15. 你是否有过自己做错了事反而责备别人的时候？
16. 你喜欢会见陌生人吗？
17. 你是否相信储蓄是一种好的理财办法？
18. 你的感情是否容易受到伤害？
19. 你想服用有奇特效果或有危险性的药物吗？
20. 你是否时常感到"极其厌烦"？
21. 你曾多占多得别人东西（甚至一针一线）吗？
22. 如果条件允许，你喜欢经常外出（旅行）吗？
23. 对你所喜欢的人，你是否为取乐开过过头玩笑？
24. 你是否常因"自罪感"而烦恼？
25. 你是否有时候谈论一些你毫不了解的事情？
26. 你是否宁愿看些书，而不想去会见别人？
27. 有坏人想要害你吗？
28. 你认为自己"神经过敏"吗？
29. 你的朋友多吗？
30. 你是个忧虑重重的人吗？
31. 你在儿童时代是否立即听从大人的吩咐而毫无怨言？
32. 你是一个无忧无虑、逍遥自在的人吗？
33. 有礼貌、爱整洁对你很重要吗？
34. 你是否担心将会发生可怕的事情？
35. 在结识新朋友时，你通常是主动的吗？
36. 你觉得自己是个非常敏感的人吗？
37. 和别人在一起的时候，你是否不常说话？
38. 你是否认为婚姻是个框框，应该废除？
39. 你有时有点自吹自擂吗？
40. 在一个沉闷的场合，你能给大家添点生气吗？
41. 慢腾腾开车的司机是否使你讨厌？
42. 你担心自己的健康吗？
43. 你是否喜欢说笑话和谈论有趣的事？
44. 你是否觉得大多数事情对你都是无所谓的？
45. 你小时候曾经有过对父母鲁莽无礼的行为吗？
46. 你喜欢和别人打成一片，整天相处在一起吗？
47. 你失眠吗？
48. 你饭前必定洗手吗？
49. 当别人问你话时，你是否对答如流？
50. 你是否喜欢留出富裕时间早点动身去赴约会？
51. 你经常无缘无故感到疲倦和无精打采吗？
52. 在游戏或打牌时你曾经作弊吗？

53. 你喜欢紧张的工作吗?
54. 你时常觉得自己的生活很单调吗?
55. 你曾经为了自己而利用过别人吗?
56. 你是否参加的活动太多,已超过自己可以分配的时间?
57. 是否有那么几个人时常躲着你?
58. 你是否认为人们为保障自己的将来而精打细算勤俭节约所费的时间太多了?
59. 你曾经是否想过去死?
60. 若你确知不会被发现,你会少付人家钱吗?
61. 你能使一个联欢会开得成功吗?
62. 你是否尽力使自己不粗鲁?
63. 一件使你为难的事情过去之后,是否使你烦恼好久?
64. 你是否坚持要照你的想法办事?
65. 当你去乘火车时,是否最后一分钟才到达?
66. 你是否"神经质"?
67. 你常感到寂寞吗?
68. 你的言行总是一致的吗?
69. 你有时会喜欢玩弄动物吗?
70. 有人对你或你的工作吹毛求疵时,是否容易伤害你的积极性?
71. 你去赴约会或上班时,曾否迟到?
72. 你是否喜欢周围有许多热闹和高兴的事?
73. 你愿意让别人怕你吗?
74. 你是否有时兴致勃勃,有时却很懒散不想动?
75. 你有时会把今天应做的事拖到明天吗?
76. 别人是否认为你是生气勃勃的?
77. 别人是否对你说过许多谎话?
78. 你是否对有些事情易性急生气?
79. 若你犯有错误,是否都愿意承认?
80. 你是一个整洁严谨,有条不紊的人吗?
81. 在公园里或马路上,你是否总是把果皮或废纸扔到垃圾箱里?
82. 遇到为难的事情,你是否拿不定主意?
83. 你是否有过随口骂人的时候?
84. 若你乘车或坐飞机外出时,你是否担心会碰撞或出意外?
85. 你是一个爱交往的人吗?

记分方法:

E 量表:外向-内向。第 1、5、9、13、16、22、29、32、35、40、43、46、49、53、56、61、72、76、85 题答"是"和第 26、37 题答"否"的每题各得 1 分。

N 量表:神经质(又称情绪性)。第 3、6、11、14、18、20、24、28、30、34、36、42、47、51、54、59、63、66、67、70、74、78、82、84 题答"是"每题各得 1 分。

P 量表:精神质(又称倔强)。第 19、23、27、38、41、44、57、58、65、69、73、77

题答"是"和第 2、8、10、17、33、50、62、80 题答"否"的每题各得 1 分。

L 量表：测定被试的掩饰、假托或自身隐蔽，或者测定其朴实、幼稚水平。第 12、31、48、68、79、81 题答"否"和第 4、7、15、21、25、39、45、52、55、60、64、71、75、83 题答"否"的每题各得 1 分。

结果解释：

E 量表分：分数高于 15，表示人格外向，可能是好交际，渴望刺激和冒险，情感易于冲动。分数低于 8，表示人格内向，如好静，富于内省，不喜欢刺激，喜欢有秩序的生活方式，情绪比较稳定。

N 量表分：分数高于 14 表示焦虑、忧心忡忡、常郁郁不乐，有强烈情绪反应，甚至出现不够理智的行为；低于 9 表示情绪稳定。

P 量表分：分数高于 8 表示可能是孤独、不关心他人，难以适应外部环境，不近人情，对他人不友好，喜欢猎奇，并且不顾危险。

L 量表分：分数高于 18，显示受测者有掩饰倾向，测量结果可能失真。

二、气质测量量表

通过下面 60 道题可大致确定人的气质类型。在回答下列问题时，若与自己情况很符合的计 2 分，比较符合的计 1 分，介于符合与不符合之间的计 0 分，较不符合的计 -1 分，很不符合的计 -2 分。

1. 做事力求稳妥，一般不做无把握的事。
2. 遇到可气的事就怒不可遏，想把心里话全说出来才痛快。
3. 宁可一个人干事，不愿与他人合作。
4. 到一个新环境后很快就能适应。
5. 厌恶强烈的感官刺激，如尖叫、噪音、危险镜头等。
6. 和别人争吵时，总是先发制人，喜欢挑衅。
7. 喜欢安静的环境。
8. 喜欢和别人交往。
9. 羡慕那些善于克制自己感情的人。
10. 生活有规律，很少违反作息制度。
11. 在多数情况下情绪乐观。
12. 碰到陌生人会觉得很拘束。
13. 遇到令人气愤的事，能很好地自我克制。
14. 做事总是有旺盛的精力。
15. 遇到问题总是举棋不定，优柔寡断。
16. 在人群中从不觉得过分拘束。
17. 情绪高昂时，觉得什么都有趣；情绪低落时，又觉得什么都没有意思。
18. 当注意力集中于某一事物时，很难被其他事物分心。
19. 理解问题总比别人快。
20. 碰到危险情况，常有一种极度恐惧感。
21. 对学习、工作怀有很高的热情。
22. 能够长时间做枯燥、单调的工作。

23. 对符合兴趣的事情，干起来劲头十足，否则就缺乏动力。
24. 一点小事就能引起情绪波动。
25. 讨厌从事需要耐心、要求细致的工作。
26. 与人交往不卑不亢。
27. 喜欢参加热闹的活动。
28. 爱看感情描写细腻、体现人物内心活动的文艺作品。
29. 厌倦长时间工作、学习。
30. 不喜欢长时间谈论一个问题，更愿意付诸行动。
31. 宁愿侃侃而谈，不愿窃窃私语。
32. 常留给别人闷闷不乐的印象。
33. 理解问题常比别人慢。
34. 疲倦时，只要经过短暂的休息就能精神抖擞重新投入工作。
35. 心里有话宁愿自己考虑，不愿说出来。
36. 认准一个目标就希望尽快实现，不达目的誓不罢休。
37. 同样学习、工作一段时间后，常比别人更疲倦。
38. 做事有些莽撞，常常不考虑后果。
39. 老师或他人讲授新知识时，总希望对方能够讲得慢些，多重复几遍。
40. 能够很快地忘记那些令人不愉快的事情。
41. 做作业或完成一件工作总比别人花更多时间。
42. 喜欢参与运动量大的体育运动，或者参加各种文艺活动。
43. 不能很快地把注意力从一件事转移到另一件事上。
44. 接受一个任务后，就希望把它迅速解决。
45. 认为墨守成规好过冒风险。
46. 能够同时关注几件事物。
47. 当心情烦闷的时候，别人很难使自己高兴起来。
48. 爱看情节起伏跌宕、激动人心的小说。
49. 对工作抱有认真严谨、始终一贯的态度。
50. 和周围的人关系不佳。
51. 喜欢复习学习过的知识，重复做熟练的工作。
52. 希望做变化大、形式多的工作。
53. 小时候会背的诗歌，比别人记忆清楚。
54. 有时"出语伤人"，可自己浑然不觉。
55. 在体育活动中，常因反应慢而落后。
56. 反应敏捷，头脑机智。
57. 喜欢有条理而不甚麻烦的工作。
58. 常因令人兴奋的事而失眠。
59. 常常听不懂老师讲的新概念，但是弄懂了以后则很难忘记。
60. 假如工作枯燥乏味，马上就会情绪低落。

确定气质类型的方法如下：

1）将每题得分填入"气质测量得分表"中相应的"得分"栏内。
2）计算每种气质类型的总得分数。
3）确定气质类型。

①如果某一项得分明显高出其他3种，均高出4分以上，则为该种气质。如果该种气质得分在10~20分之间，为该种气质的一般型。如果超过20分，则为该种气质的典型。如胆汁质项得分超过20分，则为典型胆汁质；②如果两种气质得分相近，其差异低于3分，而且又高于其他两种4分以上，则可定为这两种气质的混合型，见表1-2；③3种气质得分均高于第4种，而且接近，则为3种气质的混合型。例如，多血质—胆汁质—黏液质混合型或黏液质—多血质—抑郁质混合型。

表1-2　气质测量得分表

胆汁质	题号	2	6	9	14	17	21	27	31	36	38	42	48	50	54	58	总分
	得分																
多血质	题号	4	8	11	16	19	23	25	29	34	40	44	46	52	56	60	总分
	得分																
黏液质	题号	1	7	10	13	18	22	26	30	33	39	43	45	49	55	57	总分
	得分																
抑郁质	题号	3	5	12	15	20	24	28	32	35	37	41	47	51	53	59	总分
	得分																

复习思考题

1. 你在人员素质测量实验课程中所参与的相关测量与自己对自己、他人对自己的认识和评价有何不同？是什么原因造成了这种差异？
2. 完成测量后，你的自我体验如何？你的优势能力体现在哪些方面？
3. 通过对本次测量结果的分析、讨论和研究，你认为这些测量在具体的人员测量工作中怎样使用是比较合理有效的？为什么？

第二章

大学生职业生涯规划训练

凡事预则立,不预则废。

——西汉·戴圣《礼记·中庸》

引言

当今社会处在一个变革的时代,到处充满着激烈的竞争。作为一名大学生,要想在这场激烈的竞争中脱颖而出并处于不败之地,必须设计好自己的职业生涯规划,这样才能做到心中有数,不打无准备之仗。职业生涯规划是人生和事业成功的关键,对个人在人生各个阶段的成长和发展都有着非常重要的导向作用。特别是对于大学生来讲,职业生涯规划有无及其好坏直接影响到其在校期间的学习生活质量,更直接影响到求职就业甚至未来职业生涯的成败。如果能够将自己的现在与未来相结合,给自己的职业生涯一个明确的定位和规划,将会为自己职业生涯成功和人生成功奠定基础。而如何合理规划适合自己的职业生涯则需要进行系统的学习和训练。本章将对大学生职业生涯规划的主要内容进行系统讲述和针对性训练,使大学生全面认识自己,为做出合理的学业规划和职业生涯规划打下基础。

训练目标

1) 了解职业生涯规划的内涵、意义和基本内容,把握其影响因素,知晓规划职业生涯的具体流程。
2) 了解职业生涯规划的基本理论。
3) 了解职业生涯规划书的内容、撰写原则和注意事项。
4) 掌握职业生涯规划书的撰写方法。

第一节 职业生涯规划概述

一、职业、职业生涯与职业生涯规划

1. 职业

关于职业的定义,可以从四个方面去理解。首先,从事职业的个体必须具备相应的劳动

能力，即必须具备不同职业岗位所要求的知识、技能与态度；其次，职业应具有社会价值，人们从事的是社会生产或服务，要能够为社会创造物质财富与精神财富；再次，职业是个体持续发展的条件，要满足个体的某种需求；最后，职业应该是一项持续性的创造活动。

2. 职业生涯

生涯主要是指个人一生的道路或发展路径。一个人从出生到死亡的整个人生经历中，存在着不同的生命周期，而其中最重要的、有决定性作用的是职业生涯周期，它对于个人、家庭的发展都具有十分重要的意义。在人的一生中，有很长一个阶段是职业生涯期，包括任职前的职业教育培训，到寻求职业，再到就业从业，职业转换，逐步晋升，直到完全脱离职业工作。整个过程就是一个人的职业生涯，它是一个人生存和发展的重要前提条件。

3. 职业生涯规划

简而言之，职业生涯规划就是个人为自身的职业发展所做的策划和准备。它是指个人和组织相结合，在对一个人职业生涯的主客观条件进行测定、分析、总结研究的基础上，确定其最佳的职业奋斗目标，并为实现这一目标做出行之有效的安排。

职业生涯规划是针对个人的职业发展开展的一系列的战略设计和计划安排，对个人一生职业发展道路的设想和规划，乃至个人一生的发展，具有战略意义。一方面，职业生涯规划有助于个人树立人生目标，做出更好的职业选择，另一方面，更为重要的是，职业生涯规划为人生事业成功提供了科学的指导和基本的操作方法，因而对个人的职业生涯发展及组织的发展具有重要的意义。

一般来讲，人的职业生涯包括四个阶段：一是探索阶段，15~24岁；二是确立阶段，24~44岁，这一阶段是大多数人工作周期中的核心部分。这一阶段包括了三个子阶段：尝试子阶段（25~30岁）、稳定子阶段（30~40岁）以及职业中期危机阶段（在30多岁和40多岁之间的某个时段上）；三是维持阶段：45~55岁；四是下降阶段：55岁以上，即退休临近的时候。

处在不同职业发展阶段的人，应考虑不同的事情，职业生涯规划的重点也不一样。例如，在探索阶段，可以多做些尝试、探索，在工作中摸索出本人的职业性向、职业兴趣等，逐步找到最适合自己的职业。可以看到，在校大学生处在第一阶段——探索阶段，尚处于职业生涯的准备期和探索期，这一时期有其职业生涯规划的重点，即做出恰当的职业选择和准备。因此大学生职业生涯规划是指大学生根据自身情况，结合发展机遇，对决定个人职业生涯的主客观因素进行分析、测评和总结，确定其事业奋斗目标，选择合适的职业，制订相应的教育和培训计划，并对每一步骤的时间、项序和方向做出合理的安排。

二、职业生涯规划的基本理论

自从1909年美国学者帕森斯开创了职业指导这一领域以来，职业生涯理论家们提出了形形色色的假说、论断、量表和理论，在职业指导和职业生涯规划领域形成了众多的理论流派。这些理论在职业生涯规划中产生了巨大的影响，成为人们职业生涯规划实践中的重要指导。

1. 职业选择理论

在职业生涯发展的相关理论中，很多学者将研究的焦点集中在如何选择适合的职业，由此产生了相关的职业选择理论。

（1）帕森斯的人职匹配理论　1909年，美国波士顿大学教授弗兰克·帕森斯（Frank Parsons）出版了《选择一个职业》，首次提出了人与职业相匹配是职业选择的焦点。他提出职业选择的三个要素：第一，清楚了解自己，包括职业性向、能力、兴趣、自身局限和其他特质等；第二，了解各种职业必备的条件及所需的知识；第三，上述二者的平衡。具体而言，帕森斯强调在做出职业选择之前需要首先评估个人的能力，因为个人选择职业的关键就在于个人特质与特定行业的要求是否匹配；其次是要进行职业调查，即强调对职业进行分析，包括研究工作情形、参观工作场所、与工作人员进行交谈等；最后要将人职匹配作为职业指导的最终目标，即选择一种职业需求和个人特质相匹配的职业。

帕森斯认为职业与人的匹配有两种类型。第一，条件匹配。即职业找人，是需要专门技术和专业知识的职业与掌握该种专门技能和专业知识的择业者相匹配。如劳动条件差的职业，需要能够吃苦耐劳、体格健壮的从业者。第二，特长匹配。即人找职业，某些职业需要从业者具有敏感、不受常规、有独创性、个性强、理想主义等人格特性，如需要审美性的、自我情感表达的艺术创作类职业。

总体上看，帕森斯的人职匹配理论为人们的职业设计提供了最基本的原则，具有较强的可操作性，在世界各国的职业指导中被广泛采用。该理论的缺陷在于和现代社会的职业变动规律不相吻合，忽视了社会因素对职业设计的影响和制约。

（2）霍兰德的职业个性理论　约翰·霍兰德（John Holland）是美国约翰·霍普金斯大学心理学教授，美国的著名职业指导专家。他于1959年提出了具有广泛社会影响的职业兴趣理论。他认为人的人格类型、兴趣与职业密切相关。兴趣是人们活动的巨大动力，具有职业兴趣的职业可以提高人们的积极性，促使人们积极地、愉快地从事该职业，职业兴趣与人格之间存在很高的相关性。

霍兰德认为，职业性向，包括价值观、动机和需求等，是决定一个人职业选择的重要因素。他基于自己对职业性向的测试研究，将人的职业性向分为六种类型，即现实型（R）、研究型（I）、社会型（S）、传统型（C）、企业型（E）、艺术型（A）。同样，职业环境也可以分成相应的同样名称的六大类。

职业性向理论强调个人的六种职业性向应当与六种职业类型相适应，只有人的职业性向与职业类型相适应，才会在相同条件下，增加个体的工作满意度、职业稳定性和职业成就感。

2. 职业生涯发展阶段理论

职业生涯发展理论是从动态角度研究人的职业行为、职业发展阶段的。

美国心理学家萨帕，以年龄为依据，将职业生涯阶段分为成长阶段（Growth stage，0~14岁）、探索阶段（Exploration stage，15~24岁）、确立阶段（Establish stage，25~44岁）、维持阶段（Maintenance stage，45~66岁）和衰退阶段（Decline stage，65岁）等五个阶段，并分析了不同年龄阶段个体特征、知识水平对其职业偏好的影响，提出了人一生的完整的职业生涯阶段模式。萨帕的理论形成了广义的职业生涯定义，有助于个体及组织对处于不同年龄阶段的员工职业偏好的把握。

除了萨帕以外，美国著名的职业指导专家金斯伯格是职业生涯发展理论的典型代表人物之一，也是职业发展理论的先驱者，对职业生涯的发展有着长期的研究。他将职业生涯分为幻想期、尝试期和现实期三个阶段，对每个时期的职业生涯特点和内容进行了分析。

格林豪斯打破了单纯以年龄作为划分职业生涯依据的方法,以职业生涯的发展历程和特点将职业生涯分为职业准备阶段、进入组织阶段、职业生涯初期、职业生涯中期和职业生涯后期五个阶段。

美国著名心理学家和职业管理学家施恩根据人的生命周期特点,将职业生涯分为成长探索阶段、进入工作阶段、基础培训、早期职业的正式成员资格、职业中期、职业中期危机阶段、职业后期衰退、离职阶段和退休。

上述有关职业发展阶段的理论,都指出职业发展贯穿人的一生,应根据不同的职业发展阶段实行不同形式的指导。虽然在阶段划分上有所差异,但都认为每个阶段是相互联系的,前一阶段的发展情况,关系到下一阶段的职业发展状况,并以"职业成熟"来评判人员的职业成功程度。

3. 职业生涯决策理论

职业生涯的相关决策理论主要研究在人们职业生涯发展中决定人们选择的关键性因素。通过研究人们的职业生涯决策行为,分析影响职业生涯选择的重要因素。

(1) 克朗伯兹的社会学习理论 克朗伯兹的社会学习理论认为个体职业生涯发展的根本选择是由内在因素和社会环境因素来共同决定的,包含四个主要因素:遗传因素和天赋、环境状况和事件、学习经验、工作取向的技能,同时,这四个因素交互作用,对个体职业生涯规划产生影响,其中个人成长经历中独特的学习经验尤为重要。

克朗伯兹对职业生涯决策技巧的作用进行研究,提出了进行职业生涯决策的七个步骤:界定问题、拟定行动计划、澄清价值、找出可能的选择、评价各种选择、选择方案和开始执行方案。按照社会学习理论的观点,人们的偏好折射了人们的习惯。当一个人在心仪职业的有关方面得到正反馈时,如赞许、许可,他就会倾向于对该职业有所偏好。它强调社会影响因素和学习经验,具有较高的实际价值。

(2) 丁克里奇的决策风格理论 决策是人们为了一定的目标而进行方案制订、方案选择、准备实施的过程,是一个提出问题、分析问题、解决问题的过程。职业决策是一个复杂的认知过程,通过此过程,决策者组织有关自我和职业环境的信息,仔细考虑各种可供选择的职业前景,做出职业行为的公开承诺。丁克里奇将职业决策的风格分为八种,包括冲动型、宿命型、顺从型、延迟型、烦恼型、直觉型、瘫痪型和计划型。这八种决策风格没有绝对的优劣之分,各有其适用的范围和局限性。

美国职业生涯专家斯科特(Scott)和布鲁斯(Bruce)于1995年提出五种决策风格理论。他们认为,决策风格可以分为五种类型:理智型、直觉型、依赖型、回避型和自发型,决策风格是在后天的学习经验中逐渐形成的。

4. 施恩职业锚理论

所谓职业锚,又称职业系留点。锚,是使船只停泊定位用的铁制器具。职业锚,是指当一个人不得不做出选择的时候,他无论如何都不会放弃的职业中的那种至关重要的东西或价值观,实际就是人们选择和发展自己的职业时所围绕的中心,即职业定位。它强调个人能力、动机和价值观三方面的相互作用与整合,在实际工作中是不断调整的。1978年,美国施恩教授提出了职业锚理论。他认为职业锚包括五种类型:自主型职业锚、创业型职业锚、管理能力型职业锚、技术/职能型职业锚、安全/稳定型职业锚。

(1) 自主型(Autonomy Independence) 自主/独立型的人希望随心所欲安排自己的工

作方式、工作习惯和生活方式。追求能施展个人能力的工作环境，最大限度地摆脱组织的限制和制约。他们宁愿放弃提升或工作扩展机会，也不愿意放弃自由与独立。

（2）创业型（Entrepreneurial Creativity） 创业型的人希望使用自己能力去创建属于自己的公司或完全属于自己的产品（或服务），而且愿意去冒风险，并克服面临的障碍。他们可能正在别人的公司工作，但同时他们在学习并评估将来的机会。一旦他们感觉时机到了，他们便会自己走出去创建自己的事业。

（3）管理型（General Managerial Competence） 管理型的人追求并致力于工作晋升，倾心于全面管理，独自负责一个部分，可以跨部门整合其他人的努力成果，他们想去承担整个部分的责任，并将公司的成功与否看成自己的工作。他们在从事具体的技术、功能工作时，仅仅把这些工作看作是通向更高、更全面管理层的必经之路。

（4）技术/职能型（Technical Functional competence） 技术/职能型的人，追求在技术或职能领域的成长和技能的不断提高，以及应用这种技术、技能的机会。他们对自己的认可来自他们的专业水平，他们喜欢面对来自专业领域的挑战。他们一般不喜欢从事一般的管理工作，因为这将意味着他们放弃在技术或职能领域的成就。

（5）安全/稳定型（Security /Stability） 安全/稳定型的人追求工作中的安全与稳定感。他们可以预测将来的成功从而感到放松。他们关心财务安全，例如：退休金和退休计划。他们追求工作中的稳定感，包括诚信、忠诚以及完成老板交代的工作。尽管有时他们可以达到一个高的职位，但他们并不关心具体的职位和具体的工作内容。

三、职业生涯规划的流程

职业生涯规划是一个反复连续的动态的过程，包括自我评估、环境评估、确立目标、行动实施和评估与反馈五个阶段

1. 自我认知

自我认知是指个体对自身情况的了解和分析。它既包括对自己的兴趣、特长、性格的了解，也包括对自己的学识、技能、智商、情商的测试，以及对自己思维方式、思维方法、道德水准的评价等。自我认知的目的，是认识自己、了解自己，并以此为基础对自己所适合的职业和职业生涯目标做出合理的抉择。自我认知是职业生涯规划的基础。

2. 环境评估

职业环境评估，主要是指评估周边各种环境因素及其对个体职业生涯发展的影响。在制订个人的职业生涯规划时，要充分了解个体所处环境的特点，掌握职业环境的发展变化情况，明确自己在这个环境中的地位以及环境对自己提出的要求和创造的条件等等。只有对环境因素充分了解和把握，才能做到在复杂的环境中趋利避害，做出适应环境变化的职业生涯规划，使个人的职业规划具有实际意义。

3. 确立目标

俗话说："志不立，天下无可成之事。"立志是人生的起跑点，反映了一个人的理想、胸怀、情趣和价值观。在准确地对自己和环境做出评估之后，我们就可以确定适合自己、有实现可能的职业发展目标。在确定职业发展的目标时要注意自己性格、兴趣、特长与职业的匹配，更重要的是考察职业目标与自己所处的内外环境是否相适应，既不能妄自菲薄，也不能好高骛远。合理、可行的职业生涯目标的确立决定了职业发展中的行为和结果，是制订职

业生涯规划的关键。

4. 行动实施

行动实施，是指个体制订职业生涯行动计划与措施并开始实施。这里所指的行动，是指落实目标的具体措施，主要包括学习、工作、培训、教育和轮岗等方面的措施。对应自己行动计划可将职业目标进行分解，即分解为短期目标、中期目标和长期目标，其中短期目标可分为日目标、周目标、月目标和年目标，中期目标一般为三至五年，长期目标为五至十年。根据分解后的目标制订行动计划，还可以根据环境变化制订和调整短期行动计划，并针对具体计划目标采取有效措施。行动计划要对应相应的措施，要层层分解、具体落实，细致的计划与措施便于进行定时检查和及时调整。职业生涯中实施的措施主要指为达成既定目标，在提高工作效率、学习知识、掌握技能、开发潜能等方面选用的方法。

5. 评估与回馈

影响职业生涯规划的因素很多，有的变化因素是可以预测的，而有的变化因素难以预测。在此状态下，要使职业生涯规划行之有效，就必须不断地对职业生涯规划执行情况进行评估和反馈。具体的方法是：

1）总结。对目标的执行情况进行总结，确定哪些目标已按计划完成，哪些未完成。

2）分析原因。对未完成目标的原因进行分析，找出障碍，制订相应解决障碍的对策及方法。

3）修订与完善。依据总结评估的结果对后面的计划及实施的方法进行修订与完善。如果有必要，也可考虑对职业目标和路线进行修正，但一定要谨慎考虑。

第二节　职业环境评估

在前面的内容中，已经讲述了大学生的自我认知和职业认知。本章将对职业环境分析进行讲述。在进行职业生涯规划时，大学生需要对周边的职业环境进行评估，以便了解充分全面的职业信息，进行合理的职业选择，做出适合自己的职业生涯规划。

一、职业环境认知的内涵

职业环境认知，是对某职业在社会大环境中的现实状况、社会需求、社会地位、经济地位、未来发展趋势等情况的认识。通过职业环境分析弄清职业环境对职业发展的要求、影响及作用，对各种影响因素加以衡量、评估并做出反应，这是职业环境分析的具体要求。

从内容上看，职业环境分析包括行业分析、职业分析、企业分析和地域分析。作为大学生，需要了解职业的分类、行业发展的现状和前景、了解企业的组织特点和企业文化。

二、了解职业分类

大学生了解职业环境时，首先需要知道有哪些职业类型，每一职业类型划分的方法。这样，才能知晓自己可能的职业选择方向。

根据我国不同部门公布的标准分类，我国的职业分类主要有两种类型。

(1)《中华人民共和国职业分类大典》的分类　我国第一部《中华人民共和国职业分类大典》颁布于1999年。为适应社会经济和职业结构发展需要，2015年完成修订，形成了新版大典。大典修订版将职业分为 8 个大类、75 个中类、434 个小类、1481 个职业。

8 个大类分别是：第一大类，国家机关、党群组织、企业、事业单位负责人；第二大类，各类专业技术人员；第三大类，办事人员和有关人员；第四大类，商业、服务业人员；第五大类，农、林、牧、渔、水利生产人员；第六大类，生产、运输设备操作人员及有关人员；第七大类，军人；第八大类，不便分类的其他从业人员。

（2）据国家统计局起草实施的《国民经济行业分类》分类　《国民经济行业分类》国家标准于 1984 年首次发布，分别于 1994 年、2002 年、2011 年、2017 年进行修订。这项标准主要按企业、事业单位、机关团体和个体从业人员所从事的生产或其他社会经济活动的性质的同一性分类，即按其所属行业分类，将国民经济行业划分为门类、大类、中类、小类四级。新行业分类共有 20 个门类、97 个大类、473 个中类、1380 个小类，即：①农、林、牧、渔；②采矿业；③制造业；④电力、热力、燃气及水生产和供应业；⑤建筑业；⑥批发和零售业；⑦交通运输、仓储和邮政业；⑧住宿和餐饮业；⑨信息传输、软件和信息技术服务业；⑩金融业；⑪房地产业；⑫租赁和商务服务业；⑬科学研究和技术服务业；⑭水利、环境和公共设施管理业；⑮居民服务、修理和其他服务业；⑯教育；⑰卫生和社会工作；⑱文化、体育和娱乐业；⑲公共管理、社会保障和社会组织；⑳国际组织。

这两种分类方法符合我国国情，简明扼要，具有实用性，也符合我国的职业现状。此外，还有其他的分类方法。如从行业上划分，可分为一、二、三产业；从工作特点上划分，可分为务实（使用机器、工具和设备的工种）、社会服务、文教、科研、艺术及创造、计算及数学（钱财管理、资料统计）、自然界职业、管理、一般服务性职业等 10 多种类型的职业。每一种分类方法，对其职业的特定性都有明确的解释，这对我们更好地掌握某一职业的特点，去选择适合自身职业有指导作用。

三、行业发展分析、组织（企业）分析和企业文化

1. 行业发展分析

相关行业的整体环境直接影响到企业的发展状况，进而影响到每个人的职业生涯的选择和发展。对某行业发展的分析包括对目前所在行业和将来想从事的目标行业的环境分析。行业分析内容上包括行业发展现状、国际国内重大事件对该行业的影响、目前行业优势和问题所在、行业发展前景预测等。对于大学生来说，行业发展分析需要结合自己所学专业和未来想从事的职业方向来进行。

2. 组织（企业）分析

通过企业分析，主要是确定自己的职业生涯规划在这个企业有没有足够的发展空间，衡量自己的目标能够在这个企业实现的可能性，从而做出适合的职业生涯决策。个人在选择组织（企业）时有必要通过个人可能获得的一切渠道，如通过公司所在地的新闻出版机构的新闻线索，来了解企业产品服务的详细情况和富有深度的财政经济状况。个人也可通过有关书籍和商业获奖的细节和公司网站了解有关企业的线索。在进行企业环境分析时要关注企业实力、企业领导人、企业文化和企业制度。

3. 企业文化

企业文化或称组织文化，是一个组织由其价值观、信念、仪式、符号、处事方式等组成的其特有的文化形象，简单而言，就是企业在日常运行中所表现出的各方各面。企业文化是

在一定的条件下，企业生产经营和管理活动中所创造的具有该企业特色的精神财富和物质形态。它包括文化观念、价值观念、企业精神、道德规范、行为准则、历史传统、企业制度、文化环境、企业产品等。其中价值观是企业文化的核心。

除此以外，对行业和企业的相关环境分析还包括对工作地域（城市）的分析。通过对行业发展、企业环境和地域城市的分析，全面掌握职业环境，确定自己的职业规划。

四、职业环境认知的方法

大学生在进行职业规划时，需要了解行业特点、职业分类、经济前景等宏观环境信息，也需要知晓企业组织结构和企业文化等微观企业信息。要掌握足够丰富的职业环境信息，需要借助于一定的方法和手段。

1. 静态的信息收集

静态的信息收集渠道主要包括网络和出版物。当今社会是一个网络极其发达的时代，关于相关的宏观和微观的职业信息，很多都可以从网络中收集到。这些网络信息既可以来源于专业的职业信息网，也可以通过各个招聘网站和企业官网获得。除此以外，利用出版物信息也是主要途径。出版物主要指各种各样的职业指导、就业指导方面的书籍和文献。大学生在收集职业信息时，可以充分利用这些静态的信息收集渠道，获得尽可能详尽的职业信息。

2. 动态的信息收集

除了借助于网络和出版物来了解相关的职业环境信息以外，大学生还可以通过自己的主动的社会实践和专业实习，以及参与社会调研和访谈等方式间接了解更多的职业环境信息。

生涯人物访谈是大学生职业选择和职业定位的一个自助平台，是在校期间职业生涯规划的一个环节，是一种获取职业信息的有效渠道，目的在于使学生了解和认识社会需求、职业需求、职业环境和基本状况，帮助求职者（尤其是在校大学生）检验和印证以前通过其他渠道获得的信息，并了解与未来工作有关的特殊问题或需求，如潜在的入职标准、核心素质要求、晋升路径和工作者的内心感受等（这些信息是通过大众传媒和一般出版物无法得到的）。通过生涯人物访谈，还能正确认识自己的优势和不足，从而制订更加合理的大学学习、生活计划。

通过静态和动态的职业环境信息收集，大学生会掌握足够多的信息，但是，要注意对收集来的信息进行处理分析，要去伪存真，在众多的信息中排除掉虚假的、夸张的、不符合实际情况的信息，要多做分析鉴别比较。

第三节　职业生涯决策

职业生涯决策是职业生涯规划中的前导部分，决策制订的可行与否，直接决定着职业生涯规划是否成功。制订职业生涯决策的过程，就是进行职业选择的过程，确立自己的职业生涯目标的过程，是一个严谨的重要的阶段，是后续采取行动实现求职目标和职业生涯规划的基础。

一、职业生涯决策的内涵

职业生涯决策的概念最早源于英国经济学家凯恩斯。后来，杰普森等人首次提出了

"职业生涯决策"这一确切概念，他认为职业生涯决策是一个复杂的认知过程，其信息具有复杂性、多面性，在这个过程中，决策者综合考虑各种影响职业选择的因素和信息，以综合所有可能的职业选项，在此基础上分析每种职业选项的发展前途，最终做出决策、公开承诺职业行为的过程。当一个人面临多方面的选择时，每一项选择对其而言都有不同程度的价值，职业决策就是个人在多项选择之间权衡利弊，以达到最大价值的过程。因此，职业生涯决策是指个人根据各种条件，并经过一系列活动以后，进行的目标确定，以及为实现目标而制订优选的个人行动方案。

职业生涯决策包含七项重大选择：选择何种专业与行业；选择行业中的哪一种职业；选择怎样的策略，来获得某一特定的工作；从数个工作机会中选择其一；选择工作地点；选择工作的取向，即个人的工作风格；选择生涯目标或系列的升迁目标。由此可以看出，职业生涯决策是一个过程，而不单单是一种结果。

二、影响职业决策的因素

影响职业决策的因素既有内在的，也有外在的。从内在因素上看，自我效能感、成就动机、职业探索、决策风格、人格类型等决策者个人因素对职业生涯决策有重要的影响。研究发现，年纪差异、决策风格与职业生涯决策存在显著关系，而且决策者个人同一性越高，职业生涯决策困难越低，人格对职业生涯决策困难有预测作用。另有研究表明，决策者的年龄、文化背景、信息来源的可靠度也在影响他们的职业决策。从外在影响因素来看，家庭环境、特殊事件等都会很大程度上影响个人的发展机会。

对于大学生来讲，职业决策还会受到其他具体因素的影响和阻碍。如大学生对自己的决定缺乏信心，缺少主见；大学生职业决策中容易受到父母、他人的影响，有可能忽略自己真正的想法和职业选择。不能坚持自己的想法并采取积极的行动，从而导致缺乏行动而使自己的想法不能付诸实践。

三、职业决策的风格

根据不同个体在职业决策中的表现，美国职业生涯专家斯科特（Scott）和布鲁斯（Bruce）于1995年提出职业决策风格的概念，他们认为决策风格是在后天的学习经验中逐渐形成的，决策风格可以划分为五种类型：理智型、直觉型、依赖型、回避型和自发型。

1. 理智型

以周全的探求，对选择的逻辑性评估为特征。理智型的决策者具备深思熟虑、逻辑性强的特性。这类决策者会评估决策的长期效用并以事实为基础做出决策。理智型决策风格是比较受到推崇的决策方式，强调综合全面地收集信息、理智的思考和冷静的分析判断，是其他决策风格的个体需要培养的一种良好的思考习惯。但理智型的决策风格也并不是完美的决策方式，即使采用系统的、理性的方式，也会出现因为害怕承担决策的后果而不能整合自己和他人观点的问题。

2. 直觉型

以依赖直觉和感觉为特征，比较关注内心的感受。直觉型的决策风格以自我判断为导向，在信息有限时能够快速做出决策。当发现错误时能迅速改变决策。由于以个人直觉而不是理性分析为基础，这类决策发生错误的可能性较大，因此，易造成决策不确定性，容易使外界丧失对直觉型决策者的信心。

3. 依赖型

以寻求他人的指导和建议为特征。依赖型的决策者往往不能够承担自己做决策的责任,允许他人参与决策并共同分享决策成果,会受到他人的正面评价,但也可能因为简单地模仿他人的行为导致负面的反应。依赖型的决策者需要理解生活中他人对自己的影响程度。

4. 回避型

以试图回避做出决策为特征。回避型的决策风格是一种拖延、不果断的方式。面对决策问题会产生焦虑的决策者,往往因为害怕做出错误决策而采取这样的反应。往往是由于决策者不能够承担做决策的责任,而倾向于不考虑未来的方向,不去做准备,不知道自己的目标,也不思考,更不寻求帮助。这样的决策者更容易受到学校等支持系统的忽略。所以,这些学生需要意识到自身的决策风格及其可能造成的危害,努力调整,增强职业生涯规划的意识和动机,才能从根本上得到帮助。

5. 自发型

以渴望即刻、尽快完成决策为特征。自发型的个体往往不能够容忍决策的不确定性以及由此带来的焦虑情绪,因此这是一种具有强烈即时性,并对快速做决策的过程有兴趣的决策风格。自发型决策者常会基于一时的冲动,在缺乏深思熟虑的情况下做出决策,此类决策者通常会给人果断或过于冲动的感觉。

四、大学生职业决策的方法

1. SWOT 分析法

运用 SWOT 分析技术建立大学生职业生涯规划。SWOT 是英文单词 Strengths(优势)、Weaknesses(劣势)、Opportunities(机会)、Threats(威胁)的缩写。该分析法最早是由哈佛商学院的 K. L. 安德鲁斯教授于 1971 年在其《公司战略概念》一书中提出的。安德鲁斯把面临竞争的企业所处的环境分为内环境和外环境,其中内环境包括企业的优势分析和劣势分析,而外部环境分析则包括企业面临的机会分析和威胁分析。这种综合分析企业的内外环境,从而为企业中长期发展制订战略的方法即为 SWOT 分析法。

一般来说,对自身的职业以及职业发展问题进行 SWOT 分析时,应遵循以下 6 个步骤。

(1) S 和 W:优势和弱势(评估自己的优势和弱势) 不管是从遗传学的角度,还是从后天成长环境来分析,都注定了每个人的气质类型不同,性格特征相异,天赋、能力也会不同,但是每个人都会有自己擅长的领域。有的人就是喜欢整天坐在实验室里做科研,而有的人就是不能忍受缺乏人与人之间交流的工作;有的人对数字敏感,细心细致,有的人看到数字就头大。另外,从环境来考虑的优势和弱势也是非常重要的。因此,优势和弱势主要从以下方面考虑:个性特征方面、主要经历和体验分析、教育背景分析、成功和失败的事件分析等。

找出我们的弱势和找出我们的优势同样重要,我们可以基于自己的优势和弱势做两种选择,一是努力弥补和提高自己的弱势之处;二是努力发扬自己的优势之处。

(2) O 和 T:机会和威胁(评估行业的机会和威胁) 每一个行业在发展中都存在机会和威胁,看清楚了你向往的行业所存在的机会和威胁,将协助你成功地进入到使自己的能力充分发挥的领域。如果你所从事的职业刚好处于一个常受到外界不利因素影响的行业里,那么你的发展将受到很大的限制。相反，充满了许多积极的外界因素的行业将为职业者提供广阔的职业前景。因此，在决策之前，先列出自己感兴趣的一两个行业，然后认真地评估这些行业所面临的机会和威胁。

(3) 列出今后 3~5 年内个人的职业目标　列出自己从学校毕业后 5 年内最想实现的 3~5 个职业目标，这些目标可以包括你想从事哪一种职业、做到什么样的层次、希望自己拿到的薪水有多少等，并列出这些职业目标对个人和环境的要求。

(4) 选择和自己的优势以及与外部机会最匹配的职业目标　在了解了自己的优势弱势及外部环境的机会和威胁以后，需要我们发挥优势因素，克服弱点因素，利用机会因素，化解威胁因素，才能够做出效益最大化的决策。

(5) 列出一份今后 3~5 年的职业行动计划　这一步主要涉及一些具体的内容，特别包括的是要达到自己的职业目标而需要提高的内容。列出一份实现最匹配的职业目标的行动计划，并且详细地说明为了实现这一目标需要做的每一件事，以及完成这件事的时间节点。

(6) 寻求帮助　发现了自己的弱势以及制订了自己的行动计划以后，有时候需要周围的人来帮助你改善自身的弱势，而协助和监督以及及时地反馈信息，对于弱势的改善以及计划的顺利实施都有很大帮助，因此你可能还需要外界的帮助，包括父母、朋友、配偶、专业咨询人员等。

另外值得注意的是，规划的职业道路并非一成不变的，外界环境因素是动态的，随时可能影响到职业发展。因此，成功的职业生涯设计需要时时审视内外环境的变化，不断对拟好的规划进行评估和修订并调整前进步伐。

2. "决策平衡单"法

"决策平衡单"（Decision-making balance sheet）经常被应用于问题解决模式和职业咨询中，用以协助咨询者有系统地分析每一个可能的选项，判断分别执行各选项的利弊得失，然后依据其在利弊得失上的加权计分排定各个选项的优先顺序，以执行最优先或偏好的选项。具体方法如下。

列出可能的职业选项，决策者首先需在平衡单中列出有待深入评价的潜在职业选项 3~5 个。

(1) 判断各个职业选项的利弊得失　平衡单中提供决策者思考的重要得失，集中于四个方面，分别是自我物质方面的得失、他人物质方面的得失、自我赞许（精神方面）的得失、他人赞许（精神方面）的得失。决策者可依据重要的得失方面，逐一检视各个职业选项，并以"+5"至"-5"的十一点量表（+5, +4, +3, +2, +1, 0, -1, -2, -3, -4, -5），来衡量各个职业选项。

(2) 各项考虑因素的加权计分　决策者在各个方面的利弊得失之间，会因身处于不同情境而有不同的考量。因此，在详细列出各项考虑层面之后，须再进行加权计分。即对当时个人而言，重要的考虑因素可乘以 1~5 倍分数，依次递减。

(3) 计算出各个职业选项的得分　决策者须逐一计算各个职业选项在"得"（正分）与"失"（负分）的加权计分与累加结果，并计算各个生涯选项的总分。

(4) 排定各个职业选项的优先顺序　最后，依据各职业选项在总分上的高低，排定优先次序。职业选项的优先次序即可作为咨询者职业生涯决策的依据。

大学生 PDCA 职业生涯规划

在谈大学生职业规划之前,先说下现代管理学中一个基础性概念"PDCA"循环。其中 P 是 Plan,即策划;D 是 Do,即实施;C 是 Check,即检查;A 是 Action,即改进。

一、P(Plan)

制订计划,也就是大学生职业生涯规划的制订过程。一般包括以下 6 个步骤:

1)自我评价。也就是要全面了解自己。科学有效的职业生涯规划必须是在充分且正确认识自身条件与相关环境的基础上进行的。要审视自己、认识自己、了解自己,做好自我评估,包括自己的兴趣、特长、性格、学识、技能、智商、情商、思维方式等,即要弄清我想干什么、我能干什么、我应该干什么、在众多的职业面前我会选择什么等问题。

2)确立目标。确立目标是制订职业规划的关键,通常目标有短期目标、中期目标、长期目标和人生目标之分。长远目标需要个人经过长期艰苦努力、不懈奋斗才有可能实现,确立长远目标时要立足现实、慎重选择、全面考虑,使之既有现实性又有前瞻性。短期目标更具体,对人的影响也更直接,也是长远目标的组成部分。

3)环境评价。职业生涯规划还要充分认识与了解相关的环境,评估环境因素对自己职业生涯发展的影响,分析环境条件的特点、发展变化情况,把握环境因素的优势与限制。了解本专业、本行业的地位、形势以及发展趋势。

4)职业定位。职业定位就是要为职业目标与自己的潜能以及主客观条件谋求最佳匹配。良好的职业定位是以自己的最佳才能、最优性格、最大兴趣、最有利的环境等信息为依据的。职业定位过程中要考虑性格与职业的匹配、兴趣与职业的匹配、特长与职业的匹配、专业与职业的匹配等。职业定位应注意:①依据客观现实,考虑个人与社会、单位的关系;②比较鉴别,比较职业的条件、要求、性质与自身条件的匹配情况,选择条件更合适、更符合自己特长,经过努力能很快胜任、有发展前途的职业;③扬长避短,看主要方面,不要追求十全十美的职业;④审时度势,及时调整,要根据情况的变化及时调整择业目标,不能固执己见,一成不变。

5)实施策略。就是要制订实现职业生涯目标的行动方案,要有具体的行为措施来保证。

二、D(Do)

职业规划方案制订出来,就要马上开始行动,按照职业生涯规划实施策略落实到每一天、每月、季度和年份。

我们都明白,没有行动,职业规划不过是一种梦想。在落实行动期间,要不断地进行分析总结,不仅要分析自身的职业规划方案,还要分析社会需求、环境变化,时刻把握职业规划的科学、合理性。这就到了职业生涯规划的检查阶段了。

三、C(Check)

对职业生涯规划的实施结果进行检查。

推荐将尝试总结法作为检查方法,也就是要不断地尝试去做、去落实你的职业规划方案,然后对行动结果进行总结,这是一个反复且长期的过程。

四、A(Action)

检查出问题,要立刻处理并确保问题得到解决。

实际上 A（Action）进行时，就需要 P（Plan），即再次策划，想办法解决问题。于是进入了"PDCA"循环。

资料来源：《大学生职业生涯规划 PDCA 法》（http：//www.sohu.com/a/131123017_355259）。

训练项目　撰写大学生职业生涯规划书

一、训练内容

职业生涯规划书是对职业生涯规划的书面呈现，不仅能表现大学生对自己职业生涯的宏伟规划和设计，还能对具体的学习、工作和生活起到很好的指导和鞭策作用。

1. 大学生职业生涯规划书撰写过程

大学生在撰写职业生涯规划书时，应按照一定的步骤来完成。职业生涯规划书的撰写过程包括确立撰写目的、安排内容结构、收集信息并展开分析和撰写修改四个步骤。

（1）确立撰写目的　职业生涯规划书的撰写首先就是帮助自己分析环境及自身优势和劣势，明确个人的职业目标，为自己未来的职业选择和抉择提供依据和参考。

（2）安排内容结构　内容结构的安排应该服务于制作目的以及个人的实际需要，可繁可简。不管是哪一种职业生涯规划书，都包括自我认知、外部环境分析、职业目标定位、职业生涯发展路线及策略、职业生涯的评估和修正。

（3）收集信息并展开分析　收集信息并展开分析是职业生涯规划的关键环节，也直接决定着职业生涯规划是否切实可行、是否真实有效。收集信息的渠道有互联网、书籍文献、测评软件和身边的人。

（4）撰写和修改　撰写的过程要注意：不要写写停停，要尽可能一气呵成，使自己的思路连贯、条理清楚；要注意强化语言的表意功能，做到用词准确；在句式方面，尽量选用短句、肯定句。

2. 大学生职业生涯规划书的内容

在遵从一般应用文写作要求的前提下，职业生涯规划书的格式可以灵活一些。职业生涯规划书的常见格式有表格式、条例式、复合式、论文式。

一份完整、翔实的职业生涯规划书，包括以下内容。

（1）封面　封面注意作品的名称，可以在封面插入图片等，署上姓名和日期，用较厚的纸打印。

（2）扉页　包括个人姓名、籍贯、年龄、性别、学历层次、专业、所在单位、通信地址、联系方式等。

（3）目录　介绍职业生涯规划书的主要内容构成，反映自己的分析思路和整体框架。

（4）自我分析　自我分析是指对自身条件及个性、兴趣爱好、能力特长及发展潜力等方面的测评结果。在自我分析中，要有对自身的价值观分析、性格分析、兴趣分析、能力分析和生活方式及其他方面的分析。在对自我分析过程中，最好要参考对自己职业生涯产生影响的一些人的评价和建议。

（5）外部环境分析　包括对政治环境、经济环境、法律环境、职业环境和组织环境的分析。其中重要的有社会环境探索（主要包括大学生就业形势、目标职业或专业方向就业前景等）、家庭环境探索（主要包括家人的愿望、需求和支持等）、目标职业认知（主要包括入门门槛、工作性质、工作岗位、职责要求、发展道路等）。

（6）职业目标的定位　根据自己对外部环境和自身特点的分析，确立职业发展方向，结合自己可能面对的职业发展机会评估，做出职业选择。

（7）职业发展路径　职业发展路径是将职业目标按照时间段的划分而做的层层分解，并根据每个阶段的特点，提出具体可行的实施方法。

（8）职业生涯的评估和修正　对于职业发展状况按照一定的时间周期进行评估，并根据评估的结果修正自己的职业进程和阶段目标，同时预计职业生涯可能出现的危机，并进行危机干预准备。

（9）结束语　最后对职业生涯规划的整个过程进行总结，对未来进行展望，同时坚定个人发展的信心。

二、训练步骤

班级学生根据自己的实际情况，遵循职业生涯规划书的编制原则，完成一份职业生涯规划书的编制，要求包含职业生涯规划书的基本要素与内容，文字简洁、语言流畅，表格清晰。

1. 分组

训练采取团队完成任务、团队代表上台陈述、团队之间进行竞争的方式。这种方式打破了传统的教师说和学生听的固有模式，通过多方位协作、互动和竞争，寓教于乐，让学生在不知不觉中培养创新意识、学习创业技巧。

训练以班级为单位进行，25~35人左右为宜，分为3~8组，每组人数4~8人为宜。如果多个班级同时进行，也可以打破班级界限组队。小组分好后，建议在整个训练过程中不要随意改动。

2. 团队建设

小组成员通过讨论，完成以下工作：

1）确定组长人选。

2）确定小组名称。

3）确定小组工作纪律，并形成正式文件。

4）建设小组工作文化（如设计一个口号等）。

这部分的工作可以由小组将工作流程和工作结果形成书面报告，提交给教师，教师可以根据教学需要，将其纳入最终的训练评分体系中去。

3. 教师讲授相关理论并布置作业

教师安排一定课时讲授知识要点，主要内容包括：

1）讲授本章知识要点。教师对训练环节所涉及的理论知识和实践技能进行讲解并对学生提出自学要求。

2）训练内容和具体要求。

3）本次训练的内容和作业要求。教师应明确向学生说明本次训练的内容和作业要求，并给予学生一些指导和建议。作业要求：完成 Word 报告一份；完成演示 PPT 一份。

4. 小组准备作业

由组长组织队员合作完成本次训练，建议可以一部分在课下完成，一部分在课上完成。

（1）课下部分　按照职业生涯规划的具体步骤，学生进行自我评估、职业环境分析等相关分析评估，填写表格（表 2-1~表 2-5），整理思路，自己选择具体的格式，撰写自己的职业生涯规划书。

首先，学生需要填写下列表格，完成评估：

1）完成自我评估。

表 2-1 自我评估表

自我评估	性格			
	兴趣爱好特长			
	情绪情感状况			
	意志力状况			
	已具备经验			
	已具备能力			
	现学专业			
	现有外语、计算机水平			
	对你人生发展影响最大的人	称谓	姓名	单位、职业、职务
		父亲		
		母亲		
		⋮		
	他人对你的看法与期望	父母		
		亲戚		
		朋友		
		同学		

2）完成环境与职业评估。

表 2-2 环境与职业评估表

	人际关系分析	
校园环境对你成才的影响	学校	
	学院	
	专业	
	班级	
	寝室	
	老师	
认识职业世界	人才供需状况与就业形势分析	
	对人才素质要求	
	对人格特质要求	
	对知识的要求及学校哪些课程对该项职业有帮助	
	对能力的要求	
	对技能训练要求	
	对资格证书要求	
	每天工作状况	
	该岗位收入	
	该行业人士对所从事工作满意及不满意处	
	该职业发展前景	
	建议学校增设哪些课程	
	其他	

3）确立职业目标。

表 2-3　职业目标规划表

描述初步职业理想	职业类型		具体职业		工作待遇	
	职业地域		岗位环境			
	职业发展期望					
目标 SWOT 分析	实现目标的优势					
	实现目标的劣势					
	实现目标的机遇					
	实现目标的威胁					

4）职业生涯策略。

表 2-4　职业生涯策略表

步　骤	分解目标	提高途径和措施	完　成　标　准
大学总体目标			
第一学年			
寒暑假			
第二学年			
寒暑假			
第三学年			
寒暑假			
大学以后			

5）生涯评估与反馈。

表 2-5　职业生涯评估与反馈表

	测评	学习成绩		素质拓展能力	
自我评估		身体素质		发展性素质测评	
	获奖与荣誉				
	参与活动和比赛等情况				
	经验与教训				
父母评价与建议					
同学、朋友评价与建议					
成才外因评估					
职业目标修正					
规划步骤、途径及完成标准修正					

根据评估的情况，总结并按照要求撰写自己的职业生涯规划书。

（2）课上部分　由组长组织队员进行讨论，完成作业报告的 Word 文档和作业报告的 PPT。条件允许的情况下，教师可以安排学生在训练室完成小组讨论和作业，建议时间 2~4h。

5. 报告展示

教师对学生撰写的职业生涯规划书进行书面评价，并进行现场口头总结评价。对优秀的职业生涯规划书进行展示,由撰写学生对自己的规划书进行宣讲。建议时间在 20min 以内。

(1) 课前准备　由各个小组在教师安排下轮流上台进行作业报告展示,主要内容包括:

1) 通过抽签确定小组上台顺序。

2) 每个小组指定报告展示的学生(在这一部分,由各个小组自行决定报告人,但是教师应注意报告人要轮流担任,不要固定在一位同学)。

(2) 演示流程

1) 小组全体成员上台亮相(亮相方式由各个小组提前设计并排练)。

2) 报告人根据本组报告 PPT,上台汇报作业内容,也可选一人补充讲解,报告环节时间建议在 20min 以内。

3) 每组讲解完成后,其他同学针对报告内容进行提问,由小组成员进行回答,问答环节时间建议在 10min 以内。

4) 问答环节结束后,由教师进行现场点评。

5) 各个小组根据现场报告环节和问答环节的现场表现进行评分,见表 2-6。

表 2-6　作业报告现场表现评分表

评价指标	权　重	评分依据	最终得分
PPT 制作水平			
口头表达水平			
回答问题水平			
团队合作水平			
合计			

(3) 最终成果　各个小组在报告演示环节结束后,可以尽快对报告进行修改,然后提交给教师,教师根据作业完成情况进行评分。各个小组组长对小组成员在本次训练中的表现进行评分,将评分结果提交给教师。

三、训练要求

1. 组织要求

1) 由教师负责整体活动安排和流程设计。

2) 学生分组的方法可以采取学生自愿组合为主,教师根据具体情况进行部分调整。

3) 教师可从每个班中选择一两位同学担任助教,协助教师完成训练活动。

2. 纪律要求

1) 由于训练采取小组作业的形式,所以原则上不能请事假。

2) 各个小组在完成作业时,无论是课上活动还是课下讨论,都要保证所有成员积极参与,并保留考勤记录,各个小组也应该制订自己的纪律要求。

3) 在实验室进行训练时,要求各个小组遵守实验室纪律和安全要求。

4) 各个小组要按照教师要求按时提交作业。

5) 不能按时参加小组讨论的学生,小组可将实际情况报告教师并提出小组的处理意见,教师根据小组意见和具体情况进行处理。

3. 作业要求

训练活动结束后,各个小组应提交一份作业报告,内容包括:

1）职业生涯规划书撰写报告。
2）报告演示 PPT。
3）现场演示环节的问答过程记录。
4）教师修改意见。
5）小组工作记录。
6）课后总结。

四、考核办法

训练项目的考核由三部分组成：教师评分、其他小组现场评分、组长评分。训练项目评分具体见表 2-7、表 2-8。

表 2-7 训练项目评分表（参考）

考核内容	所占权重	考核方法
教师评分	40%	教师根据各个小组最终提交的作业报告进行评分
其他小组现场评分	30%	在报告展示环节，其他小组根据现场展示的效果进行评分
组长评分	30%	小组组长根据每位小组成员对作业的贡献进行排序，并根据排序为每位成员评分
总分	100%	根据以上三项得分加权得出

表 2-8 报告现场表现评分表（参考）

评价指标	权重	评分依据	最终得分
PPT 制作水平	30%	PPT 的结构、内容、设计是否合理；PPT 制作是否美观；是否运用图表	
口头表达水平	30%	口头表达是否清晰、流畅、有说服力；语气语调语速是否得当	
回答问题水平	25%	是否正确清晰地回答问题；回答问题时态度是否礼貌得体	
团队合作水平	15%	小组成员是否都参与到作业准备和汇报环节	
合计	100%		

评分小组：_____

辅助材料

一、归零思考法

"归零思考法"即通过五个问题来思考自己的职业生涯规划与设计，由于每个问题（英文）的前面都有一个字母 W，也叫"5W"法，即：

1）Who am I？（我是谁？）
2）What will I do？（我想做什么？）
3）What can I do？（我会做什么？）
4）What does the situation allow me to do？（环境支持我做什么？）
5）What is the plan of my career and life？（我的职业与生活规划是什么？）

回答第一个问题，我是谁？静心地去想自己是个什么样的人，有什么性格特点。

回答第二个问题,我的人生理想是什么?我最期望做什么?有的人期望成为大歌星,有的人期望成为名作家,有的人期望成为一个职业经理人,那么你呢?除了这些事业上的期望,对生活有什么期望,希望旅行全世界,还是周游全国,还是期望平淡,期望和睦的家庭或是其他。对自己的几个期望做的事情排个优先顺序,有的人可能把家庭放在第一位,有的人把事业放在第一位。所以排序是必不可少的一个工作。

回答第三个问题,我会做什么?也许你期望成为歌星,可是你不会唱歌。所以要把自己会的、擅长的项目罗列出来,比如你会唱歌,你会写作,你会人力资源管理,你会会计,把你会的按照最擅长的进行排序。

回答第四个问题,外部环境支持我做什么?也许你想成为歌星,可是你只是企业的一名文员,整天跟计算机、文字打交道,这样的环境根本支撑不了自己成为歌星的梦想。那么你仔细想一想,你现在所处的环境能支持你做什么呢?假如你是一名人力资源经理,老板支持你进行一些人力资源变革,那么就把这个记下来,再回顾一下是否记全了。

回答第五个问题,我的职业生涯该如何规划?把前面四个问题的交集进行汇总合并,然后再给自己一个设想。十年后,我将成为什么样子,那么五年后的我该做什么?三年后的自己该干什么,一年后的自己该干什么,明天又该做什么呢?这样一想,你的职业生涯规划就设计出来了。

二、大学生职业生涯规划书模板

1. 认识自我
1)个人基本情况。
2)职业兴趣。
3)职业能力及适应性。
4)个人性格。
5)职业价值观。
6)胜任能力。
7)自我分析小结。
2. 职业生涯条件分析
1)家庭环境分析。
2)学校环境分析。
3)社会环境分析。
4)职业环境分析。
5)职业生涯条件分析小结。
3. 职业目标定位及其分解组合
1)职业目标的确定。
2)职业目标的分解和组合。
4. 具体执行计划
5. 检查和修订
1)检查的内容。
2)检查的时间。
3)规划修订的原则和备选方案。

三、大学生职业生涯规划书范例

×××职业生涯规划书

姓名：×××　　性别：女/男　　年龄：
学院：×××××　　专业：报关与国际货运
学号：××××××　　电话：×××××××××
电子邮件：××××××××××
规划年限：×××××
撰写时间：　×年×月×日

1. 自我分析

（1）职业性格　照顾者型——值得信赖和依靠。

友善、负责、认真、忠于职守，只要认为应该做的事，不管有多少麻烦都要去做，但厌烦去做认为毫无意义的事情。

务实、实事求是，追求具体和明确的事情，喜欢依据实际情况来考虑问题。对细节有过人的记忆力，比如声音的音色或面部表情。善于单独思考、收集和考察丰富的外在信息，不喜欢逻辑思考和理论应用。做决定时总是根据收集到的信息和清晰的评估，充分展现出自己客观的判断力和敏锐的洞察力。

在人际交往中显得很低调，谦逊而少言、善良、有爱心，关心他人并乐意提供实际的帮助，对朋友忠诚友好，有奉献精神。是一个内心细腻而敏感的人，又习惯掩饰，虽然在很多情况下会有很强烈的情绪反应，但却不愿意表现出来。原则性很强，守约重诺。做起事来严谨而有条理，愿意承担责任。

（2）职业兴趣表　职业兴趣，见表2-9。

表2-9　职业兴趣类型表

兴趣类型	特　　点
研究型	理性、严谨、求知欲强、思维力强
常规型	有条理、循规蹈矩、脚踏实地

对新观念感兴趣，同时也特别喜欢传统性或事务性的工作或事物，处事严谨，认真负责，不盲从，讲究理性。喜欢在工作中进行改良性探索，一般不在意高权威。平时十分谦和，谨慎小心，行为并不特别积极活跃，但思路不慢，内心有主见；做事仔细认真，有计划有条理，总能坚持到底；喜欢分析性工作，有清醒的分析性头脑，但是不大善于与别人建立亲密关系，不喜欢交际，因此与他人的关系一般。我是一个有很强的科学意识和研究精神的人，聪明好学，喜欢探索未知的事物，我能够将各种抽象的观念和理论条理化。我是一个有耐心、严谨细心的人，做事很有条理。但是常把自己限制在条条框框里，灵活性不够。不喜欢接受变革性的挑战，回避要求极强灵活性和创意的任务。

（3）职业价值观

1）追求成就：希望获得的工作，是能够看到及时的成果展现，并收获可能的成就体验。即追求自我实现，而并非外在利益的满足。把"追求成就"视为自己重要的职业价值观的我，希望在工作中能够比较充分地展示自己的独特之处；能够获得任务完成后的成就感；能够提供自我提升与发展的空间与机会；通过自己的努力付出，得到应有的成果。

2）工作条件：我非常希望获得有充分保障的工作（包括拥有良好的工作条件），比如能够在一个比较安全和舒适的环境中工作，能够获得应有的报酬，能够有自主决断的可能性等。而且还希望工作具有多样性，能够在工作的范围内做不同的事情，把"工作条件"视为自己重要的职业价值观的我，希望的工作是内容丰富，在工作时间里有充实的工作可做；拥有充分的金钱或物质回报；有保障的，稳定的；能够有比较丰富的工作内容，而不是简单重复劳动；拥有一个自由、舒适的环境；有固定的较长假期，可以保证定期的休闲娱乐活动；地处交通便利的位置。

（4）职业能力

1）人际适应：根据他人的表现，来调整自己的行为和表现。

2）积极倾听：注意倾听他人说话，充分理解要点，适当提问，不随意打断。

3）服务他人：想方设法地给他人帮助和服务。

4）学习策略：根据所学新知识的具体情况，灵活调整最有效的学习方式。

5）阅读理解：流畅地阅读，并准确理解其中含义。

（5）自我分析小结　根据以上方面的分析总结，我很大程度上重新认识了自己，自己有很多的优点，也有不少的不足。好的开头等于成功的一半，正确认识自己，明确自己适合什么样的职业以及对自己的职业生涯做出合理、正确的规划，可以让自己更加快速地走向自己的成功。在以后的生活中，我会不断学习，不断完善，弥补自己的不足，巩固自己的优势，从而让自己能够在未来有更大的发展。

2. 职业分析

（1）职业环境分析

1）学校环境。学校以国内外职业院校先进的办学理念为引导，积极探索富有特色的高职教育之路，着力培养高素质技术技能应用型人才。学校从企业用人第一需求出发，倡导和实践"责任文化"，把学生职业素质的养成作为人才培养的第一质量，全面推行学生职业素质养成教育工程，不断提升人才培养质量。

学院的专业设置具有综合性，能够适应多方面的需要，为打造人才培养基地打下坚实的基础，给学生未来就业提供广阔的前景。

2）一般社会环境。首先，报关与国际货运专业是顺应当前国际国内经济发展形势的需要而开设的。随着经济全球化趋势的不断发展，国际贸易已成为各国参与国际竞争、分享世界经济发展成果、推动自身经济发展的重要手段，在各国经济发展中占据越来越重要的位置。改革开放以来，我国国际贸易迅速增长，近几年贸易总额一直位居世界前列。

报关与国际货运专业从 20 世纪 90 年代后期试探性地在几个高校设置，2004 年教育部专业目录认可，2009 年到达高峰期，其后稳定，2015 年之后则应是考虑转型和组合专业群的时代。有的高校根据企业对报关与国货运人才的需求分析，报关与国际货运专业分设报关报检单证和国际货运两个方向，其中报关报检单证方向主要培养熟悉报关报检疫及国际货运业务，熟练对单证进行操作的应用型人才，国际货运方向主要培养熟悉报关报检以及国际货运业务，熟练掌握海洋、航空、陆路货运流程及操作技巧的应用型人才。

3）目标地域环境。报关与货代行业是个新型行业，虽然在逐渐成熟中，但初期提供的服务比较单一，用人方面要求也不是很严格，因此员工素质普遍较低。但随着社会大环境的改变，市场的不断拓展，行业对人员的素质要求也在不断提高。

(2) 目标职业分析

1）目标职业名称：报关·报检员。

2）目标职业知识、技能、态度品德要求。超强度脑力劳动是报检员职业的最大特点，一名合格的报检员，除应具备基本常识和相当的理论功底外，还须具有良好的沟通能力，如良好的口才，较强的表达才能，能与客户、海关和商检等沟通，解答客户提出的各种专业性问题。报检员资格全国统一考试是测试应试者从事报检工作必备业务知识水平和能力的专业资格考试。2005年6月30日之后参加"报检员"资格全国统一考试获得"报检员"证书。

3）就业和发展前景。经过入世后的不断调整与发展，我国外贸进出口量快速增长，报检业务也同步急剧增加。但无论是代理报检的企业还是自理报检的企业，在报检工作岗位上都没有重视人力资源的培养和储备，造成了阶段性的从业人员缺口。同时，岗位需求量的增大，给广大谋求工作的学生和待业人员带来了极大的工作机遇。但由于宣传力度不够，加之报检业务的专业性极强，很多行外人士并不了解报检工作，有的甚至没有听说过。资料显示，最近几年，上海的外贸业务量飞速增长，每年的报检货物量已达到70多万批。随着外贸量的骤增，对持证报检员的需求不断增大。据了解，目前上海地区从事报检业务的企业已达数千家，对报检员的需求接近3万名。另一方面，由于每个具备商检资格的企业必须拥有十名具备商检员证书的员工，在客观上造成企业对现有的报检人员提出调换报检员证书的要求。为了保证企业报检业务的正常开展，必定会对这些员工提出考证的要求，也就愿意支付一定的费用对原有的报检人员进行再培训，借此来获得拥有新证书的报检员工的人力资源储备。

(3) SWOT分析

1）我的优势（strength）及其使用。能将精力很好地集中在所需要关注的点上，热情、努力、认真、负责，是值得托付事情的人。做事情的时候会讲求实际效果，采用现实可行的方法关注细节是我的强项，能够以现实的角度看问题，重视集体。尽心、尽职、尽责，对连续的、固定的、重复的事也不会厌烦。我很可能具有出色的组织才能，通情达理，尊重他人能力和角色。

2）我的弱势（weakness）及其弥补。过分关注细节和眼前之事，容易忽略事情的全局和发展变化趋势，难以预见存在的其他可能性，我要学习做长远思考，经常考虑事情发展的可能性和潜在的变化性，加强对全局和可能性的关注。

不停地制订计划并保证完成，以至于经常需要花费过多的时间和投入过多的精力来完成工作，我的责任心很强烈，容易陷入日常事务的细节之中从而导致过度劳累。当压力很大时，则会过度紧张，甚至产生消极情绪。我可以采取对各种事务确定优先级的方式，先集中精力于某一目标。

不愿意尝试、接受新的和未经考验的观点和想法，难以适应新境况，或者在不同的工作任务之间来回切换时会有困难。如果希望自己能灵活变通，就保持适当开放的心态，保持对未知事物的好奇心，加强探索意识，并提前对可能的变化做好准备，并提升随机应变的能力。

3）职业分析小结。对前面的职业分析，我更加确定了报关专业的定位。好的开头等于成功的一半，正确认识自己，明确自己适合什么样的职业以及对自己的职业生涯做出合理、正确的规划，可以让自己更加快速地走向自己的成功。在以后的生活中，我要面对各种机遇和挑战。要努力和不放弃才能在社会中屹立不倒。

3. 职业生涯规划

(1) 学业规划

1) 大一学年。

学业、能力、生活目标等回顾：在学习方面我能认真学习，上课也能主动思考。进入了大学我也获得了学习的主动权，能自主学习。在生活中我加强了身体素质的锻炼，加入了慢跑社和羽毛球社，还能结交良师益友。总的来说，大一的生活还是很好的。

存在不足：由于接触的是全新的课程，很多课程学得不是很扎实，导致现在有些力不从心。下学期要更加努力学习，取得好成绩。

2) 大二学年。

学业规划：努力完成各科课程，取得好成绩。

能力目标：考取各个专业证书，考取英语四级证书。

成果目标：提升内涵，丰富自己的内在。

经济目标：能做一些自己能做的兼职。

3) 大三学年。

学业规划：最后的学业完成，给自己一个答复。

能力目标：完成还未考出的证书。

成果目标：拿到毕业证书。

经济目标：找一家好的实习工作单位。

(2) 职业生涯规划

1) 短期目标（工作后一年内，至少100字）。保持工作的稳定，踏踏实实干好现在的工作，勤学习，勤动脑，勤交流，勤干活。踏踏实实，充实自己，着眼于大局，着眼于今后的发展。和同事们取长补短，互相交流好的工作经验，共同进步，争取取得好的工作业绩。

2) 中期目标（工作后五年内，至少100字）。

精：精确、精干，不能像以前一样做事没有计划，想一出是一出。把要做的事情梳理好，按部就班踏实做好每一件事，只有事半功倍才能让工作更加顺利更加完美地完成。

3) 长期目标（工作后五至十年或更长，至少100字）。加强业务学习，不断提高业务水平和工作能力，虽然现在处于一线的工作岗位，除了本岗位工作需要的计算机知识以外，业务技能一定不能落后于其他同事，即使练起来稍微吃力，有机会也一定学习其他业务知识，让自己的水平更上一个台阶。

(3) 评估与调整

1) 评估。有人说"许多职业困惑者都抱着立即解决问题的心态找职业规划师，但是职业规划是一个持续不断的探索过程，不能一蹴而就。"职业发展并不是一成不变的，就像企业做计划也会随着环境的变化而作相应的调整。在实际行动中，我会在坚持总方向的前提下，将职业计划按月、季、年对各个阶段完成的情况进行总结和评估。

2) 调整。有句名言说得好："成功的人可以无数次修改方法，但绝不轻易放弃目标，不成功的人总是改目标。"所以要保证职业生涯规划行之有效，就必须使规划具有足够的弹性，在实践中不断进行评估和调整。

4. 结语

有计划目标的职业生涯规划制作并不容易，为了这份规划，我下载了许多资料，也查看了许多职业规划范文,但那些范文多数都是草草收场,更多的是对自己的激励的语言,而非细致的自我分析。以前不是没机会来进行自我的剖析,而是一方面因为不知道方法,不知道怎么去做;二是因为懒惰形成的惯性让自己哪怕是有些奇特想法时也被玩耍所淹没,然后就成了已经忘却的记忆。很高兴自己能一个人坚持下来并完成这份生涯规划书。我很信奉一句话:"今天的你是你昨天的决定产生的。"人是不能活在记忆和幻想里面的,应该是靠希望和追求活着的,只有这样的人生,才更有意义。看而今的大学校园,只为混毕业证书而荒废学业的人,为游戏而晕晕沉沉的人,为贪玩好耍而得过且过的人比比皆是,人生成功的秘密在于机会来临时,我已经准备好了!

复习思考题

1. 大学生职业生涯规划书应该包含哪些内容?
2. 大学生职业生涯规划书的作用是什么?
3. 请结合自己撰写的职业生涯规划书,说一说如何实施自己的职业生涯规划?

Chapter 3

第三章

大学生就业准备训练

为把明天的工作做好,最好的准备是把今天的工作做好

——英国作家哈伯德·E

引言

通过职业生涯规划,大学生明确了自己的职业选择和职业方向,规划了自己的职业发展路径,为自己的职业生涯发展奠定了基础。但要想在求职就业中取得成功,实现自己的职业选择,还需要做好充分的心理准备和相关的实际工作。要了解当前的就业形势和国家及地区的就业政策,熟悉行业发展的需求和未来的发展前景,同时做好充分的求职材料准备,撰写好自己的个人简历,为求职就业做好充足的准备。

目前,我国经济在加快转型,产业结构在不断调整,经济形势的变化对增加就业是机遇与挑战并存。高校毕业生已经成为我国城镇新增劳动力的主体,是国家落实就业政策的重点对象。国家采取了各项政策促进大学毕业生就业政策的落实。但同时,大学生数量增多,导致就业渠道不畅。学生缺乏就业培训机会,期望过高,缺乏求职技巧,就业心态不稳等一系列社会及个人原因造成了大学生就业困难。在这样的背景环境下,更需要大学生充分了解相关信息,全面分析个人情况,做好充分的就业准备。

训练目标

1) 了解就业形势、大学生就业现状和国家就业政策。
2) 了解我国主要行业人才需求和未来的就业环境。
3) 熟悉个人求职信息的收集整理和求职材料的准备。
4) 了解求职信和个人简历的内容、格式、撰写原则和注意事项。

第一节 就业形势和就业政策

大学生在做好职业规划之后,下一步要面对的就是求职就业。在就业之前,需要掌握大

量的相关就业信息,这些信息能给大学毕业生提供重要的信息和必要的帮助。首先需要掌握当前我国的就业形势和就业政策。

一、大学生就业形势分析

1. 高校毕业生由"精英"转向"大众",带来"就业难"

自 1999 年开始,我国普通高等教育学校招生数量逐年扩大,使高等教育由精英化阶段转向了大众化阶段。青年接受高等教育的机会逐渐增多,具有高学历的求职者人数正在迅速增长。在这种情况下,大学生以往在就业上的高学历优势将不再存在。

据统计,1999~2010 年,全国普通高校招生人数从 160 万人增加到 631 万人,净增额达到 497 万。随着大学的不断扩招,高校毕业生人数在不断增加。2003 年是我国 1999 年高校扩招以来的第一个大学毕业生就业高峰年,全国共有大学毕业生 212 万,比 2002 年增加 67 万人,增幅为 46.21%。2011 年应届毕业生数量为 660 万人,2014 年全国高校毕业生规模达到 727 万人,再次创下历史新高。2017 年,大学毕业生有 795 万人,高校毕业人数创历史最高。从图 3-1 中可以看出,历年来高校毕业生人数呈不断上升趋势,随之而来,毕业生就业压力明显增大。

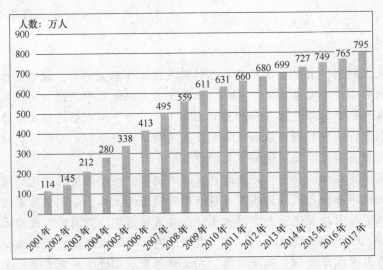

图 3-1　2001~2017 年高校毕业生人数

2. 中国经济增速放缓加剧就业问题

目前,我国经济发展速度放缓和结构调整,客观上会对劳动者就业结构产生影响,同时也会对就业总体规模产生挤压效应,对劳动者就业产生影响。由于产业结构调整造成的结构性失业和转型性失业,使得就业难度加大。从国际上来看,世界经济增长乏力,发展形势仍然不确定,风险和变数依旧较多,出口型经济及就业的发展受世界经济艰难复苏影响。科技进步、劳动生产率提高等因素,也使一些企业减少新员工吸纳,甚至排挤出部分劳动力,这也会导致就业的结构性问题。我国经济发展中的现实问题,导致目前大学生就业问题的主要表现就是就业难。

3. 区域经济发展不平衡影响毕业生供求

一般情况下,经济发达或经济发展较快的地区需要的毕业生较多,反之,经济欠发达地区对大学生需求则相对较少,区域经济发展的不平衡会影响不同地区的毕业生需求。北京、上海、广州等经济发达地区及中心城市对毕业生的需求不断增加,用人单位招聘大学毕业生频繁,但经济不发达地区特别是三四线城市大学毕业生需求则呈现出低迷状态。毕业生就业呈现出区域不平衡。

4. 近年来年大学生毕业就业率总体稳定

麦可思研究院发布的《2017年中国大学生就业报告(就业蓝皮书)》显示:近三年来大学毕业生就业率总体稳定,都在90%以上,说明目前大学毕业生就业情况良好。据统计,大学毕业生月收入高于城镇居民平均水平,且高等教育在毕业3年内回报明显。2016届大学毕业生平均月收入为3988元。其中,本科院校2016届毕业生平均月收入为4376元,高职高专院校2016届毕业生平均月收入为3599元,均高于城镇居民2016年月均可支配收入(2801元)。另外,2013届大学生毕业3年后平均月收入与其毕业时相比涨幅为84%。其中本科涨幅为87%,高职高专涨幅为81%。

5. 2017年行业就业发展趋势

从行业就业发展趋势上看,近年来大学生就业在三次产业的分布上,第一产业的就业比例变化不大,基本维持在1.3%左右,而第二产业的就业比例呈下降态势,第三产业的就业比例呈显著上升趋势。事实上,第三产业是吸纳毕业生就业的主体。毕业生就业行业的变化,是我国各行业发展状态的体现。这符合第三产业具有较强岗位再生能力和劳动力承载能力、劳动力需求量较大的特点。

从不同职业就业发展趋势来看,据麦可思发布的《2017年中国大学生就业报告(就业蓝皮书)》数据显示:本科方面,2016届就业率较高的专业是软件工程(96.5%),其次是工程管理(95.9%);高职高专方面,2016届就业率较高的专业是高压输配电线路施工运行与维护(98.7%),其次是电力系统自动化技术(95.9%)。在2016届大学生所从事的职业里,"计算机与数据处理"类职业薪酬最高,毕业生毕业半年后的平均月收入达5039元,"互联网开发及应用"类职业以平均月收入5017元紧随其后,从事这两类职业的毕业生主要就读专业为"软件工程"和"计算机科学技术"。此外,"经营管理""房地产经营""金融(银行/基金/证券期货/理财)"也是本科毕业生从事的薪酬较高的职业。这与近年来相关行业的发展密切相关。根据近三年内的数据显示,最好就业的专业前三名是财务管理、计算机科学与技术和土木工程。综合就业率、薪酬、离职率等各项因素,2017年最热职业为中小学教育、互联网开发及应用、金融、医疗保健/紧急救助、媒体/出版,而最冷职业为建筑工程、机械/仪器仪表、销售、电气/电子、机动车机械/电子。

6. 大学毕业生的就业形式将由单一性走向多样性

高等教育培养目标的多样化必然导致毕业生就业取向、就业形式的多样化。从毕业去向上看,有全职工作、半日制就业、兼职等;从就业方向上看,有国企、外企、民营企业、独资企业、公务员、事业单位或自主创业等;从实现方式上看,有一次性就业、准备就业(如大学生志愿服务西部)、暂时待业(含继续深造,如准备考研、留学)等;从就业管理性质上看,可分显性就业(又称正规就业,即按照国家劳动力市场规范管理的途径和方式实现就业)、隐性就业(又称非正规就业,即没有按照国家劳动力市场规范就业的方式而获取职业,如自我雇用、家庭内就业、阶段性就业、钟点工、临时工、季节工、自由职业者、网站管理员、自由撰稿人、微型公关公司等),大学生就业形势呈现出多样化的特点。

二、我国大学生就业政策

就业政策是指国家和各级地方政府及高等院校为促进大学毕业生就业工作而制定的一系列政策、方针、规定的总和。就业政策主要包括教育部及其他有关部委和各级地方政府、培养学校,为大学生就业工作颁布的有关文件,是大学生就业活动的规范和重要依据,为毕业生充分就业提供了制度保障、政策保障和工作保障。在择业就业之前,如果可以充分地了解国家的有关就业政策,就可以少走弯路,提高就业成功率。

近年来,我国一直实施积极的就业政策,出台了很多的鼓励和支持就业、创业措施,尽可能地创造条件引导市场创造就业岗位,也在不断完善有利于扩大就业的财税、金融、土地等政策体系,促进大学生顺利就业。

1. 鼓励高校毕业生服务西部

大学生志愿服务西部计划,是共青团中央、教育部等部门根据国务院常务会议、《国务院办公厅关于做好2003年普通高等学校毕业生就业工作通知》和2003年全国高校毕业生就业工作电视电话会议精神的要求而联合组织实施的。该项计划从2003年开始实施,按照公开招募、自愿报名、组织选拔、集中派遣的方式,每年招募一定数量的普通高等学校应届毕业生或在读研究生,到西部基层开展为期1~3年的教育、卫生、农技、扶贫等志愿服务。

(1)计划内容

1)计划开始:2003年。

2)实施方式:公开招募、自愿报名、组织选拔、集中派遣。

3)工作地区:西部贫困县的乡镇。

4)工作内容:从事为期1~3年的教育、卫生、农技、扶贫以及青年中心建设和管理等方面的志愿者工作。

5)服务期满,享受国家规定的保障政策。

(2)保障政策

1)志愿者服务期间中央财政给予必要的生活补贴,包括生活补助、交通补贴、志愿者体检费。服务期间,享受往返于入学前户籍所在地与服务地之间每年4次火车硬座票半价优惠。对于上学期间办理助学贷款,服务期间还贷确有困难的,各高校应积极协调银行等有关方面,为其展期还贷提供帮助。

2)服务期间,计算工龄,党团关系转至服务单位。

3)服务期间,可兼职或专职担任所在乡镇团委副书记、学校及其他服务单位的管理职务。

4)服务期满1年考核合格,可以应届高校毕业生身份报考国家机关公务员。报考中央国家机关和东、中部地区公务员的,同等条件下,优先录取;报考西部地区公务员的,笔试总分加5分。

5)服务期满,对志愿者做出鉴定,存入本人档案;考核合格的,颁发证书,作为志愿者服务经历和就业、创业的证明。

6)服务单位应向志愿者提供住宿等必要的生活条件;在录用党政机关公务员和新增国有企事业单位专业技术人员、管理人员时优先录用、招聘志愿者。

7)服务期为1年,服务期满考核合格的,授予中国青年志愿服务铜奖奖章。服务期为

2年、服务期满考核合格的,授予中国青年志愿服务银奖奖章,表现优秀的授予中国青年志愿服务金奖奖章,表现特别优秀的推荐参加中国五四青年奖章、中国十大杰出青年、中国十大杰出青年志愿者、国际青少年消除贫困奖等奖项的参选。

2. 鼓励高校毕业生到基层和艰苦地区工作的政策

1) 高校毕业生到农村从事支教、支农、支医和扶贫工作,简称"三支一扶"。

"三支一扶"是指大学生在毕业后到农村基层从事支农、支教、支医和扶贫工作。计划的政策依据是原人事部2006年颁布的第16号文件《关于组织开展高校毕业生到农村基层从事支教、支农、支医和扶贫工作的通知》。计划采取公开招募、自愿报名、组织选拔、统一派遣的方式。服务期满考核合格的"三支一扶"大学生,根据本人意愿可以回到原籍或到其他地区就业,凡落实了接收单位的,毕业生就业主管部门负责为其办理相关手续,就业后不再实行见习期。凡进入国有企事业单位的,由接收单位按照所任职务或岗位比照同等条件人员确定其工资福利待遇,其服务年限计算为工龄。

2) 农村义务教育阶段学校教师特设岗位计划,简称"特岗计划"。

"特岗计划"是指国家通过公开招募高校毕业生到西部"两基"攻坚县以及县以下农村义务教育阶段学校任教,引导和鼓励高校毕业生从事农村教育工作,逐步解决农村师资总量不足和结构不合理等问题,提高农村教师队伍的整体素质。招聘对象为全日制普通高校师范类专业应届本、专科毕业生;全日制普通高校具备教师资格条件的非师范类专业应届本科毕业生;取得教师资格,同时具有一定教育教学实践经验、年龄在30岁以下且与原就业单位解除了劳动(聘用)合同或未就业的全日制普通高校往届本科毕业生。参加"特岗计划"的大学毕业生享受国家规定的有关优惠政策。

3. 为高校毕业生办理户口和人事档案手续提供便利

对毕业离校时未落实工作单位的高校毕业生,本人要求户口和人事档案保留在学校的,按规定保留两年。在此期间,档案管理机构对保管其档案免收服务费用;本人要求将户口转回入学前户籍所在地的,公安机关应当按照户籍管理规定为其办理落户手续,人事、教育部门所属人才交流服务机构负责办理相关手续,人事部门所属人才交流服务机构免费提供人事代理服务。本人落实工作单位后,公安机关按有关规定办理户口迁移手续。

4. 毕业半年以上未能就业并要求就业的高校毕业生的有关政策

毕业半年以上未能就业并要求就业的高校毕业生,可持学校证明到入学前户籍所在城市或县劳动保障部门办理失业登记。劳动保障部门所属的公共职业介绍机构和街道劳动保障机构应免费为其提供就业服务。对已进行失业登记的高校毕业生,有条件的城市、社区可组织其参加临时性的社会工作、社会公益活动,或到用人单位见习,给予一定报酬。对于因患病等原因短期无法工作并确无生活来源者,由民政部门参照当地城市低保标准,给予临时救助。此项费用由地方财政列支。

5. 其他政策

政府鼓励中小企业和民营企事业单位聘用高等职业学校(大专)毕业生。对企业跨地区聘用的高校毕业生,省会及省会以下城市要认真落实有关政策,取消落户限制。对就业困难的应届高职(大专)毕业生,由劳动保障、人事和教育部门共同实施"高职(大专)毕业生职业资格培训工程",对需要培训的应届高职(大专)毕业生进行职业技能培训和职业技能鉴定。培训费由教育系统承担,职业技能鉴定费由劳动保障部门适当减免。

痛彻心扉的小赵

小赵是某重点大学国际经济与贸易专业2008届毕业生，他来自安徽，毕业后想到上海工作。大学四年，小赵专业成绩在班上名列前茅，年年获奖学金，并担任系学生会学习部部长。凭着漂亮的简历和过硬的专业功底，小赵在求职过程中并没有太多的悬念，上海张江工业园区一家国内著名的商贸公司于当年5月份向他发出了录用通知函。

到公司报到后，老总对他非常器重，答应让他先实习三个月，每月1500元，实习期满后，工资每月4000元。

当年9月，小赵与公司签订了正式协议，老总还让他参加了一个重要的与国外的合作项目，这样一忙就到了12月底，他也出色地完成了公司交给的任务。

就在这时，一个他没有料到的情况发生了。小赵从同学处得知，外地毕业生在上海就业需要办理"蓝表"审批手续，他这才模模糊糊想起学校还有一些手续，由于忙于公司的项目，一直拖延未办。

于是，他向公司请了半天假，急急忙忙赶回学校办理相关手续。学校老师告诉他，按照当年的政策规定，进沪手续已经在10月底截止，也就是说，他再也不能通过毕业生留沪这条途径解决上海户口，而以后若想解决上海户口，就只能通过复杂的人才引进手续来办理了。

听老师这么一说，小赵后悔不已，痛彻心扉了！

案例点评：这位小赵同学品学兼优，找到一个好的工作岗位也是实至名归；他对工作很珍惜，一心扑在工作上，全力以赴，也难能可贵。但他犯了一个根本不该犯的错误，那就是他对相关的就业政策和就业程序不够重视，以为只要把工作干好就行，结果错过了办理进沪审批手续的时间，付出了昂贵的代价。因为按高校毕业生进沪手续去办理，简单快捷，基本上学校已将大部分工作做好，毕业生省力、省时。而按人才引进办理，对学历不高、没有职称、缺乏工作经验的应届毕业生来说根本没有优势可言。

在此，提醒各位，进入社会，毕业生的身份要发生转变，你要拥有一个独立户口了，必须做好准备，独立考虑自己的事了！

第二节 大学生求职就业准备

一、大学生就业准备的主要内容

求职择业是就业活动的核心，其重中之重则是为求职择业做的各项准备。"凡事预则立，不预则废"，充分的准备往往是成功的重要砝码。为了成功地就业，在大学期间，我们就要做好全面的准备。大学生就业准备既包括知识和能力的储备，也包括求职就业的心理准备、材料信息的收集准备等。

1. 大学生就业能力准备

（1）专业知识结构 专业知识结构是从专业知识掌握程度角度来要求大学生就业能力。

要想求职成功、从业顺利，在职业生涯中有好的表现，需要有扎实的专业知识功底。这项能力要求很大程度上取决于在校学习期间，学生认真学习的程度、专业学习的成绩以及他们在各项专业竞赛中的表现。专业知识能力的情况是通过求职材料中学生的在校学习成绩、与未来工作岗位相关的专业技能证明，包括专业、学业成绩和学历、专业资格证书等来表现和说明的。这是专业知识能力的最真实的表现，也是大学生在校学习期间需要格外关注的内容。

（2）社会实践能力　社会实践能力是社团经验和实习实践经历，往往是大学生在求职中的有力砝码。社会实践经历包括学生干部、社团管理或活动经历以及志愿者经历等。大学生在校期间，应该积极参与各项社会活动以及课外科技文化活动，抓住有限的实习时间，提高实践能力。积极参与各项社会能力训练实践。社会能力训练实践包括各种职业技能的操作训练，比如幻灯片制作培训，在未来的许多工作中都很需要。除了培养自己的实践操作技能外，参加各项职业资格和英语、计算机等应用能力考试也是重要的能力训练途径。各种各样的证书反映自己能力的材料被大学生形象地称为"护照"，是求职准备非常需要的能力证明。

（3）就业能力　就业能力是大学生综合能力的体现，既有学生先天的自身因素，也可以在各项实践活动中培养。大学生就业能力是指大学生在校期间通过知识的学习和综合素质开发而获得的能够实现就业理想、满足社会需求、在社会生活中实现自身价值的本领，主要包括适应环境能力、人际交往能力、团队合作能力等基本工作能力，也包括诚实守信、敬业精神、主动性、学习创新能力等各个方面的内容。既包括大学生具有的胜任相关工作的能力，也包括求职过程中需要的能力。学生需要在比较短的时间内来表现自己，以取得用人单位的认可。其中最重要的因素是大量的面试练习和沟通表达能力。另外，他们表现出来的外表形象和基本礼节，也是用人单位判断学生社会化程度的依据。

以上知识和能力要求基本上都是人力资本当中的"硬件"部分，这些能力大部分是与专门的职业岗位相对应的。

2. 大学生求职心理准备

在做很多事情之前，需要做好充分的心理准备，在大学生毕业之际，求职和就业之前，需要做好充分的心理准备，调整好自己的心理状态，否则，会在面对各种各样的情况时，陷入不良的情绪波动，影响自己的求职和就业。就职心理准备是指大学生的积极心理状态，是超越经济资本、人力资本和社会资本的一个心理要素，能够促进个人成长和绩效提升。心理资本在大学生求职中非常重要。总的来讲，在求职和就业之前，大学生需要具备下面几种积极的心理资本。

（1）要有积极自信的心理状态　经过几年的大学学习和实践，已经具备了一定的学习和工作能力，大学生在求职时，要对自己的能力具备足够的自信，相信自己能够胜任一定的工作，具备较强的工作能力。否则，如果缺乏自信，没有面对挑战的勇气，一味地惊慌失措，则难以在求职面试时有好的表现。

（2）要有足够的个人主动性　个人求职主动性的表现是自发行动，不是靠外力的推动，而是主动进行求职的各项准备，包括在求职中提前准备、充分准备，以及在结果不确定的情况下多手准备等。在面对毕业、求职、就业这一系列关系大学生前途命运的问题时，大学生要具有顽强拼搏的竞争意识，抓住机会，不畏风险与挑战，主动积极地寻找就业机会，展现自己的知识和能力，才能在求职活动中实现自己的目标，找到适合自己的工作岗位。

(3) 要勇于面对挫折　大学生的求职之路，一定不是一帆风顺的，要有经受挫折的心理准备。求职过程，大学生常常会遭受拒绝和挫折。韧性好的学生即使在失败的情况下也能够肯定自己的努力，有所作为。如果经受一两次挫折就灰心丧气，一蹶不振，放弃自己的目标和努力，那一定不会获得最终的成功。因此，在求职就业活动中，大学生一定要有韧性，要有勇于面对挫折的心理准备。

(4) 要有开放和灵活性　在求职过程中，会面对各种各样的情况和环境，需要求职者能够关注外界的环境和条件变化，根据变化，逐渐调整自己的方法和预期目标。灵活性还表现为压力之下的情绪控制，坚持不懈，把压力转化成动力的同时，也不能不把挫折放在眼里，要善于从挫折中吸取经验和教训，不断改进，实现目标。

3. 大学生的职业认同

职业认同是指个体职业目标的清晰和稳定性，个体的职业认同在很大程度上引导并影响着他所要面对的机遇，职业认同让个体在多变的职业环境中保持着善于利用机会的特点。对大学生求职而言，目标清晰才能够指引大学生求职过程中的方向。

职业认同包括了解自我，了解职业世界，职业探索和决策。对职业世界比较了解，对本专业或者行业的走向以及未来的职业世界中会发生什么情况比较了解，是大学生做出职业决策不可缺少的部分。在求职过程中，大学生会出现决策困难的情况，主要原因是因为对专业、职业缺少认识，缺乏了解，没有选择的依据。而如果在目标明确的情况下，求职者会感到更强的控制感，会有更强的行动力，并且遭遇失败的概率也更小。他们行动更早，得到许多"试误"的机会。

二、求职信息的收集与整理

有了充分的心理准备，下面就需要进行求职信息的收集和整理。正所谓"知己知彼，百战不殆"，在求职准备中，通过信息的整理和收集，及时掌握相关资料，是就职就业准备活动中重要的内容。

1. 求职信息的内容和作用

需要收集和整理的求职信息主要包括就业政策、就业结构、人事制度、国家发展规划、经济发展形势与趋势、就业岗位供需情况、劳动用工制度、就业培训和毕业生资源等。主要信息有以下几类：

1）近年来国家和地方的就业政策和规定，特别是一些新的变化。
2）相关的行业和企业信息。
3）本校、本专业在社会上的需求状况。
4）各类招聘信息和招聘途径。

掌握了真实及时的求职信息，可以帮助大学生了解国家政策，了解市场，了解需求，了解自我，从而帮助毕业生增加就业机会。

2. 获取求职就业信息的途径

(1) 学校毕业生就业工作部门　学校毕业生就业工作部门是学校的一个职能部门，其主要职责是对毕业生提供就业政策咨询服务与就业指导；收集、整理、发布用工单位的就业信息；毕业生基本情况的收集、整理、发布；向用人单位推荐毕业生；编制、上报就业计划；毕业生派遣及遗留问题的处理等。整理和发布就业信息，是学校毕业生就业工作部门的主要工作。学校毕业生就业工作部门在与用人单位的多年交往中，与用人单位取得了相互信任，并建立起了良好的、相对稳定的关系。在长期的工作交往中与各部委和省市的毕业生就业主管部门及用人单位有着广泛而密切的联系，是用人单位向学校寄送需求情况的信息集中地。经过学校毕业生就业工作部门的筛选和分类的用人单位，其可信度高、信息量大。因此，学校毕业生就业工作部门是毕业生获取就业信息的主要渠道。

通过学校毕业生就业指导中心获得的信息有以下几个特点：

1）针对性强。一般用人单位是在掌握了学校的专业设置、生源情况、教学质量等信息后，才向学校发出需求信息的，这些信息是完全针对该校应届毕业生的。而在人才市场和报纸杂志上获得的需求信息，大多是面向全社会的，往往都要求求职者具有几年以上的工作经验，不能适用于应届毕业生。

2）可靠性高。为了对广大毕业生负责，在把用人单位发送给学校的需求信息公布给学生之前，学校就业指导部门要先对就业信息进行审核，从而保证了就业信息的可靠性。一般情况下，毕业生只要符合条件并善于把握自己，在学校召开供需见面会时，供需双方面谈合适，马上就能签下协议书。

（2）学校老师 毕业生所在学校工作、任教的教师，比一般人更了解本专业毕业生适合就业的方向和范围以及近几年来毕业生的就业情况。在与校外的研究所、企业、公司合作开发科研项目或兼职教学、培训活动中，教师会熟悉这些用人单位的经营状况、工作环境和人才需求情况，他们提供的信息针对性强，更能满足学生对专业发展的要求。因此，毕业生可以通过自己的老师获得有关用人单位的相关信息，从而不断充实自己的信息库，且可以直接通过老师作为推荐人或引荐人，以此增加自己求职成功的系数。近年来，高校教师参与社会活动日益增多，经常性地深入企事业单位搞调研、搞课题，这样既为促进经济发展提供了智力支持，也可以利用工作机会熟悉企事业单位的情况，从而承担"推荐者"的角色，为学生推荐就业机会。教师们也可以把为大学生推荐工作的过程当成一次调查研究，哪些专业学生受欢迎，哪些专业人才过剩，做到心中有数，便于为调整高校学科设置建言献策。

（3）校友 校友是指那些已经毕业并参加工作的"师兄""师姐"们。他们大多在对口的单位工作，对所在单位、行业的情况比较了解。通过他们，毕业生可以寻求去他们单位实习的机会，以获得更多具体、准确的就业信息。校友提供的就业信息，其最大特点是比较接近本校，尤其是本专业的毕业生，对人才市场上的供求状况及其在具体行业中的实际工作、发展状况更了解。尤其是近几年毕业的校友更有着职业信息的获取、比较、选择、处理的经验和竞争择业的亲身体会，这比一般纯粹的职业信息更有参考和利用价值。由于校友和求职者曾经在同一所学校学习、生活过，有共同熟悉的师长、近似的专业，他们容易将对母校、老师、校友的情感扩散，常会不遗余力地为"师弟""师妹"们提供有用信息和种种帮助，尽可能多地从自己的社会关系中获取有用的就业信息。

通过校友了解就业信息的具体做法是：首先，列出社会关系网中能够直接或者间接帮助求职的人的名单；然后，通过打电话、写信、拜访、电子邮件等方式，与他们取得联系，确定会晤和电话交谈的目的，尽量争取和对方会面，做好每一次会晤的准备，事先准备好想了解的问题，现场做好笔记。另外，别忘了让对方提供更多的联系人，在联系被推荐者的时候，是否可提及推荐者的名字等，同时，对帮助过自己的人，一定要表示衷心的感谢，对无意或无法帮助自己的人，也要礼貌待之。

(4) 家长及亲朋好友 对于尚未步入社会的大学生而言，家长和亲友是他们社会关系网的主要构成。家长、亲朋好友也都非常关心自己的就业问题，又来自社会的各个行业、各个阶层，与社会有多种联系，可以从不同渠道带来各种用人单位的需求信息。家长亲友一般比较了解毕业生本人的求职意向，提供的信息也就比较直接、有效、可靠，相关单位的用人需求信息，家长和亲友们都可以直接告知毕业生本人。毕业生一旦接受家长亲友提供的信息，由此进入就业岗位的可能性也比较大。这也是毕业生获取就业信息的一个重要渠道。

(5) 政府教育主管部门与毕业生就业指导部门 全国的毕业生就业主管部门是教育部，且县级以上的教育和人事部门都成立了毕业生就业的管理机构或指导机构。这些部门会定期收集所在地用人单位的需求信息，经过整理，分单位和专业汇编成册，然后通过多种渠道发布出去。这些信息几乎涵盖了当地各行业的需求信息，因此地域性较强。对于有明确的就业地点要求的毕业生来说，这种渠道的就业信息显得尤为重要。

(6) 供需见面会及人才市场 高校单独或联合举办的毕业生供需见面洽谈会，各地市举办的主要面向本地区的用人单位和毕业生的供需见面会及定期举办的人才市场招聘会，能在较短的时间内汇集众多用人单位和大量的需求信息，因而时效性很强。对于毕业生来说，高校举办毕业生供需见面会的针对性更强。供需见面会是让毕业生与用人单位直接见面、洽谈的一种择业活动方式，毕业生将直接面对招聘单位，通过彼此的交流可以获得更为丰富和全面的信息，而且可以当场拍板、签订协议，比较简捷有效，可以大大提高毕业生应聘的成功率。目前，各地的人才市场越来越重视高校毕业生这一极具潜力的市场资源，也纷纷举办毕业生专场招聘会。部分省市已经建立了毕业生就业固定市场，毕业生可以常去查询。

供需见面会有多种形式，如学校举办的供需见面会，一般规模适中，效率较高；各地有关主管部门每年也要组织几次大型供需见面会，有的还分季节、分专场等，这些供需见面会组织正规、规模大，参加的用人单位多，信息量丰富；还有社会各级人才市场举办的与大学毕业生有关的招聘会，人才市场在一定的时间向用人单位提供场地，让他们进场招聘所需要的毕业生，组织者向用人单位收取摊位费，向毕业生收取门票费。这类招聘会往往以赢利为目的，规模较大，但参加单位成分较复杂，有时难免鱼目混珠，需要大学生求职者仔细鉴别。

(7) 国际互联网 随着互联网的普及，越来越多的用人单位、高等院校和其他一些企事业单位，在互联网上发布了大量的技术、资金和用人信息，与毕业生就业相关的网站也不断出现。一些网站以就业政策咨询为主，一些网站以提供就业需求信息为主，还有一些网站为毕业生介绍求职经验，提供就业指导，帮助其进行职业生涯规划分析。通过网络求职成为近年来大学毕业生中比较流行的求职方式。网上求职，最大的优势在于即使毕业生身在异地也能获得大量招聘信息及就业机会，它跨越时空界限，突破了人才信息与招聘信息难以沟通的种种限制，打破了单向选择的人才交流传统格局。随着我国就业工作信息化进程的加快，网上搜寻就业信息已成为如今大学毕业生最常用的求职手段之一。

(8) 报刊、广播、电视等新闻媒体 这些传统媒体历来关注高校毕业生的就业情况。一些用人单位的简介、需求信息、招聘启事等都会在当地主要媒体登出、播报，或在报纸辟出专栏登载招聘信息。一些专门针对毕业生就业的期刊汇集了就业政策、就业指导和就业需求信息，具有一定的权威性。每年在大学生毕业择业之际，广播、电视、报纸、杂志上都会有大量关于大学生就业的信息，包括就业政策、行业现状、职业前景、人才需求等方面的报道和分析。这些信息从不同侧面和角度反映了当年大学生就业的整体情况,受到招聘机构和求职者们的共同青睐。比如,由国家教育部主管,全国高校学生信息咨询与就业指导中心、高等教育出版社主办的《中国大学生就业》,以及各地的《就业指导报》《人才市场报》《劳动信息报》等;电台、电视台也都辟有专门的栏目,成为毕业生收集就业信息的一种可靠途径。新闻媒介不仅传播速度快,而且涉及面广,信息传播也很及时,是毕业生不可忽视的一条重要的就业信息搜集渠道。

(9) 实习、社会实践、社交等活动　毕业生在实习、社会实践中可以直接与用人单位接触,可以更清楚地了解有关需求情况,让用人单位更多地了解自己。社会实践是大学生自我开发职业信息的重要途径。在社会实践的过程中,通过自己的努力赢得用人单位的好感、信任,取得职业信息甚至直接谋得职业的大学生不乏其人。因此,大学生在各种社会实践活动中,在了解社会,提高思想觉悟,培养社会能力的同时,也要做一个收集就业信息的有心人。

此外还有一个很重要的实践环节是毕业实习,毕业实习是学生踏入社会的前奏曲,是参加工作的预演,所以每个毕业生必须充分认识到这是一份非常难得也是很有价值的经历。通过实习,一方面使用人单位对你有所认识和了解,另一方面使学生对择业领域有了更深的了解。

(10) 个人走访收集就业信息　大学生求职者可以通过打电话、写求职信或登门拜访获取用人信息。个人走访收集是指毕业生采取上门走访的方式,直接到自己感兴趣或向往的企业、公司等,面对面地和人力资源部主管进行交流,表达愿望的一种信息收集途径。这种渠道主动性强、盲目性大、准确性低。但是,偶然的机遇,也有成功的可能。在缺乏就业信息的情况下,这也不失为一种获取信息的渠道。有关研究表明,漫无目的地随意把个人简历邮寄给用人单位,这种方法成功率最低。但是,直接上门走访,叩响每一个令你感兴趣的工厂或公司的门,这种方法的成功率将成倍地提高。个人走访不仅可以节省识别信息准确性的时间,还能通过实地考察,对用人单位的地理环境等外部条件有清晰的认识,待决策时参考。如果主管人员因事务繁忙或其他原因不能接待你,你可以事先准备一个求职函件,当面交给他或转交给他,并附上一个贴好邮票的回函,以显示你求职的诚心和求职的急切心情。

3. 求职就业信息的整理

(1) 求职信息的筛选　在收集足够的求职就业信息之后,要对其进行筛选。首先要确定信息的可信性,要区分那些未经证实的"小道消息"和有根有据的信息,做出正确的判断。其次,要进行有效性筛选,看看收集到的信息对自己是否有用,要根据自己的能力和意愿做出切合实际的选择,顺利地走向职业岗位。

(2) 求职信息的分类　初次择业的大学毕业生应从以下几个方面对收集到的求职信息进行分类:

1) 用人单位的信息。一些大学生在选择单位时对用人单位的情况不甚了解,导致择业时有很大的盲目性和随意性。要避免这些现象,关键在于掌握对用人单位的客观评价。

2) 职业情况。了解产业的分类和结构,了解职业的发展趋势,才能总揽全局,更好地把握自己,在国家经济中找到自己的位置。

3) 当年毕业生的总体供求趋势。

4) 本专业培养目标、发展方向、适用范围和对口单位的情况。

5）同自己专业直接对口或相关的行业、部门和单位的发展现状和趋势。

（3）求职信息的利用　毕业生通过各种渠道所搜集到的原始就业信息可能比较杂乱，毕业生应根据自己的实际情况和需求，对信息进行去伪存真、去粗取精，有目的、有针对性地加以筛选处理，使获得的信息具有准确性、全面性和有效性的特点，使之更好地为自己的求职服务。在处理信息时应该注意掌握重点，并注意信息的时效性。

三、求职材料的准备

了解了相关的求职信息，清楚了求职的方法和途径之后，要对自己的材料和情况进行梳理，准备自己的求职材料。

1. 求职材料的内容

求职材料指求职者为了获得所需职位或面试机会而制作的包括简历、自荐信（求职信）、成绩单、外语等级证书、技术等级证书和职业资格证书、各级荣誉证书在内的一系列材料。

一般大学毕业生的求职材料应包括毕业生推荐表（学校准备）、学生学习成绩单（学校准备）、各种等级证书、获奖证书、参加社会实践或者实习的鉴定材料、发表的相关论文或有关的科研成果、自荐信及个人简历。

（1）毕业生就业推荐表　毕业生就业推荐表是毕业生择业过程中最重要的推荐材料，由学校每年为应届毕业生择业而设计的。就业推荐表是向用人单位推荐毕业生唯一正式格式的校方推荐材料，也是被用人单位认可的校方推荐材料。它的内容包括本人的基本情况，外语水平、计算机水平、普通话水平，本人简历、在校期间所受奖励、参加社会活动和实习情况、主要课程学习成绩，教务处、学生处意见签章。毕业生填写后由教务处鉴定签章、学生处审核签章后生效。

（2）求职信（自荐信）　推荐自己适合担任某项工作的一种专用信件。

（3）个人简历　对自己基本信息的简要介绍。

（4）各类证书复印件　如国家计算机二级证书、大学英语四级证书、大学英语六级证书、各类技能证书、职业资格证书、获奖证书的复印件。

（5）作品复印件　如发表的文章、发表的摄影作品、专利介绍等各类作品的复印件。

2. 求职材料的准备原则

（1）真实性原则　就业材料是大学生大学生活的全面总结，在制作时必须以事实为基础，如实地填写自己的基本情况。

（2）目的性原则　就业材料的准备目的就是能顺利实现应聘。因此，大学生必须在就业材料中将自己的就业意愿和才能特长有针对性地展示给用人单位，以实现自己顺利就业的目的。

（3）规范性原则　规范性原则是对大学生准备就业材料时的基本要求。规范性原则要求就业材料中的格式和语言要规范。规范的就业材料能够显示出求职者良好的素养和对求职的重视，对用人单位更有吸引力。

（4）针对性原则　大学生在准备就业材料时，应该根据具体用人单位的招聘要求有针对性地介绍自己某一方面的特长，这样更容易赢得用人单位的赏识，从而获得就业机会。

（5）创造性原则　一份创造性较强的就业材料会更容易吸引用人单位，使自己获得面试机会。大学生可以在就业材料的内容、结构等方面充分发挥自己的创造性思维。但不能为了一味地求新、求异而偏离了求职材料的本来用途，否则反而会引起用人单位的反感。

（6）言简意赅原则　大学生的求职材料要尽量做到言简意赅，用最简单的内容表达出自己最想表达的意思。厚厚的就业资料会给用人单位啰嗦的感觉，用人单位也没有时间去仔细看内容，因此，大学生的就业材料一定要简洁明了。

（7）杜绝错误原则　就业材料一定要避免出现文字、语法、用词或者标点符号上的错误，而且也不要出现修改过的痕迹，纸张不要沾上污迹，以免让用人单位觉得你是一个做事不严谨的人，影响到对求职者的第一印象。

（8）设计美观原则　就业材料的设计也十分重要，大学生可以借助多样化的表现方法，巧妙地运用多种手段，将版面设计得美观、大方、得体，以吸引用人单位的注意力或者让用人单位对就业者感兴趣。

在所有求职材料中，需要重点准备的是自荐信和个人简历。

虚假的求职材料

2015 年 3 月，李某凭借湖北某大学企业管理专业毕业生的身份，到上海某催化剂公司应聘行政助理职务，经面试考核等程序，李某成功被招聘为该公司职工。同月，李某被公司通知到生产技术部操作岗位锻炼。公司对李某在公司的表现基本满意。到了这个阶段，李某认为自己已经达到了成为该公司员工的目的。

李某所提供的求职材料中注明 2010～2014 年在"湖北某大学"读企业管理专业，获本科毕业证、学位证、英语六级证书。但是，公司根据该简历在国家教育部指定的网上查询，却没有找到李某所称的"湖北某大学"。公司马上和李某联系，李某辩称其简历写错了，应该是另一所院校。根据查询，李某重新提供的毕业院校是存在的，但是公司去该校查询李某情况时，却发现该校并没有李某所称的企业管理专业，也没有李某所提供的毕业证书编号位数，核对该校毕业生查无此人。由此，李某以假学历进行应聘已被证明是事实。尽管李某声称可以胜任现在的工作岗位，但是公司还是毫不犹豫地解除了和李某之间的劳动关系。

四、自荐信的撰写

1. 自荐信的主要内容

自荐信的主要内容包括以下几个方面：

（1）标题　标题是自荐信的眉目，居中写明"自荐信"。

（2）称谓　写给用人单位的人事部门或直接写给单位负责人，称谓要做到礼貌、得体。对用人单位明确的，可直接写明单位名称，如"尊敬的××公司人事部""尊敬的××公司王经理"。在用人单位不明确的情况下，称谓可写"尊敬的公司人事部""尊敬的总经理先生"等。

（3）开头语　先写问候语"您好"，表示礼貌、尊敬，然后用恰当的话语介绍消息来源，这样再过渡到后面的话题上来。接着再写求职人的自我简介，开头语表述应简洁明确、干脆利落，不宜过长。

(4) 正文　自荐信的核心部分。首先表明自己的求职意愿，然后介绍自己的专业优势，即学习的主要专业课程、参加的专业实践活动及在各类专业竞赛中的获奖情况等。接着介绍自己的工作能力及个人爱好特长。最后，如果用人单位明确可以谈谈对企业的认识和了解，表达迫切要求工作的愿望及录用后的打算。撰写这部分内容时，主要扬长避短，力求简明，突出自己的优势和长处。

(5) 结尾　向对方表示感谢，同时，再次表达求职的意愿，如"希望给予面试的机会""热切地盼望着贵公司给予答复"等。

(6) 署名、日期　在自荐信中务必要写清自己的名字、日期以及自己所求职的岗位，方便用人单位对信息进行筛选、归类。

2. 撰写自荐信需要思考的几个问题

通过撰写一份优秀的自荐信，使企业了解自己，从而得到面试的机会，需要在动笔之前思考清楚这几个问题，然后再下笔。

1）未来雇主需要的是什么样的员工？
2）你的职业目标是什么？
3）你能列举出哪些与这份工作相关的自身优势？
4）如何把你的知识、能力、经历与这份职位相联系？
5）你为什么想在此企业工作或为这位雇主服务？

达·芬奇的求职信

1482年，30岁的达·芬奇离开故乡佛罗伦萨，来到米兰。他给当时米兰的最高统治者米兰大公鲁多维柯斯弗查写了封求职信，希望谋得一个军事工程师的职位。这封求职信就是著名的《致米兰大公书》。

尊敬的大公阁下：

来自佛罗伦萨的作战机械发明者达·芬奇，希望可以成为阁下的军事工程师，同时求见阁下，以便面陈机密：

1）我能建造坚固、轻便又耐用的桥梁，可用来野外行军。这种桥梁的装卸非常方便。我也能破坏敌军的桥梁。
2）我能制造出围攻城池的云梯和其他类似设备。
3）我能制造一种易于搬运的大炮，可用来投射小石块，犹如下冰雹一般，可以给敌军造成重大损失和混乱。
4）我能制造出装有大炮的铁甲车，可用来冲破敌军密集的队伍，为我军的进攻开辟道路。
5）我能设计出各种地道，无论是直的还是弯的，必要时还可以设计出在河流下面挖地道的方法。

评析：米兰大公收到此信后，即刻召见了达·芬奇。在短暂的面试后，正式聘用他为军事工程师，待遇十分优厚。达·芬奇这封短短的求职信为何能够产生这样好的效果？主要有两个优点。

第一，有针对性。米兰大公当时的处境可谓强敌环伺，他要击败意大利的敌对城邦和消除来自北欧和西亚的威胁，就不能不大力发展军事制造业，因此急需这方面的人才。达·芬奇深切地了解他的需要，于是有针对性地设计了求职信。虽然他多才多艺，但是对于其他才能他只是一笔带过，而重点突出了自己军事工程方面的技能。这给大公留下了深刻的印象。

第二，充满自信。在求职信中，达·芬奇一连使用了六个"我能"，一项一项，有条不紊地列举自己军事工程方面的才能，语气坚定，而且他敢于接受检验。这份自信既激起了大公的求贤若渴之意，也引发了他的好奇之心。

训练项目一　自荐信（求职信）的撰写

一、训练内容

自荐信是也称求职信，是求职者与用人单位在互不相识的情况下，由求职者通过对自身能力的表述，向用人单位推介自己，引起对方的重视和兴趣，表达自己的求职意愿，提出任职请求的信函。自荐信的撰写是求职材料准备中的重要内容，成功的自荐信能使用人单位深刻了解求职者的具体情况，感受求职者的诚意，从而获得面试机会。

二、训练步骤

大学生就业训练主要是要求学生掌握自荐信的撰写，体会求职前的各项准备活动。在收集相关信息和撰写过程中，需要学生仍以小组为单位进行，通过团队合作，熟练掌握自荐信的撰写，并进行小组成员间的交流和班级内的交流，为学生求职就业做好准备。

1. 分组

具体分组办法同第二章训练项目。

2. 团队建设

具体团队建设办法同第二章训练项目。

3. 教师讲解

教师讲解本章内容并以小组为单位分配任务。

4. 小组准备作业

在这一环节，建议的训练流程为：①小组成员撰写自荐信。在这一环节，各小组成员通过整理自己的各类求职信息资料，包括各种等级证书、获奖证书、参加社会实践或者实习的鉴定材料、发表的相关论文或有关的科研成果等对自己的个人情况进行总结，按照要求，根据自己的求职意愿和求职方向，撰写自荐信。②小组讨论作业、修改提交。在这一环节，每名成员已经完成自荐信的撰写之后，在小组之间交流。每位成员需要讲解并展示自己的自荐信，讲解之后，由其他小组成员点评，提出意见和建议。最后每位成员对自己的作业进行修改并提交。小组要在成员中选择两名成员参加班级内交流，被选出的小组成员需要准备作业报告的 Word 和 PPT。

5. 报告展示。

具体报告展示办法同第二章训练项目。

三、训练要求

具体训练要求同第二章训练项目。

四、考核办法

具体考核办法同第二章训练项目。

训练项目二　撰写个人简历

一、训练内容

1. 个人简历撰写的基本内容

简历是用于应聘的书面交流材料，它向用人单位表明你拥有能够满足特定工作要求的技能、态度、资质。个人简历实际上是求职者给招聘单位发的一份简要介绍，包含自己的基本信息：姓名、性别、年龄、民族、籍贯、政治面貌、学历、联系方式、自我评价、工作经历、学习经历等。一份良好的个人简历对于获得面试机会至关重要。一般来讲，个人简历主要内容是：

（1）个人资料　包括姓名、性别、联系方式（固定电话、手机、电子邮箱）。出生年月、籍贯、政治面貌、婚姻状况、身体状况、兴趣爱好等。

（2）教育背景　包括毕业学校、专业、城市和国家，获得学位的时间和地点，学过的专业课程和辅修课程。

（3）学校实践经历　包括在学校学生会、团委任过职的经历，参加学校的各种社团、协会。在这一部分要注意：写明自己的具体职位；写明自己做过的事情。

（4）公司实习经历

1）要数字化、具体化。

2）要先写最有成就的。

3）凡是列入公司实习工作的，应该交代清楚自己所处的部门和岗位。

4）避免缩写公司名称。

（5）培训经历　如果你在求职之前参加了很多培训，并且这些培训对你要应聘的工作很重要，那么一定要写上。

（6）荣誉和成就　列出自己取得的荣誉和成就。

（7）求职愿望　表明你想做什么，能为用人单位做什么。

2. 简历制作的基本要求

（1）表达准确　错别字和病句是好简历的大敌，在制作简历的时候要注意文字和语句的表达是否准确。此外，注意不要使用拗口的句子和生僻的字词。简历语言的基本要求是表达清楚、准确、规范和精练。

（2）说明客观　简历应该是客观的自我说明。撰写简历时，应当站在第三人称的立场上，用说明性的语言进行自我介绍。尽量不要在简历中使用较为主观性的语句。切忌使用文学性、抒情性的语言。在简历里不能写自我评价、个人性格等较为主观性的语言。

（3）针对性强　针对所要应聘的单位，针对不同的行业、企业、职位，求职者的简历应该有所不同。在写简历之前，应该对所要应聘的单位和职位有所了解，进行相关调查，有针对性地撰写和投递简历。

（4）突出重点　写简历时应考虑招聘者的想法。如果一份简历比较长又没有层次感，就很难引起招聘者的兴趣。因此，写简历时要注意突出重点，可以通过不同的文本修饰功能对重点内容加以强调。这样，才有可能在成千上万份简历中脱颖而出。

（5）干净整洁　首先，简历应该是打印的，不能是效果不佳的油印或复印。除非特殊情况，最好不要手写。选用优质的打印机打印，所用的纸型应当与求职信所用的相一致，不要使用其他单位有信头的纸张进行打印。其次，要注意保持个人简历的干净。

（6）设计美观　简历一般不需要设计得太花哨，简洁大方就可以了。注意平衡、美观、页边距等，可以适当地添加简洁合适的图案点缀，要特别注意字体、字号的连贯性。

3. 个人简历的格式

一份优秀的个人简历需要有一定的格式，可以根据自己的需要和企业的要求，选择采用不同格式。如文章式、表格式、时序式、小册子式等。

（1）文章式　这是一种完全使用文字叙述的格式。此种格式使用较少的资料表格设计，基本上是几项比较长的文字资料记载。

（2）表格式　这是一种比较常见的简历形式，也是毕业生常用的一种形式。这种形式利用表格，综述了很多资料，层次分明，条理清楚，便于阅读。

（3）时序式　这种简历按照时间先后顺序编写学历和工作经历。通常按照中国式的习惯由远及近、由过去到现在顺着写，有时给外企的简历也会由现在到过去倒叙着写。

（4）小册子式　这是一种多页的、半文章格式的活页式简历。其主要优点是可以容纳更多的信息。

二、训练步骤

1. 分组

具体分组办法同第二章训练项目。

2. 团队建设

具体团队建设办法同第二章训练项目。

3. 教师讲解

教师讲解本章内容并以小组为单位分配任务。

4. 小组准备作业

在这一环节，建议的工作流程为：①小组成员撰写个人简历。在这一环节，各小组成员通过整理自己的各类求职信息资料，包括各种等级证书、获奖证书、参加社会实践或者实习的鉴定材料、发表的相关论文或有关的科研成果等对自己的个人情况进行总结，按照要求，根据自己的求职意愿和求职方向，撰写个人简历。②小组讨论作业、修改提交。在这一环节，每名成员完成个人简历的撰写之后，在小组之间交流。每位成员需要讲解并展示自己的自荐信，讲解之后，由其他小组成员点评，提出意见和建议。最后每位成员对自己的作业进行修改并提交。小组要在成员中选择两名成员参加班级内交流，被选出的小组成员需要准备作业报告的 Word 和 PPT。

5. 报告展示

具体报告展示办法同第二章训练项目。

三、训练要求

具体训练要求同第二章训练项目。

四、考核办法

具体考核办法同第二章训练项目。

辅助材料

一、自荐信范例

尊敬的领导：

　　您好！

感谢您能在百忙之中看完这份简短的求职信。我叫×××，是××大学经济管理学院国贸专业的学生。

在专业课程的学习上，我根据自身的研究方向，有针对性地认真研读了有关核心课程，为自己的学习科研工作打下扎实基础，并涉猎了一部分其他课程，开阔视野，对本人研究方向的应用背景以及整个学科的结构有了宏观的认识。有句话说得好，授人以鱼不如授人以渔，在读书学习时，我把"独立思考"作为自己的座右铭。我经过努力拼搏，学到了丰厚的专业知识，心智也有了一个质的飞跃，多次获得了一等奖学金。同时，我积极参与各项教学科研活动，在教学实践的过程中，认真阅读教材、查阅学术资料和参考书籍，在课堂上有较强的教学组织能力。

社会实践是我大学生活的另一个重心。无论是社区服务，或是专业咨询实践，还是校园的科技文化活动和集体活动，我都是活跃分子，积极参与提高综合素质，在多种多样的角色和职位上都尽力去做到最好。

在生活中，我的优点是诚实守信，热心待人，勇于超越自我，拥有良好的生活习惯和一丝不苟的工作作风。本人天生亲和力很强，一直以来与人相处甚是融洽，在校期间结交很多良师益友。

在思想觉悟上始终对自己有很高的要求，主动向党组织靠拢，始终以共产党员的高标准要求自己，能用科学发展观来认识世界认识社会，能清醒地意识到自己所担负的社会责任，对个人的人生理想和发展目标，有了相对成熟的认识和定位。对党有更深刻的认识，经过一年党校培训，已荣幸地被评为入党积极分子，并以优异的成绩取得了党校结业证书。

在即将走上社会岗位的时候，我毛遂自荐，企盼着以满腔的真诚和热情加入贵公司。虽然，作为一名大学应届毕业生，我是一个没有经验的新手，但我可以用热情和活力、自信和学识来克服毕业后生活和工作中的各种困难，不断实现自我的人生价值和追求的目标。最后，恭祝贵公司事业蒸蒸日上，祝您工作顺利！

此致

敬礼！

×××

××年×月×日

二、个人简历文字式范例

个人简历

1. 基本情况

姓名：杨××；性别：女；年龄：22；学历：本科；民族：汉族；身高：170cm；户口所在地：安徽×××；婚姻状况：未婚

毕业学校：安徽××大学；专业名称：人力资源管理；现工作地点：安徽×××。

2. 自我评价

我是一个外向、开朗的人，注重个人能力的全面发展；人际关系非常好，因为我深信真诚待人；生活习惯良好，无不良嗜好，喜欢羽毛球、篮球、音乐、看书。

大学四年来，我认真地学习人力资源管理专业的系统知识，在学习过程中，成绩一直处于上升的趋势，拿过三等和二等奖学金。同时，完成了各项学习、实习（认识实习、暑假实践、专业实习）、设计（员工导向设计、薪酬结构设计、人力资源管理制度设计、人力资源规划设计）任务。学习并掌握了计算机应用基础、办公自动化系列工具（Word98/2003、Excel98/2000、Powerpoint）等。

我在扎实学好专业基础知识的同时，还参加了许多社会活动。四年来，我积极投身于各种班级、学院及社交活动，从不同层次、不同角度锻炼自己。在这四年的工作与学习中，我培养了自己团体协作精神和创新精神，使自己受益匪浅。同时，通过不断学习，我具备了良好的分析处理问题的能力，也铸就了我坚毅的性格和强烈的责任心。我深信能够胜任贵单位给我的工作，希望您能感到我是有力的竞争者。

3. 教育/培训

2011年9月~2015年7月，安徽××大学人力资源管理本科；

2014年4月~2014年5月，人力资源和社会保障局人力资源管理师。

4. 工作经验

至今有0年工作经验。

5. 社会实践

时间：2012年7月~2015年1月。

公司性质：私营企业。

行业类别：其他。

担任职位：实习生。

工作描述：

2015年1月在滁州×××矿业实习半个月，主要做办公室和销售后勤的工作；

2014年9月在×××市人才服务交流中心参加为期一个月的专业实习，主要在档案室搞人事代理方面的工作；

2014年7月在安徽省×××有限公司的人力资源部实习，调查学习国有企业转型后的人力资源管理；

2012年8月底，在××H型钢厂和××重卡参加认识实习；

2012年7月在安徽省凤阳县×××面粉厂进行为期半个月的实践，主要了解私营企业的组织结构、管理模式、经营方式等。

6. 技能/专长

计算机能力：高校非计算机专业二级。

7. 社会工作经历

2013年9月~2014年10月任校社团联副主席；

2013年9月~2014年6月担任管理学院辅导员助理；

2013年3月~2014年3月担任班长；

2012年9月~2013年9月担任校社团联活动管理部副部长；

2011年9月~2012年3月担任班级团支书。

8. 所获奖励

2012年11月国家励志奖学金；

2012年10月二等奖学金；

2012年10月三好学生、优秀社团学生干部；

2008年8月第三届"每人每日一设想"优秀奖；
2012年5月校优秀团干；
2013年10月三等奖学金；
2013年10月社会工作优秀学生；
2013年7月优秀社团工作者；
2013年4月院优秀团干；
2012年11月精神文明先进个人；
2012年11月社会实践先进个人；
2012年6月第二届"每人每日一设想"优秀奖。

9. 语言能力：英语一般；普通话良好。

三、个人简历表格式范例

见表3-1。

表3-1 个人简历

姓　　名	×××	出生年月	1987-04-28
性别	女	政治面貌	中共党员
毕业院校	××大学	学位	工学硕士
专业	热能动力工程	毕业时间	2013年5月
联系电话	××××××	电子邮箱	×××@163.com
籍贯	河南×××	通讯地址	××市××大学四牌楼校区动力楼430室
英语水平	CET6　具有较强英语听、说、读、写能力		
计算机水平	C语言二级　熟练掌握计算机基本操作技能		
曾获荣誉	2006~2007年优秀共青团员、校一等奖学金两次 2007~2008年国家励志奖学金、校一等奖学金两次、校征文比赛二等奖 2008~2009年国家励志奖学金、校一等奖学金两次、优秀共青团员 2009~2010年国家励志奖学金、校一等奖学金两次、优秀毕业论文 2010~2011年国际×××奖助学金 2011~2012年国际×××奖助学金		
研究课题	题目：《直接蒸汽发生器强化传热研究》 1. 研究生阶段主要通过Fluent软件建模对管内气体传热特性进行深入研究，对管壁的温度分布特性进行模拟分析，得到管内结构的最佳理论分析结果，进而通过实验研究验证模型的准确性及结果的可靠性 2. 通过课题研究对传热机理、壁面温度控制及壁面辐射的影响等有较深入的掌握以及应用能力		
科研实习经历	1. 2009年7月包头×××公司自备电厂 掌握了电站锅炉、汽轮机及其辅机工作原理及专业技术知识 2. 2010年2月大唐国际××发电厂 熟悉燃煤电厂电力生产工艺流程、洁净煤发电及燃烧技术 3. 2011年4月镇江××环保有限公司 研究污泥的脱水性能，对脱水后泥饼进行热值分析 4. 2011年8月南京××自动化股份有限公司 研究DSG系统真空集热管内气液两相流的传热特性 5. 2012年6月~2012年9月南京××自动化股份有限公司 研究DSG系统真空集热管蒸汽过热段处管壁温度分布特性		

(续)

主修专业课程	本科	传热学、流体力学、工程热力学、燃料与燃烧、自动控制原理、锅炉、汽轮机、热力发电厂、工程力学、炉子热工及构造、电工电子、金属学、热工测试技术、物理化学、热能转换与利用
	研究生	高等传热学、传质理论与应用、火电厂热力系统与经济运行、高等流体力学、流化床理论及应用、燃烧理论和技术、固体废弃物处理与管理技术、洁净能源联合循环发电
专业技能		掌握了计算机的基本操作技能,熟练应用Office办公软件 对AutoCAD、UG、Mathtype和Origin等对本专业学习研究有帮助的软件能熟练地使用 对壁面温度控制及壁面辐射理论研究有深入研究 熟练掌握Fluent及ANSYS的应用
社会实践活动		假期期间多次通过勤工俭学,磨炼意志 曾经与班级成员一起到公园植树,做集体劳动,去帮助残疾人和老人 曾多次为初高中学生做家庭辅导,获得家长好评
特长与爱好		爱好跑步和乒乓球、羽毛球;喜欢钻研问题解决困难;喜欢阅读书籍,包括历史小说、文学著作和科研作品等
自我评价		1. 真诚,乐观,活泼开朗 2. 性格坚毅,有韧性,不轻言放弃 3. 做事有条理,善于制订恰当的计划并逐步完成 4. 自学能力强,喜欢接受新知识、新事物 5. 责任心强,敢于处理难题和面对挑战 6. 与朋友相处融洽,人际关系好,具有一定的亲和力和组织协调能力

复习思考题

1. 大学生求职材料中应该包含哪些内容?
2. 大学生个人简历的内容和撰写要求是什么?
3. 请结合自己撰写的个人简历,说一说撰写简历时有哪些注意事项?

Chapter 4

第四章

大学生求职技巧训练

不学礼，无以立。

——《论语·季氏》

引言

当前就业形式日益严峻，大学生就业人数不断迎来历史新高峰，每年有几百万在校大学生加入全国的求职行列，对每一位求职者来说这无疑都是一个巨大的挑战。在市场经济体系下，就业双向选择，主动权落在企业的手中，就业人员处于从属地位。求职者面临的是如何在激烈的社会竞争中获得一席之位。同时，在社会主义市场经济的带动下，我们每个人都要有居安思危的心理准备，随时都有可能从一个就业者变成一个求职者，所以对于每个人来说掌握一定的求职技巧是非常必要的。

训练目标

1）熟悉求职的形象设计与基本礼仪。
2）掌握基本的面试技巧。
3）了解无领导小组讨论和公文筐测试的基本原理。
4）掌握无领导小组讨论的面试技巧和公文筐测试的答题思路。

第一节 求职形象与礼仪

形象礼仪是指在塑造个人形象过程中所表现的一种优雅姿态，是一种真正"做自己的角色礼仪"，也是展现个人魅力的行为礼仪，它包括服饰装扮、举止体态、语言三大方面。

一、服饰礼仪的意义及原则

1. 服饰礼仪的意义

服饰实际上是一种符号、一种暗示，它能够向人们传递出你是否具有职业精神。生活或社交场合，每个人都希望自己风度翩翩、仪表堂堂。期望在不同场合的穿戴能为自己增添更多的魅力。

2. 服饰礼仪的原则

（1）适应性　在服饰装扮的礼仪原则中，首先是适应性。即服饰装扮必须符合年龄、性别及场合要求。年轻人可以选择轻盈、多彩的服饰；中年人的服饰必须稳重、成熟、大方；老年人则应选择舒适、持重、高雅的服装。

（2）和谐性　服装的选择还应体现职业身份与个性气质。不同的行业，不同的职位，不同的性别，会有不同的要求，而其中和谐性最为突出。

（3）整体性　服装的选择是一种整体效果，无论色彩、款式、面料、质感都是整体效果中的一部分，服装以外的配饰也必须是对整体效果的一种补充和增值。比如在隆重的场合，穿一身豪华的礼服却肩挎休闲大包；或在正规场合身着一套干练潇洒的西服，脚下却穿一双便鞋就显得不伦不类。不仅不能营造整体效果，反而造成败笔。所以，要求服饰上下一致，深浅相宜，搭配协调，既简洁又不平庸。

（4）唯一性　服饰礼仪的最终目的是体现与众不同，因而有个性风采的服饰装扮是一种上策之选，切忌随波逐流。虽然时尚是一种美，但是时尚的东西未必适合你，千万不能将自己的个性淹没在人群中，在考虑服饰礼仪原则时，唯一性是凸现个人品位的关键。

二、根据职业特征设计自我形象

个人形象是指一个人的仪容表情、举止服饰、谈吐修养的综合体现。在求职时要获得考官良好的第一印象，个人形象设计很重要。在求职面试中，考官首先通过求职者的仪表来认识对方。最初的交往中，仪表往往比一个人的简历、介绍信、证明、文凭等作用更直接，更能产生知觉效果，考官往往通过仪表来判断求职者的学识、个性等，并形成一种特殊的心理定势和情绪定势，这种心理定势和情绪定势被称为"第一印象"。这个"第一印象"在无形中左右着考官的判断。因此，我们要把握求职形象的基本特征，按照求职形象对自己进行精心设计。

1. 服装与个人职位相配

衣着应和所应聘单位的风格及职位特点相吻合。如果你应聘的是企业高阶层和政府职位，应试人面对的考官多是经验丰富、阅历丰富的人物，因此应穿得体的西装；如果应聘的是小主管的职务，穿着应简朴一些。其他职位，比如教师、导游、推销员等职位，选择相适宜的服装即可。

2. 服装与个人气质相配

形象得体是一种礼貌，也是一种礼仪要求，它体现了一个人的文化素质和文明程度，也体现了一个人对他人，对社会的尊重。对于求职者来说，必须懂得和学会社会礼仪，方能增加被录用的机会，着装本身就是一种向社会发布的信息。

3. 发型与着装

青年学生富有朝气，有自己的优势和特点，不同于社会上的其他应聘人员，因此，要通过简洁得体的外在形象将自我特质充分地表现出来。例如发型的和谐，着装的简朴大方等。

（1）发型　发型是服装最好的陪衬，有些大学生认为穿着一身做工考究、端庄得体的套装便万事大吉，而忽视了发型的搭配。其实发型在整个仪表形象中占有重要的地位，不可不管不顾。一般说来，应聘政府工作人员、外事人员、管理人员、教师，发型不应夸张，应和衣着一样简练，例如朴实的短发，而不是标新立异。男性求职者不要长发过耳，但也不要理成和尚头，这样反而会使魅力大减。不论应聘哪类职位，头发应打理得干干净净，不染发，不留长发。女性面试时不论头发长短应梳理整齐，给人以精神干练的感觉。总之，发型应与形象协调，要给人以端庄、典雅的美感。

（2）着装　求职是一种有目的的交际活动，所以，着装一定要慎重行事。求职装没有刻板的模式，视场合和对象而定，很大程度上取决于你应聘的工作，取决于你希望给对方留下的印象。但总体要求是美观大方，使不同层次的人都能够欣赏接纳。所以求职装既要有大众化的特征，又要避免流俗。式样尽可能简单大方，色彩上也应慎重，不要选择太多色彩和太花哨的纹样，避免前卫大胆的装束。

4. 面试个人形象设计与职业岗位的特征

不同职业岗位对从业者的形象要求是不一样的，下面介绍 8 种职业在着装等方面的标准的形象要求。

（1）操作技术人员　穿着整齐干净，服装式样多为制服，女性以短发为主。

（2）管理人员　穿着不一定时髦，却一定要大方，甚至略显成熟也无妨。与人交往是其工作的核心，故而接人待物要和蔼可亲，耐心周到。

（3）文秘人员　多为女性，讲话声音甜美亲切，穿着端庄大方，举止有分寸。制服与职业套装为服装主体，配饰物可点缀出活泼可爱。

（4）宣传人员　企业形象代言人，要求语言清晰，普通话标准。与人交谈掌握分寸，突现体面大方。着装以职业套装为主，不宜佩戴过多或过于贵重的饰物。

（5）设计人员　穿着自由，舒适自然，张扬个性。但面试前要考察招聘单位的企业文化，不要穿前卫的服装。

（6）销售人员　穿着代表公司的形象，应体现出明媚靓丽，要注意和公司的文化氛围相一致，仪表姿态要得体。

（7）财务人员　着装应简洁干练，稳重大方，切忌过多的装饰。

（8）教学人员　着装得体大方，整洁干净，发音以普通话为标准，不着奇装异服。

三、求职礼仪的基本常识

1. 身体清洁

面试前一定要洗澡，换上干净的衣服和鞋袜，保持体味清新，展现良好的精神面貌。

2. 脸部清洁

脸是人体外露的部分，考官在观察应聘者的同时，还能观察到应聘者脸部的卫生状况，因而，面试者在应试前清洗掉脸上的污垢和汗渍，一定要注意脸部的清洁卫生，否则，考官将会毫不留情地扣分。

3. 口腔清洁

养成良好的口腔卫生习惯。面试前不要吃带有强烈异味的食物，也不要抽烟喝酒，以免有不洁的口气，引起考官的反感。牙齿是口腔的门面，牙齿的清洁是仪表仪容美的重要部分，而不洁的牙齿被认为是交际中的障碍。

4. 头发清洁

应聘前要把自己的头发洗护干净，不要有异味，特别要注意对头皮屑的清理。

5. 手的清洁

手的形象与人的整体形象密切相关。通过对手的观察，可以判断这个人的修养与卫生习惯。尤其是指甲缝里的污垢更是忽视不得。建议求职面试的女同学应保持指甲的本色或清爽明亮的中性颜色，不要涂彩色指甲油。

6. 胡须的清洁

男同学面试前一定要将脸刮干净，不要留小胡子。

7. 化妆

"浓妆淡抹总相宜"，一般去正规的中外企业面试，女性需要化一些淡妆，能显得更有朝气，给人留下良好的第一印象。女性至少应该在眉、唇、颊三个部位上稍下功夫。面色健康、红润才显得有亲和力。

第二节 面试技巧

面试，是整个求职过程中具有决定性意义的一环。如果面试发挥出色，不仅可以弥补先前笔试或是其他条件如学历、专业上的一些不足，还可以在考官的心目中加分。

一、面试前的准备

踏进面试室之前，有许多准备工作可以做。

1. 认识本行

应试者对自己有兴趣加入的行业应该有深入的认识，才能在面试时应付自如。即不但要对本行业有基本的认识，还必须了解最近的发展及将来的发展趋向和前景。

可以通过文献来搜集更多各行各业的发展近况。特别是申请更高级的行政或管理职位时，更需要注意这些方面的工作。考官可能要求应试者对各行各业的本地及国际情况有相当的了解。所以，在面试之前，应该经常留意报章这些方面的新闻报道，以及经常参阅专业期刊。

2. 认识雇主和所申请的职位

面试的另一组问题围绕着应试者对雇佣机构及申请职位的认识。倘若能预先多掌握一些资料，将会令考官另眼相看，并且会认为应试者加入该机构的诚意无可置疑。如果对所申请的职位的性质、工作内容、所需要专业知识了如指掌的话，考官会更相信你适合所申请的职位。

要收集有关雇佣机构的资料，最简单的办法是参考机构出版的年报或业绩简报。商业机构，如在本地上市的，每年必须公布其业绩和业务状况；公营机构因接受政府资助，通常每年向政府提交详细运作报告。政府各部门的资料可以在政府新闻处拿到。政府刊物销售处亦有大量关于政府及公营机构的资料。

面试前如能了解清楚所申请的职位在组织中的位置，会有助于了解职位的工作范畴及职责，而且对将来可能的升迁途径更为清楚，这些不但会使面试表现更佳，而且给应试者提供有用的参考资料以决定是否加入该机构。

3. 面试与履历表

面试环节中的一个主要部分是问及个人的背景资料和经历，所以履历表将成为面试的基础。考官在面试前对应试者一无所知，只参考其已递交的履历表等资料，问题亦会环绕着这些资料而提出。所以履历表的准备绝不能马虎，必须对已编进履历表内的资料非常熟识。

二、面试中的注意事项

1. 面试礼仪十要点

①衣着整齐；②准时；③表现轻松；④说话清楚；⑤正视对方；⑥坐姿端正；⑦尽量对答自然；⑧准备问题；⑨薪金问题：尽量由对方提出薪金问题；⑩结束面试，可以有礼貌地询问对方何时知道面试结果，并感谢对方给予面试机会。

2. 面试过程中的大细节

面试是一场"没有硝烟的战争"，在能力、经验相差不多的情况下，面试技巧往往成为决定性因素。

（1）面对不同考官保持良好心态　有的考官风格比较强势、直率，面试时咄咄逼人，往往有一种审问犯人的感觉；有的考官温和、艺术。遇到这两种考官，自己首先要有好的心态，前者往往会让人不舒服、有压力感，但是不能就此产生逆反心理，觉得对方素质差，甚至得出该公司不怎么样的结论，而应该以一种宽容、平和的心态去对待。

（2）学会分析问题　有经验的考官往往会提出多种问题，有的问题可能是确认应试者的工作经验和能力，有的问题则是考验应试者的分析能力、思考能力、反应、思路等。

（3）面试要注意"答所问"　很多人往往忽略这一点。比如有的应试者根本没有听清楚问题，就按照自己的思路回答，结果驴唇不对马嘴。所以，建议应试者要跟紧考官的思路，保持高度集中，不要停留在自己的"思维圈子"里。

（4）回答条理简明且不要啰唆　麦肯锡公司有一句名言：所有的事情都可以分成三句话去讲。比如：今天上午9点吃早饭，可以说成今天我吃饭，时间是上午9：00，吃的是早饭。因此在回答问题的时候，不妨按照这样一个套路：第一点、第二点、第三点……这样听的人很清楚，说的人也不会漏掉重点。

（5）学会用事实来证明自己　有的应试者在回答问题时，尤其是应届毕业生，特喜欢用"沟通能力强、勤奋"之类的虚话，此时考官一般会要求应试者举个例子来证明。所以在面试时，一定要学会用数据和事实来说话。做销售强，就告诉对方自己的销售成绩；说自己的谈判能力强，不如举个例子来证明是如何搞定一个"钉子客户"的。

（6）时刻不放松警惕　应聘过程中面试无处不在，时刻注意自己的一言一行。

以上这些技巧是沟通能力的一种表现。归纳起来，面试就是要做到"精心准备、心态平和、时刻警惕、关注细节、切中要点、条理清楚"。

3. 面试过程中的小细节

1）不要紧张，表现得自然些，要有礼貌，别忘记和考官招呼，说句早晨或下午好。

2）举止大方，保持自信。待考官邀请才可礼貌地坐下，不要太随便或左顾右盼。切忌表现出满不在乎的样子。

3）微笑可以减轻内心的不安，更可以令面试的气氛变得融洽愉快。

4）让考官知道你珍惜这次面试机会。当考官说话时，要眼望对方，并留心倾听。

5）让考官先打开话匣子。答问题要直截了当，无须太繁复，也不要单说"是"或"不是"，否则考官会觉得欠缺诚意，深入的谈话内容有助于考官对你做出确切的评估。

6）假如不太明白考官的问题，应该礼貌地请他重复。不懂得回答的问题，不妨坦白承认，含糊其辞或乱吹牛会导致面试的失败。

7）不要打断考官说话，被要求就相同的问题重复作答也不能表示不耐烦，更切忌与考官争辩。

8）考官可能问一些与面试或者申请的职位完全无关的问题，例如时人时事，目的在于进一步了解应试者的思想及见识。

9）紧记在适当时机带出自己的优点和特长，但切勿显得过分自信或浮夸。

10）不要急着提出薪酬问题，最好让考官先提出。

11）准备一些与该机构和申请的工作有关的问题在面试结束之前提出。这样能表现出应试者的积极性，也能够给考官留下良好印象。

12）最后，问清楚多久才知道面试结果。不要忘记向考官道谢及说声"再见"才离去。

第三节　无领导小组讨论

作为评价中心技术中经常使用的一种测评技术，无领导小组讨论采用情景模拟的方式对应试者进行集体面试。即由一定数目的应试者组成一组（6~8人），就工作相关问题进行1h左右的讨论。讨论过程中既不指定谁是领导，也不指定应试者应坐的位置，而是让应试者自行安排组织，考官通过观测应试者的组织协调、口头表达、辩论说服等能力，以及自信程度、进取心、情绪稳定性、反应灵活性等个性特点，来综合评价应试者之间的差别。

1. 无领导小组讨论的程序

1）讨论前事先分好组，一般每个讨论组6~8人为宜。

2）考场按易于讨论的方式设置，一般采用圆桌会议室，考官席设在考场四边（或集中于一边，以利于观察为宜）。

3）应试者落座后，考官为每个应试者发空白纸若干张，供草拟讨论提纲用。

4）主考官向应试者讲解无领导小组讨论的要求（纪律），并宣读讨论题。

5）给应试者5~10min准备时间（构思讨论发言提纲）。

6）主考官宣布讨论开始，依考号顺序每人阐述观点（5min），依次发言，发言结束后开始自由讨论。

7）各考官只观察并依据评分标准为每位应试者打分，不准参与讨论或给予任何形式的指导。

8）无领导小组讨论时长一般以40~60min为宜，主考官依据讨论情况，宣布讨论结束后，收回应试者的讨论发言提纲，同时收集各考官评分成绩单，考生退场。

2. 无领导小组讨论的优点

能测试出笔试和单一面试所不能检测出的能力或者素质；能观察到应试者之间的相互作用；能依据应试者的行为特征来对其进行更加全面、合理的评价；能够涉及应试者的多种能力要素和个性特质；能使应试者在相对无意之中暴露自己各个方面的特点；能使应试者有平等的发挥机会从而很快地表现出个体上的差异；能节省时间，并且能对竞争同一岗位的应试者的表现进行同时比较（横向对比）；应用范围广，能应用于非技术领域、技术领域、管理领域和其他专业领域等。

3. 无领导小组讨论的评价标准

在无领导小组讨论中，考官评价的依据标准主要是：

1）应试者参与有效发言次数的多少。

2）应试者是否有随时消除紧张气氛，说服别人，调节争议，创造一个使不大开口讲话的人也想发言的气氛的能力，并最终使众人达成一致意见。

3）应试者是否能提出自己的见解和方案，同时敢于发表不同意见，并支持或肯定别人的意见，在坚持自己的正确意见基础上根据别人的意见发表自己的观点。

4）应试者能否倾听他人意见，并互相尊重，在别人发言的时候不强行插嘴。

5）应试者语言表达、分析问题、概括或归纳总结不同方面意见的能力。

6）应试者反应的灵敏性、概括的准确性、发言的主动性等。

4. 如何在"无领导小组讨论"中脱颖而出

无领导小组讨论中的技巧简单总结有以下几条：

1）得分最高者一定是以沉稳的语调提出深刻见解的最后发言者。

2）小组面试或者小组讨论的实质是一个了解场景、交流想法、分析问题、提出解决方案、相互尊重、相互妥协、达成结论的过程。

3）不是发言越多越好，如果没有独到、深刻的观点，那么发言太多反而会被扣分。而认真倾听他人观点、不紧不慢表现从容的应试者，往往会获得较高的评价。

4）在面试小组中，每个人给别人最直接的印象就是风度、教养和见识。这三者都要靠个人的长期培养才能得来。在面试中这三者是通过发言的时机、发言的内容、何时停止、遭到反驳时的态度、倾听他人谈话时的态度等表现出来的。

5）在交谈中，谈话者要注意自己的态度和语气。

6）应该有自己的观点和主见，即使与别人意见一致时，也可以阐述自己的论据，补充别人发言的不足之处。

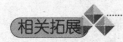

无领导讨论　月球求生记

背景资料

假设你现在是一名太空飞行船的队员，任务是与母船相约在月球上光亮一片的地方集合，但因机件故障，你的宇宙飞船在距离约定地方200千米之处坠落了，除了15件物品外，其余的器材都在坠落时坏掉了，你们能否生存下去取决于你们能否到达母船，所以你和你的同伴要决定哪15个物品对你们的生存至为重要。请将以下15件物品按重要性排好次序，并附上简单的解释。

一盒火柴、浓缩食物、尼龙绳、降落伞的丝质布料、可携式发热器、两支点四五口径手枪、一盒脱脂奶粉、氧气桶、星际地图、救生艇、磁力指南针、水、信号火箭、急救箱、连注射用针筒、太阳能FM无线电收发器。

月球求生记曾被送交美国太空总署置于得克萨斯州休斯敦载人宇航器中心，并由宇航人员设备部的专家定出答案。以下就是该15件物品的排列次序，还有那些可能令人感到惊讶的原因。

项目	正确答案及原因
一盒火柴	15 由于月球没有氧气助燃，所以火柴差不多是完全没有用的
浓缩食物	4 有效的能量补充途径
尼龙绳	6 可用于攀爬悬崖，亦可用于运送伤者
降落伞的丝质布料	8 阻隔太阳射线
可携式发热器	13 只在月面黑暗处有用
两支点四五口径手枪	11 一个可能的推进方法
一盒脱脂奶粉	12 只是浓缩食物的翻版，但体积大得多
氧气桶	1 最迫切的生存需要
星际地图	3 基本的领航方法
救生艇	9 军用救生艇的二氧化碳气樽可用作推进剂
磁力指南针	14 月球磁场没有分成两极
水	2 补充在月面有光一面的大量体液流失
信号火箭	10 向在视线范围内的母船发出信号
急救箱连注射用针筒	7 配合宇宙飞行服上的接驳口
太阳能 FM 无线电收发器	5 提供短距离通信

第四节　公文筐测验

公文筐测验以其良好的情景模拟性与捕捉能力要素的有效性，在评价中心技术中是运用最多的一种测验技术。在国外，它被广泛引用于公司中高级管理人员、政府中高级公务员的招聘中。在我国，这项技术也开始在国家党政机关领导干部、企业管理人员的选拔中得到应用。

1. 公文筐测验定义

公文筐测验，通常也称为公文篮测验，是评价中心技术中最常用和最核心的技术之一。在这种测验中，应试者假定要接替或顶替某个领导或者管理人员的职位，领到一篮子公文，公文筐测验因此而得名。测验要求应试者以领导者的身份，模拟真实生活中的情景和想法，在规定条件下（一般是比较紧迫而困难的条件，如时间较短，提供信息有限，独立无援，外部环境陌生等），对各类公文材料进行处理，做出一个公文处理报告，公文可以包括信函、电话记录、命令、备忘录、请示报告、各种函件等，内容涉及人事、资金、财务、合同、工作程序和突发事件等诸多方面，这是根据该职位经常会遇到的各种典型问题而设计的，从日常琐事到重要大事等。文件可多可少，一般不少于 5 份，不多于 30 份，每个应试者要批阅的文件可以一样，也可以不一样，但难度要相似。根据文件的数量和难度，规定完成的时间。测验时间通常为 2~3h，并且还要通过文字或口头的方式报告他们处理的原则与理由，说明自己为什么这样处理。如果考官不清楚或想深入了解某部分内容，他们还可以与应试者交谈，以澄清模糊之处。然后，考官根据应试者的处理情况把有关行为逐一分类，再予评分，对其相关能力素质做出相应的评价。

公文筐测验由于其自身的特点而广受欢迎，国外的一项调查表明，81% 的评价中心都要采用公文筐测验选拔管理人员，使用频率居各种情景模拟测验之首。详细情况见表 4-1。

表 4-1　情景模拟技术主要形式的使用频率比较

情景模拟的形式	实际使用频率
管理游戏	25%
公文筐测验	81%
角色扮演	没有调查
有领导小组讨论	44%
无领导小组讨论	59%
演说（即席发言）	46%
案例分析	73%
事实判断	38%
面谈	47%

公文筐测验按其具体内容可以分为三种形式。

（1）背景模拟　这种形式是在测验正式开始前，先告知应试者所处的工作环境、在组织中所处的地位、所扮演的角色、上级管理者的管理方式和行为风格、情景中各种角色的相互需求信息等，用以评价应试者的准备与反应的恰当性。

（2）公文处理模拟　要处理的公文有三类。第一类是已有正确结论，并且已经处理完毕归入档案的材料。用这样的公文来让应试者处理，是要检验应试者处理得是否有效、恰当、合乎规范；第二类，处理条件已具备，要求应试者在综合分析的基础上做出决策；第三类，尚缺少某些条件或信息，观察应试者是否能够提出问题和表达进一步获得信息的要求。

（3）处理过程模拟　要求应试者以某一管理者的身份参与公文处理，并努力使自己的行为符合角色规范。

2. 公文筐测验的功能和构成

随着现代生产生活节奏的加快，信息量越来越大，电话记录、通知、命令等文件成为企业内部、外部信息交流的重要形式，各职位工作人员特别是领导和管理者的一项重要工作内容就是对日常文件、工作事务及紧急情况进行处理。作为对公文处理的模拟操作在实际的应用中主要有以下功能。

（1）测验选拔功能　公文筐测验是一种有效的测评形式，它与通常的纸笔测验相比，显得生动不呆板，测的是应试者实际解决问题的能力。

（2）考核培训功能　公文筐测验既是一个素质测评过程，又是一个应试者在模拟工作中自我学习、自我提高的锻炼过程；不仅是一种选拔方法，而且也是一种考核培训的技术，相对于单一的传统测评方法来讲，这是一大进步。

公文筐测验由两部分组成：测验材料和答题册，目前主要是纸笔方式作答。

（1）测验材料　即提供给应试者的文件资料、信息，是以各种形式呈现的，包括信函、备忘录、投诉信、财务报表、公函、账单和上级工作报告等。测验中所用的材料共有十几份，每份材料上均标有编号，材料是随机摆放在公文筐中的，应试者在测验的各个阶段中都要用到这些材料。

（2）答题册　供应试者针对材料写处理意见或回答指定问题，评分时只能根据答题册上的内容进行计分。答题册包含总指导语和各分测验的指导语，它提供了完成测验所需的全部指导信息，完成各分测验所需的指导语在各分测验开始时给出。

3. 公文筐测验测评的能力要素

公文筐测验具体来说，考查主要可以针对以下几个能力要素来进行。

（1）分析能力　应试者要能在所给的众多公文中获取有关信息，能综合这些信息资料，透过现象抓住本质，分辨出各项公文反映问题的轻重缓急，准确掌握关键所在，洞悉事物间联系，并找出造成问题的原因，适时地给出适当的结论或对策。

（2）组织协调能力　主要考查应试者协调各项工作和部属的行动，使之成为有机整体，做到有章可循、有条不紊，并按照一定的原则要求，同时处理各部门之间的关系，调节不同利益方的矛盾冲突，使组织内外关系和谐，还要合理调配组织资源，让组织中每个人的行动都指向总体目标。

（3）决策能力　这个维度得分高的应试者对复杂问题能进行审慎的剖析，从而能灵活地找出各种解决问题的途径，对其做出合理的评估，对不同方案的结果有着清醒的判断，以提出更好的决策意见。

该维度主要考查三部分内容：决策的质量、实施的方案、影响因素。评价决策时，要仔细考虑决策背后的合理性成分，考查应试者有没有考虑到短期和长期的后果，是否考虑了不同备选方案的优点，如果采取某种行动方案，要能给出理由。

（4）预测能力　得分高的应试者可以全方位系统地考虑环境中各种不同的相关因素，并进而对各种因素做出合理恰当的分析，做出合理的预测，同时能使预测具有可操作性，提供有效的实施方案。

该维度主要考查三部分内容：预测的质量、预测所依据的因素、可行性分析。评价预测时，要考查应试者在多大程度上用到了提供的材料来做出预测，即是否综合运用了各种因素才做出分析。

（5）表达和沟通能力　要求应试者说明处理操作的理由或给出一份公文，如文件或通知，通过书面形式有效地表达出自己的想法和意见。根据评估内容，考查应试者的思路是否清晰，意见是否连贯，措辞是否恰当及文体是否合适。得分高的文章要求语言流畅自然，文体风格与假设情境相适应，能根据不同信息的重要性来分别处理，具有结构性和逻辑性，考虑问题周到全面，能提出有针对性的论点，并熟悉各个领域。

（6）创新能力　应试者在处理问题时敢于突破常规，尝试使用不同的方法、手段、程序，创造性地解决困难和化解矛盾，并能给出合理的处置理由。

训练项目　模拟面试训练

一、训练内容

面试作为人单位选聘人才的重要方法和必不可少的步骤，是供需双方相互加深了解的必要途径。面试不仅可以考核应试者的知识水平，而且可以面对面地观察应试者的仪态、气质、口才、应变能力和某些特殊技能等，是求职择业中关键的一步。

面试测评的主要内容有：

（1）仪表风度　这是指应试者的体型、外貌、气色、衣着举止、精神状态等。

（2）专业知识　作为对专业知识考试的补充，考官通过面试了解应试者掌握专业知识的深度和广度；其专业知识是否符合用人单位的要求。

（3）口头表达能力　面试应试者是否能够将自己的思想、观点、意见和建议顺畅地用语言表达出来，考查其表达的逻辑性、准确性、感染力、音质、音色、音量、音调等。

（4）反应能力与应变能力　主要看应试者对考官所提问的理解是否准确贴切，回答是否迅速、准确等，对突发问题的反应是否机智敏捷、回答恰当；对于意外的处理是否得当、妥善等。

（5）自我控制能力与情绪稳定性　在遇到上司批评指责、工作有压力，或者当个人利益受到冲击时，能够克制、容忍、理智地对待，不至于因情绪波动而影响工作。

（6）工作态度　考官往往要了解两点：一是了解应试者对过去学习、工作的态度；二是了解其对求职职位的态度。一般认为，在过去学习或工作中态度不认真，做好做坏无所谓的人，在新的工作岗位也很难做到勤勤恳恳、认真负责。

（7）上进心与进取心　上进心，进取心强烈的人，一般都会确立自己事业上的奋斗目标，并为之而积极努力。上进心强烈者，表现在努力把现有工作做好，且不安现状，工作中常有创新；上进心不强的人，一般都是安于现状，无所事事，不求有功，但求能敷衍了事，因此，对什么事都不热心。

（8）求职动机　了解应试者为何希望来本单位工作，对哪类工作最感兴趣，在工作中追求什么，从而判断本单位所提供的职位或工作条件等能否满足其工作要求和期望。

（9）业余爱好　考官往往会询问应试者休闲时间爱好哪些运动，喜欢阅读哪些书籍，以及喜欢什么样的电视节目，有什么样的嗜好等。了解一个人的兴趣爱好，这对录用后的工作安排有好处。

具体训练内容包括：

1）将学生分为4～5组，小组成员自由组合，从面试题库随机抽取面试套题。

2）每组选举一名面试考官，组成考官组。

3）根据每组抽取的题型，分别进行面试、无领导小组讨论、情景模拟等测试。

4）考官随机对每个小组每个选手进行观察，并结合其在讨论，答辩过程中的表现进行打分，并合计小组总分。

5）考官对选手在模拟职场中的综合表现进行简明扼要的评论。

6）考官根据各个小组的成员的表现进行点评和评分。

7）各小组派一名学生代表模拟面试小组总结陈述。

二、训练步骤

（1）分组　训练以班级为单位进行，25～35人为宜，分为3～8组，每组人数4～8人为宜。小组分好后，建议在整个训练过程中不要随意改动。

（2）团队建设　小组成员通过讨论，完成以下工作：①抽取面试套题；②确定考官人选；③确定陈述人选。

（3）教师讲授相关理论并布置作业　教师安排一定课时（2h为宜）进行讲授，主要内容包括：①讲授本章知识要点；②说明本次训练的内容和作业要求；③说明本次训练的具体要求。

（4）小组准备作业　由组长组织队员进行讨论，完成课前训练准备，主要内容包括：①3min中英文自我介绍；②设计面试职业形象；③完成作业报告的Word文档和作业报告的PPT。

（5）报告展示　由各个小组在教师安排下轮流上台进行作业报告展示，主要内容包括：

①通过抽签确定小组上台顺序;②每个小组上台展示职业形象;③每组选出一人陈述本小组模拟面试的心得体会,还可选一人补充讲解,建议时间在 10min 以内;④考官组代表就面试表现对每一小组进行点评,建议时间在 5min 以内;⑤由教师进行现场点评,并要求各个小组根据点评对作业进行修改;⑥各个小组将修改好的作业交给教师进行评分。

三、训练要求

1. 组织要求

1)由教师负责整体活动安排和流程设计。
2)学生分组的方法可以采取学生自愿组合为主,教师根据具体情况进行部分调整。
3)教师可从每个班中选择 1~2 位同学担任助教,协助教师完成训练活动。

2. 纪律要求

1)由于训练采取小组作业的形式,所以原则上不能请事假。
2)各个小组在完成作业时,无论是课上活动还是课下讨论,都要保证所有成员积极参与,并保留考勤记录,各个小组也应该制订自己的纪律要求。
3)在实验室进行训练时,要求各个小组遵守实验室纪律要求和安全要求。
4)各个小组要按照教师要求按时提交作业。
5)不能按时参加小组讨论的学生,小组可将实际情况报告教师并提出小组的处理意见,教师根据小组意见和具体情况进行处理。

3. 作业要求

训练活动结束后,各个小组应提交一份作业报告,内容包括:
1)模拟面试总结报告。
2)报告演示 PPT。
3)现场演示环节的记录。
4)教师修改意见。
5)小组工作记录。
6)课后总结。

四、考核办法

考核由四部分组成:教师评分、其他小组现场评分、考官组评分、组长评分。训练项目评分具体见表 4-2。

表 4-2 训练项目评分表

考核内容	所占权重	考核方法
教师评分	40%	教师根据各个小组最终提交的作业报告进行评分
其他小组现场评分	15%	在报告展示环节,其他小组根据现场展示的效果进行评分
考官组评分	25%	考官组根据每个小组面试表现进行评分
组长评分	20%	小组组长根据每位小组成员表现及对作业的贡献进行排序,并根据排序为每位成员评分
总分	100%	根据以上四项得分加权得出

辅助材料

辅助材料见表 4-3。

表 4-3 公文筐测验计分表（部分举例）

评分指标		观察要素	得分（满分10分）	备注
决策能力	决策时效性	能根据情景的紧迫程度，对公文反映情况做出适时处理		
	方案可行性	做出的决定充分考虑情景所提供的所有有效资源，并在现有的条件下可以做到		
	考虑全局性	做决定时能考虑各方面的利害关系，做出的决定不妨碍其他决定的有效执行		
书面表达能力	思路清晰度	叙述有条理，层次分明		
	措辞恰当性	称呼、语气与自己在情景中的身份相符		
	文体相应性	处理意见中所采用的公文文种和体例的准确程度		
评语：			总 得 分： 评分者签名：	

复习思考题

1. 大学生求职形象设计与求职礼仪训练的作用是什么？
2. 无领导小组讨论的技巧有哪些？
3. 公文筐测验的目的与功能分别是什么？

Chapter 5

第五章

大学生就业权益保护训练

> 劳动者就业，不因民族、种族、性别、宗教信仰不同而受到歧视。
> ——摘自《中华人民共和国劳动法》

引言

　　随着高等教育大众化程度的提高，每年都有越来越多的高校毕业生进入就业市场，大学毕业生的就业压力不断加大。大学生在就业市场上属于弱势群体，在求职过程中，有可能遇到各种各样可能的"陷阱"。大学生社会经验不足，对于在求职过程中遭遇的一些或明显或隐蔽的侵权行为，有时会采取容忍和无所谓的态度，很少有人能够正确地使用法律武器保护自己，对于一些诈骗行为也很少能够在第一时间辨别并保护自己。如何妥善应对就业过程中的一系列侵权问题及如何避免种种就业陷阱，是每个求职者应当具备的能力。

　　只有加强就业教育，加强大学生自我保护能力和意识的培养，鼓励大学生在面对侵害时第一时间拿起法律武器保护自身权益，才是解决大学生求职权益侵害问题乃至社会求职侵害问题的一种行之有效的途径。而作为大学毕业生，应提高警惕，加强自我保护意识，了解并熟知就业的相关政策法规，熟悉毕业后的就业流程，从而使自己在就业时学会用政策法规保护自己，少走弯路，少受不合理的侵犯，成功就业，切忌在求职过程中因为求职心切而掉以轻心，要谨慎对待，做到客观审视，以求在求职过程中维护自己的正当权益。

训练目标

1）了解大学生就业权益保护的基本内容。
2）熟悉大学生就业权益保护的常见相关问题。
3）了解大学生就业权益保护的主要途径和方法。
4）掌握我国相关的法律法规对就业权益的相关规定。
5）能够判断求职中的就业陷阱，懂得如何维护自己的合法权益。

第一节　大学生就业权益保护概述

大学生权益保护包括大学生校园权益保护、实习兼职权益保护、求职就业劳动权益保护这三个方面。本节主要从大学生求职就业劳动权益方面来训练大学生掌握在求职就业、签订劳动合同过程中的权益保护方法。

一、大学生就业权益的含义

法律意义上的就业，是指具有劳动能力的公民在法定年龄内，依法从事某种有报酬或经营收入的合法职业的社会活动。

大学生就业权益，是指高校大学生在劳动就业过程中依法享有的一系列权利和利益的总称。大学生就业权益从本质上说属于劳动就业权的范畴。所谓劳动就业权，是指法律保障下的劳动者获得劳动就业机会并在劳动过程中得到基本保障的权利。由此可见，大学生就业权益是作为劳动者的大学生基于生存的需要而享有的基本权利，因而其也是人权的一项基本内容。

二、大学生就业权益的内容

一般而言，劳动就业权包括平等就业权、自由择业权和职业保障权。平等就业权和自由择业权是指劳动者平等、自由地获得就业机会的权利。职业保障权是指劳动者请求提供有报酬的工作机会的权利。大学生就业权益在内容上也包含平等就业权、自由择业权和职业保障权。其中，平等就业权与自由择业权是大学生在就业过程中针对用人单位而享有的权利，前者赋予大学生在就业过程中享有平等待遇并不受歧视的权利，后者赋予大学生在就业过程中享有自主选择就业岗位而不受胁迫的权利。职业保障权则保障大学生在就业过程中有权获取相应的就业信息、就业指导、就业推荐等促进大学生就业的服务，在工作中享有与其他劳动者相同的获得报酬的权利。

三、大学生就业过程中应享有的权益

大学毕业生在求职过程中，享有以下各项权益，这些权益受到国家法律法规的保护。

1. 就业信息知情权

就业信息是大学生就业过程中的重要信息和关键因素，大学生享有就业信息知情权。就业信息知情权的内容包括了解国家就业政策和学校就业规定的权利、对用人单位的知情权和选择权。因此，所有的就业招聘信息都要向全体大学毕业生公开，学校与其他单位、个人不得隐瞒、截留或更改信息。

2. 平等择业权

毕业生在就业过程中与用人单位在法律上享有平等的主体地位，信息知情应对称，对用人单位的工作内容、工作地点、工作福利等内容享有协商的权利。

3. 择业自主权

大学生毕业就业只要符合国家的有关方针、政策，就可以自主选择行业、职业、用人单位，任何部门或个人不得侵犯毕业生的选择自由，无权干涉或变相强加。

4. 公平受录用权

毕业生享有公平就业的权利。除特殊行业和特殊岗位外，求职者不能因为民族、种族、宗教信仰、性别、户籍、身高、相貌等因素受到歧视。用人单位在录用毕业生时要做到公平、公正、一视同仁。

5. 违约求偿权

毕业生、用人单位、学校三方签订就业协议书或劳动合同后，任何一方不得毁约。因用人单位违约的，毕业生有权要求用人单位承担违约责任并做出相应的赔偿。

6. 签订正式劳动合同的权利

《中华人民共和国劳动法》规定："劳动合同是劳动者与用人单位确定劳动关系、明确双方权利和义务的协议。建立劳动关系应当订立劳动合同。"用人单位聘用劳动者后不签订劳动合同是违反法律的。另外，用人单位故意拖延不签订劳动合同，对劳动者造成损害的，应当由用人单位赔偿劳动者损失。

7. 获得劳动报酬的权利

无论是否是试用期，劳动者都有获得劳动报酬的权利。用人单位可以根据劳动者在技能水平、工作熟练程度等方面的差距对薪酬有所差异，但不能无故拖欠或找借口不予支付。

8. 享有社会保险的权利

劳动者在试用期间，与其他劳动合同制员工一样，用人单位都应当依法为其办理社会保险手续，为其缴纳社会保险费。

9. 解除劳动合同的权利

在试用期间，劳动者可以随时通知用人单位解除劳动合同，不需要任何附加条件。用人单位不得要求劳动者支付职业技能培训费用，还应按劳动者的实际工作天数为劳动者支付工资。用人单位需要与试用期的劳动者解除劳动合同时，必须有证据证明劳动者不符合录用条件，才能辞退。

10. 提请劳动争议处理的权利

在大学生和用人单位发生劳动争议，大学毕业生合法权益受到损害时，毕业生有寻求就业行政主管部门的保护、劳动部门的调解、仲裁及人民法院裁决的权利。

除了上述的各项权利外，在就业工作中，大学生作为就职者，还拥有作为劳动者的各项权利，包括公平待遇、休息休假的权利、劳动安全卫生保护的权利、接受职业技能培训的权利、享受社会保险和福利的权利、依法参加和组织工会的权利、依法参加企业民主管理的权利等。

四、维护大学生就业权益

1. 完善相关立法体系

应该以现有的法律法规为依托，通过进一步完善《中华人民共和国劳动法》《中华人民共和国劳动合同法》与《中华人民共和国就业促进法》等法律法规，从整体上对一般劳动者的就业权进行规范和保护。在此基础上，我国应出台一部专门针对劳动者就业权益保护的就业权益保护法，以此来构建完备的劳动者劳动就业权益的保护体系。另外，应尽快明确侵害大学生就业权益的法律责任。

2. 拓宽侵权救济途径

一方面,充分协调高校、政府、劳动部门和各种社会力量,设立大学生就业权益保护机构,通过行政手段来进一步有效地保护大学生就业权益。另一方面,拓宽现有劳动争议的受案范围,将大学生就业过程中与用人单位之间发生的纠纷也纳入到劳动争议的范围,理顺大学生在劳动权益受到侵害之后的仲裁、诉讼渠道。

3. 完善大学生就业市场

政府和高校应该通过校内和校外两个渠道来完善大学生就业市场的运行和建设问题,有效地改变目前我国大学生就业困难的现状。一方面,加强和完善高校校内的人才招聘和就业指导工作,另一方面,借助社会力量,健全校外的人才招聘市场的活动,规范中介机构的行为。

4. 遵循市场规则

毕业生在就业求职过程中,无论是自荐、应聘,还是接受面试、笔试,都应该遵循"真诚、信实、平等"的原则,以自身实力参与竞争。同时,要有风险防范意识,对于某些用人单位招聘人员时,明显夸大优厚条件,以高薪和高福利等吸引人才的做法要有警戒心,预防侵害自身合法权益行为的发生。

用人单位有哪些义务?

按照《中华人民共和国就业促进法》等有关法律法规的规定,招用人员的用人单位依法享有自主用人的权利。用人单位招用人员,应当向劳动者提供平等的就业机会和公平的就业条件。在招用人员的过程中,用人单位有以下义务。

一、用人单位的告知义务

用人单位在招用人员时应当依法如实告知劳动者有关工作内容、工作条件、工作地点、职业危害、安全生产状况、劳动报酬以及劳动者要求了解的其他情况,并根据劳动者的要求,及时向其反馈是否录用的情况。

二、用人单位的保密义务

用人单位应当对求职者的个人资料予以保密。公开劳动者的个人资料信息和使用劳动者的技术、智力成果,须经劳动者本人书面同意。

三、法定禁止行为与责任

用人单位招用人员不得有下列行为:
1) 提供虚假招聘信息,发布虚假招聘广告。
2) 扣押被录用人员的居民身份证和其他证件。
3) 以担保或者其他名义向劳动者收取财物。
4) 招用未满16周岁的未成年人以及国家法律、行政法规规定不得招用的其他人员。
5) 招用无合法身份证件的人员。
6) 以招用人员为名牟取不正当利益或进行其他违法活动。

第二节　签订就业协议和劳动合同

一、签订就业协议

1. 就业协议的内容

就业协议是"全国普通高等学校毕业生就业协议书"的简称，又叫三方协议。它是明确毕业生、用人单位、学校三方在毕业生就业工作中的权利和义务的书面形式，能解决应届毕业生户籍、档案、保险等一系列问题。协议在毕业生到单位报到、用人单位正式接收后自行终止。就业协议一般由国家教育部或各省、市、自治区就业主管部门统一制表。

就业协议书的基本内容包括：

1）高校毕业生基本情况，主要包括姓名、性别、身份证号、专业、学制、毕业时间、学历、联系方式等。

2）用人单位基本情况，主要包括单位名称、组织机构代码、单位性质、联系人及联系方式、档案接收地等。

3）高校毕业生和用人单位约定的有关内容，可包括工作地点及工作岗位、户口迁入地、违约责任、协议自动失效条款、协议终止条款、双方约定的其他事宜。

4）各方应严格履行协议，任何一方若违反协议，应承担违约责任。

5）其他补充协议。

2. 就业协议的管理办法

1）毕业生与用人单位就就业问题达成一致意见后，均须签订三方协议。

2）三方协议由教育部高校学生司制定，学校招生就业工作处统一翻印，各学院集体到招生就业工作处领取，或者由毕业生持本人学生证到招生就业工作处领取。每位毕业生只有一套三方协议，每套一式四份。

3）任何单位或各人均不得复制、翻印三方协议；在签订三方协议时，如果三方协议因破损等情况而不能使用时，可持原件到招生就业工作处申请更换；三方协议不得挪用、转借、涂改，否则视为无效。

4）毕业生在协议书上签署个人意见之后，用人单位或学校两方之中只要有一方在协议书上签字，毕业生即不得单方面终止协议的签订工作。毕业生违约时，必须办理完毕与原签约单位的解约手续，然后将原协议书交还招生就业工作处，并换取新的协议书。

5）毕业生如果不慎将协议书遗失，学校原则上不再补发，到毕业派遣时，毕业生回生源地参加二次分配。若因特殊情况需要补发时，毕业生必须以书面形式提出申请，由所在学院主管毕业生就业工作的负责人签署意见，经招生就业工作处调查并研究之后酌情处理。同时具备以下四个条件时，招生就业工作处方予受理：①经核查，协议书确实属于遗失者；②招生就业工作处收到毕业生的申请书两个星期以上；③毕业生须交纳相当于违约金数额的费用。

6）凡是通过地方或部委毕业生就业工作主管部门与用人单位签订三方协议的毕业生，签约时可使用他们提供的毕业生就业协议书，但是毕业生回校后，必须与学校补签三方协议。毕业生如果另有选择，则必须与原签约单位解除所签订的协议。

3. 就业协议的签订程序

1）毕业生先按协议书的"说明",填好协议书中由毕业生填写的内容。

2）毕业生与用人单位达成就业协议后,毕业生在协议书上签名或盖章,用人单位在协议书上签署意见并盖公章。

3）用人单位报上级主管部门审批、签署意见、加盖公章。

4）用人单位在与毕业生签署协议之日起的十个工作日内将协议书寄送学校就业指导中心。

5）学校就业指导中心签证后加盖公章,将协议书反馈给用人单位和毕业生本人,同时列入就业建议方案。

4. 就业协议的解除和违约

(1) 就业协议的解除　为了维护三方协议的严肃性和学校的声誉,毕业生与用人单位签订了三方协议后,毕业生和用人单位都应认真履行协议。倘若毕业生因特殊原因要求违约,应承担违约责任。已签订三方协议的毕业生,如要违约,需办理解约手续。解约的具体流程是:

1）到原签协议书的单位办理书面同意的解约函（盖单位公章）。

2）向学校毕业生就业工作部门提出书面申请（阐明解约理由）,并附上单位及上级人事主管部门审核同意的解约函,交招生就业办。

3）学校毕业生就业工作部门根据有关规定审批换发新的三方协议。

三方协议的解除分为单方解除和双方解除。

单方解除,包括单方擅自解除和单方依法或依协议解除。单方擅自解除协议,属违约行为,解约方应对另一方承担违约责任。单方依法或依协议解除,是指一方解除三方协议有法律上的或协议上的依据,如学生未取得毕业资格,用人单位有权单方解除就业协议,毕业生录用之后,可解除三方协议,或依协议规定,毕业生未通过用人单位所在地组织的公务员考试,用人单位有权解除协议,此类单方解除,解除方无须对另一方承担法律责任。

双方解除是指毕业生和用人单位双方经协商一致,解除原订立的协议,使协议不发生法律效力。此类解除是双方当事人真实意思表达一致的体现,双方均不承担法律责任,双方解除应在就业计划上报主管部门之前进行,如就业派遣计划下达后双方解除,还须经主管部门批准办理调整改派。

(2) 违约　三方协议一经毕业生、用人单位签署即具有法律效力,任何一方不得擅自解除,否则违约方应向权利受损方支付协议条款所规定的违约金。从实际情况来看,就业违约多为毕业生违约。

毕业生违约,除本人应承担违约责任,支付违约金外,往往还会造成其他不良的后果,主要表现在:

1）就用人单位而言,用人单位往往为录用一个毕业生做了大量的工作,有的甚至对毕业生将要从事的具体工作也有所安排。同时毕业生就业工作时间相对比较集中,一旦毕业生因某种原因违约,势必使用人单位的录用工作付之东流,用人单位若另起炉灶,选择其他毕业生,在时间上也不允许,从而使用人单位的工作陷入被动局面。

2）就学校而言,用人单位往往将毕业生违约行为认为是学校的行为,从而影响学校和用人单位的长期合作关系。用人单位由于毕业生存在违约现象,而对学校的推荐工作表示怀疑。如果某个学校毕业生违约的情况比较严重，会影响用人单位在学校的后续招聘计划。面对激烈的就业竞争，用人单位需求就是毕业生择业成功的前提，如此下去，必定影响今后学校的毕业生就业工作。毕业生违约同时也会对学校就业计划方案的制订和上报造成影响，并影响学校派遣工作的正常进行。

3）就其他毕业生而言，用人单位到校挑选毕业生，一旦与某毕业生签订就业协议，就不可能再录用其他毕业生。若日后该毕业生违约，有些当初希望到该用人单位工作的其他毕业生由于录用时间等原因，也无法补缺，造成就业信息的浪费，影响其他毕业生就业。

由此可见，毕业生违约对用人单位、学校和自身都会产生不利影响。因此，在就业过程，大学毕业生应慎重选择就业单位，一旦签订就业协议，认真履约，尽可能不要违约。

二、签订劳动合同

根据《中华人民共和国劳动法》（以下简称《劳动法》）第十六条第一款规定，劳动合同是劳动者与用人单位之间确立劳动关系，明确双方权利和义务的协议。根据这个协议，劳动者加入企业、个体经济组织、事业组织、国家机关、社会团体等用人单位，成为该单位的一员，承担一定的工种、岗位或职务工作，并遵守所在单位的内部劳动规则和其他规章制度；用人单位应及时安排被录用的劳动者工作，按照劳动者提供劳动的数量和质量支付劳动报酬，并且根据劳动法律、法规规定和劳动合同的约定提供必要的劳动条件，保证劳动者享有劳动保护及社会保险、福利等权利和待遇。订立和变更劳动合同，应当遵循平等自愿、协商一致的原则，不得违反法律、行政法规的规定。劳动合同依法订立即具有法律约束力，当事人必须履行劳动合同规定的义务。

1. 劳动合同的内容

根据《中华人民共和国劳动合同法》的规定，劳动合同的内容可以分为两个部分：必备条款和补充条款。

（1）劳动合同的基本内容　必备条款也叫法定条款，就是在劳动合同中必须具备的内容，又分为一般法定条款和特殊法定条款。

1）一般法定条款。一般法定条款包括7个方面的内容：①劳动合同的期限，即合同开始和结束的时间，如合同期限规定为"本劳动合同从2016年3月20日生效，到2017年1月20日结束"；②工作内容，即规定就业者在该单位做什么工作；③劳动保护和劳动条件，如建筑工人应该发放安全帽，高空作业有哪些保护措施等；④劳动报酬；⑤劳动纪律；⑥劳动合同终止的条件，如合同到期终止，或者就业单位出现破产停业等情况终止合同，或者就业者出现特殊情况要求终止合同等，以及终止合同时双方应该承担的责任；⑦违反劳动合同的责任。

2）特殊法定条款。由于某些劳动合同的特殊性，法律要求某一种或者某几种劳动合同必须具备的条款。例如，中外合资经营企业和私营企业的劳动合同中应该包括工时和休假的条款。

（2）补充条款　补充条款是劳动双方协商约定的内容，也叫商定条款，是双方当事人在签订合同时，互相商量定下的条款。劳动双方在签订补充条款时，要注意条款内容不能与国家的法律法规抵触，不能危害国家、组织或个人的权益。

2. 劳动合同的法律效力

劳动合同经双方当事人签字或盖章后就具有法律效力。《劳动法》第十八条的规定，违反法律和行政法规的劳动合同和采取欺诈、威胁等手段订立的合同都是无效合同。劳动合同的无效，由劳动合同争议仲裁委员会或者人民法院确认。引起劳动合同无效的原因一般有以下几种：

（1）合同主体不合格　如受雇一方提供了假学历、学位、专业资格证书，聘用单位不具备招聘资格等。

（2）合同内容不合法　即劳动合同有悖法律、法规及善良风俗，或是损害了国家及社会的公共利益等。

（3）违背真实意愿　采取欺诈、威胁等手段订立的劳动合同，违背一方的真实意愿，因而是无效的。

（4）合同形式不合法　即劳动合同未采取书面形式、当事人也未实际履行主要义务，或者依法应当签订的劳动合同没有签订等。

3. 劳动合同签订的基本原则

我国《劳动法》规定，订立和变更劳动合同，应遵循平等自愿、协商一致的原则，不得违反法律、行政法规的规定。《劳动法》明确了劳动者与用人单位签订劳动合同必须遵循的基本原则：

（1）平等自愿原则　平等自愿原则是劳动合同订立的基础和基本条件。平等指双方当事人法律地位平等。自愿指劳动者与用人单位自由表达各自意志，主张自己的权益和意愿，任何一方都不得强迫对方接受其意志。大学毕业生应依据法律规定，完全出于自己的意愿与用人单位签订劳动合同，在劳动合同上签字以前，要仔细阅读合同条款，对内容含糊的条款要坚持改写清楚，维护自己的合法权益。

（2）协商一致原则　协商一致原则是指劳动合同的各项条款是经过平等协商、取得一致意见后签订的。在订立合同的过程中，劳动者与用人单位双方对劳动合同的内容、期限等条款进行充分协商，达到双方对劳动权利、义务的意思表达一致。

（3）合法原则　合法原则指劳动合同的签订要遵守国家法律、行政法规的原则。劳动者和用人单位在订立劳动合同时，不能违反国家法律、行政法规的规定，这是劳动合同得以有效并受法律保护的前提条件。任何一方面不合法的劳动合同，都是无效合同。

4. 劳动合同签订时的注意事项

1）毕业生应及时与用人单位签订劳动合同（大学生常错误地认为三方协议就是劳动合同或越过三方协议直接签合同）。

2）明确合同的必备条款。

3）毕业生有知情权，应了解用人单位相关的规章制度。

4）签订劳动合同，贵在协商，重在约定。

5）双方可以约定试用期，但不能无视法律的规定。

6）明确违约金的设立依据。

三、三方协议和劳动合同的区别

三方协议与劳动合同都是用人单位录用毕业生时所订立的相关书面协议，但两者分处两

个相互联系的就业阶段。二者的区别具体表现在:

1. 签订的相关主体不同

三方协议是毕业生在校时,由学校参与见证的,与用人单位协商签订的,是编制毕业生就业计划方案和毕业生派遣的依据,而劳动合同是毕业生与用人单位明确劳动关系中权利义务关系的协议,学校不是劳动合同的主体,也不是劳动合同的见证方。

2. 内容不同

三方协议的内容主要是毕业生如实介绍自身情况,并表示愿意到用人单位就业,用人单位表示愿意接收毕业生,学校同意推荐毕业生并列入就业计划进行派遣,是毕业生和用人单位关于将来就业意向的初步约定,对于双方的基本条件以及即将签订劳动合同的部分基本内容大体认可。而劳动合同的内容涉及劳动报酬、劳动保护、工作内容、劳动纪律等方方面面,更为具体,对劳动权利义务的规定更为明确。

3. 签订顺序不同

一般来说,就业协议书签订在前,劳动合同订立在后。如果毕业生与用人单位就工资待遇、住房等有事先约定,亦可在三方协议备注条款中予以注明,日后订立劳动合同对此内容应予认可。

第三节 大学生求职就业过程中的侵权行为

大学生在就业过程中,由于求职心切,往往忽视了对用人单位行为的甄别,不注意保护自己的合法权益,给自己带来损失和伤害。大学毕业生在求职就业过程中遇到的侵权行为有以下几种情况。

一、就业歧视

就业歧视是指用人单位基于工作性质之外的因素,在没有合法原因或正当理由的情形下,对求职过程中的大学生进行区别对待的行为。《中华人民共和国就业促进法》(以下简称《就业促进法》)规定,用人单位招用人员、职业中介机构从事职业中介活动,应当向劳动者提供平等的就业机会和公平的就业条件,不得实施就业歧视。但在人力资源市场上,就业歧视现象仍然较为普遍。其中,用人单位对大学毕业生在性别、外貌、地域及毕业学校等方面的歧视最为普遍。除此以外,歧视因素还包括地域、宗教、政治见解、民族、社会出身、户籍、残障或身体健康状况、年龄、身高、语言等。这些就业歧视行为侵害了大学毕业生的平等就业权,违背了公平就业原则,已为法律明文禁止,而更多的歧视行为则有待于立法予以规范。

1. 就业歧视的类型

用人单位对大学毕业生的就业歧视主要表现在性别、毕业院校、残疾、传染病等方面。用人单位在这些方面设立不合理的门槛,对不符合要求的大学生区别对待。

(1)性别歧视 根据《劳动法》和《就业促进法》的规定,民族歧视、种族歧视、性别歧视和宗教信仰歧视均在法律明文禁止之列。在我国,民族歧视、种族歧视和宗教信仰歧视较为罕见,但性别歧视却非常普遍。为此,《就业促进法》进一步规定,国家保障妇女享有与男子平等的劳动权利;用人单位招用人员,除国家规定的不适合妇女的工种或者岗位外,不得以性别为由拒绝录用妇女或者提高对妇女的录用标准;用人单位录用女职工,不得在劳动合同中规定限制女职工结婚、生育的内容。但有些用人单位在招聘人员时,随意设立性别条件,如明确说明不招聘女性等,这种行为是不符合相关规定的。

(2) 残疾歧视　因残疾人存在某些生理缺陷,用人单位往往不愿意录用残疾人。为保障残疾人的就业权益,《就业促进法》规定,用人单位招用人员,不得歧视残疾人。

(3) 传染病歧视　传染病原携带者虽被病毒感染,也具有传染性,但在日常工作、社会活动中不会对周围人群构成威胁。但由于公众对传染病原存在认识上的误区,造成侵害传染病原携带者就业权益的事件时有发生。为此,《就业促进法》规定,用人单位招用人员,不得以是传染病原携带者为由拒绝录用。

在大学生就业市场上,除了上述法律明文禁止的就业歧视外,还有大量的其他歧视行为,如身高相貌歧视、年龄歧视、学历歧视、地域歧视、工作经验歧视等,这些歧视行为虽然尚未被国家法律明文禁止,但都在不同程度上损害了大学生就业权益,违背了公平就业原则。

2. 就业歧视的应对

在大学毕业生求职就业过程中,如果遇到各种各样的就业歧视,不应忍让,应该采取相应措施,维护自己的合法权益。

(1) 向劳动行政部门投诉　劳动行政部门是《就业促进法》实施情况的检查部门,按照规定,受理对违反《就业促进法》行为的举报,并及时予以核实处理。

(2) 向工会等社会组织求助　《就业促进法》规定,工会、共产主义青年团、妇女联合会、残疾人联合会以及其他社会组织协助人民政府开展促进就业工作,依法维护劳动者的合法就业权益。当大学生遭遇就业歧视时,可以向以上组织求助。

(3) 向人民法院起诉　用人单位违反《就业促进法》规定,实施就业歧视的,劳动者可以向人民法院提起民事诉讼。劳动者因就业歧视遭受财产损失或者其他损害的,可依法要求用人单位承担民事赔偿责任。

(4) 申请行政复议或提起行政诉讼　行政机关或其授权的组织的具体行政行为侵害劳动者平等就业权利的,劳动者可以依法向行政复议机关申请行政复议或者向人民法院提起行政诉讼。

首例艾滋病就业歧视案

2012 年 9 月 1 日,郑某入职广州某食品检验所,任技术研发部检验员。双方签订了 4 期劳动合同,每期均为一年,最近一期劳动合同期限至 2016 年 8 月 31 日。

2015 年,郑某报考广州某食品检验所事业单位工作人员招聘考试,顺利通过笔试、面试,但在体检过程中检查出 HIV 抗体阳性。广州某食品检验所依据《中华人民共和国传染病防治法实施办法》第十八条的规定,决定让郑某离岗休息。

经过劳动仲裁、一审法院判决后,广州市中级人民法院经审理后认为:虽然艾滋病毒尚未被人类攻克,但艾滋病毒的传播渠道是相对特定的,也是完全可以预防和控制的。艾滋病毒感染者、艾滋病人的合法就业权益应当受国家法律的平等保护。国家卫生行政主管部门认为,目前艾滋病不属于需要隔离治疗的传染病,我国艾滋病免费抗病毒治疗坚持自愿原则,所有感染者和病人开始治疗前均需签署知情同意书，不强制实施。早在《中华人民共和国传染病防治法》2004年修订时，艾滋病已被归类为乙类传染病，无须隔离治疗。《中华人民共和国传染病防治法实施办法》第十八条关于艾滋病毒感染者及艾滋病人需要隔离治疗的规定已经被修正。广州某食品检验所以郑某HIV抗体阳性为由要求郑某离岗休息，属于不提供劳动条件及变更劳动合同的行为，未与劳动者协商一致，不符合法律规定。

据此，做出终审判决：撤销一审判决；确认广州某食品检验所做出的离岗休息决定违法；驳回郑某的其他诉讼请求。

二、试用期侵权

试用期侵权是指用工单位对本单位处于试用期的员工实施的侵权行为。试用期是劳动合同内容的约定条款，是指用人单位和劳动者在建立劳动关系后为相互了解、选择而约定的不超过六个月的考察期。

1. 法律规定的员工的试用期权益

（1）试用期时限　按照《中华人民共和国劳动合同法》（以下简称《劳动法》）的规定，劳动合同期限三个月以上不满一年的，试用期不得超过一个月；劳动合同期限一年以上不满三年的，试用期不得超过两个月；三年以上固定期限和无固定期限的劳动合同，试用期不得超过六个月；以完成一定工作任务为期限的劳动合同或者劳动合同期限不满三个月的，不得约定试用期。试用期也包括在劳动合同期限中。

（2）试用期辞职　根据《劳动法》的规定，劳动者在试用期内可以随时通知用人单位解除劳动合同（无须提前通知）。对于用人单位在劳动合同中对劳动者在试用期解除劳动合同需承担违约责任的约定，法律认为无效。

（3）试用期辞退　根据《劳动法》规定，劳动者在试用期间被证明不符合录用条件的，用人单位可以解除劳动合同，但解除条件时用人单位必须举证劳动者在试用期不符合录用条件，举证责任在用人单位而不在劳动者。

2. 试用期侵权行为

在大学毕业生求职过程中，经常会遇到用人单位的试用期侵权行为。

（1）"约定"试用期成为"规定"试用期　根据劳动法的规定，用人单位和劳动者应当协商一致签订劳动合同，但用人单位往往单方面拟订劳动合同的条款，几乎没有劳动者商量的余地。根据劳动法的有关规定，用人单位和劳动者在签订劳动合同中可以约定试用期，是"可以"不是"必须"，但现实中几乎没有劳动合同不约定试用期的，使约定型的试用期成为硬性的规定型试用期。

（2）试用期不签订劳动合同　用人单位只以口头或以其他形式与劳动者约定试用期，但不签订劳动合同。认为既然是试用期那么就不用正式签订劳动合同，这是违反劳动法关于试用期也是劳动合同期有关规定的，试用期双方发生劳动争议时，劳动者甚至连一纸约定也没有。

（3）单独签订试用期协议　《关于贯彻执行<中华人民共和国劳动法>若干问题的意见》第十八条规定，劳动者被用人单位录用后，双方可以在劳动合同中约定试用期，试用期应包括在劳动合同期限内。单独将试用期的约定从劳动合同中阉割出来是违反劳动法规定的。

（4）试用期协议摇身变为培训协议　试用期的劳动者往往需要培训上岗，因此用人单位需要支付培训成本，而此时的劳动者不能直接产生效益，于是用人单位和劳动者签订所谓的培训协议，偷梁换柱，以便少支付工资或者不支付工资，利用劳动者需要获得工作经验的心理，将试用期协议扭曲为培训协议。

（5）试用期变不定期　用人单位习惯于一律约定为三个月或六个月或者不定期的试用期，而不考虑劳动合同期限的长短。试用期适用于初次就业或再次就业时改变工作岗位或工种的劳动者，用人单位对工作岗位没有发生变化的同一劳动者只能试用一次。对于劳动部和劳动法对于试用期时间的规定，用人单位多不理会。

（6）试用期成为无保期　根据劳动法的规定，只要建立起劳动关系，就应当根据社会保险规定的缴纳比例为劳动者缴纳法定的各种社会保险，包括医疗保险、失业保险、生育保险、养老保险、工伤保险，住房公积金等。但用人单位多不给试用期的劳动者上社会保险，甚至将劳动合同更名为劳务合同规避缴纳社会保险的义务。

（7）试用期非法要求提供担保　用人单位对于新招聘的劳动者，由于不熟悉劳动者的品质等具体情况，于是要求劳动者提供保证人或者缴纳保证金，以统一保管的名义变相扣押劳动者的身份证件、学历证件、资格证件等，这些都是违反国家明文规定的。

（8）任意行使试用期劳动关系解除权　《劳动法》第二十五条规定，劳动者在试用期间被证明不符合录用条件的，用人单位可以解除劳动合同。法律规定了用人单位举证证明劳动者在试用期间不符合录用条件的举证责任。但很多用人单位认为在试用期内完全可以随时解除劳动合同，且无须支付经济补偿金。

（9）不当限制劳动者的劳动合同解除权　《劳动法》第三十二条的规定，劳动者在试用期内可以随时通知用人单位解除劳动合同。劳动法赋予了劳动者试用期随时无条件解除劳动合同的权力。有的用人单位在合同中约定劳动者在试用期解除合同需承担违约责任，甚至将一些常规培训的费用也作为解除劳动合同时应当赔偿的内容，或者随意约定大额的违约金。用人单位在劳动合同中约定劳动者在试用期解除合同有附加条件实际上限制了劳动者的解除权。

（10）试用期薪酬无保障　试用期的工资往往不高，但是最低工资标准有明确的规定，试用期工资再低也不得低于当地最低的工资标准。有的用人单位将最低工资标准和最低生活保障想混淆。甚至有的用人单位认为试用期间属于培养期，所以不支付薪酬，试用期变免费期。

（11）试用期变无培训期　试用期不进行上岗培训也是对劳动者权利的侵害表现之一。根据劳动法的规定，用人单位有对劳动者进行培训的义务，劳动者有受到必要的培训的权利，但是一些用人单位存在无训上岗，甚至认为试用期对劳动者进行培训是超前投入，导致许多劳动者对自己将要从事的工作性质及相关情况完全不知或知之甚少，这对那些从事有职业病危害工作的劳动者尤其不公平。

三、不正当的合同签署

在大学毕业生求职就业过程中，一定会遇到劳动合同签订的问题。在签订劳动合同时，往往也会遇到用人单位的不正当行为。

1. 口头约定

在确定就业意向之后，必须和用人单位签订劳动合同，不能用三方协议取代，对于广大大学毕业生来讲，及时地签订书面的劳动合同能更好地维护我们自身的合法权益。

2. 威胁性合同

这类带有威胁性的劳动合同，其实就是"霸王合同"。这类合同是用人单位利用大学生在就业市场中的弱势地位，以某个条件相威胁，迫使大学毕业生在违背自己真实意愿的情况下签订。

3. 非自由合同

非自由合同是指一些用人单位在合同中要求就业者必须一切行动都服从公司的安排。就业者签订了这类合同，就如同签了卖身合同，在工作中就不得不无条件地接受加班和其他一切指令。这类合同剥夺了就业者的休息权、休假权，有的用人单位甚至出现了任意辱骂、殴打、拘留就业者等严重问题。

4. 格式合同

指用人单位按照国家有关规定和劳动部门签订的合同示范文本，表面看无可挑剔，但在具体条款上却表述含糊，一旦发生劳动纠纷，用人单位就可能借此为自己辩护。

5. 其他侵权行为

除了以上的侵权行为，用人单位往往还有其他的侵权行为：

（1）泄露隐私　用人单位在招聘时，可以合法获得毕业生的资料档案，但有义务对其保密，否则将构成侵权。特别是在网络招聘中，大学生会在网络上留下自己的信息资料，虽然这些信息属于个人隐私，不经本人同意不得公开，但网络的不稳定性，很可能使这些信息成为侵害当事人或谋取商业利益的一种工具。所以，大学毕业生在求职中，要注意保护自己的隐私权。

（2）盗用知识产权　一些用人单位在招聘时，会以验证个人才华为由向毕业生索要个人作品、工作设计等，获取毕业生的智力成果，非法为自己所用。因此，大学毕业生在求职时，要注意不要让用人单位轻易复制自己的作品，如需交付作品，应注意要求用人单位立下字据，以便在产生纠纷时作为证据维护自己的合法权益。

目前，在大学生就职就业市场上，有很多就业中介结构，这些中介机构有的是不法分子为谋求暴利而设立的机构。他们通过对外宣传，虚设一些企业信息及招聘岗位，对求职者收取中介费用后，敷衍了事甚至人间蒸发，给求职者带来巨大损失和伤害。因此，毕业生在求职时，一定要注意关注中介机构的资质和信誉，谨防因求职心切，上当受骗。

遭遇"中介陷阱"

案例：

刚从学校毕业的小王日前通过中介介绍来到一家公司应聘。但令他奇怪的是，公司负责人对他的简历、学历并不太感兴趣，而只是让他支付230元的报名费，并承诺只要报名就可以上岗。然而，当小王付清费用之后，却被告知没有通过面试，这才感到自己上当受骗了。

解析：

以招聘名义收取报名费是招聘骗子最常用的欺骗手法。这些公司在招聘时候常常不查看任何学历证明，甚至不安排任何面试，而只是要求求职者支付诸如信息费、报名费、登记费、资料费、推荐费、注册费等名目繁多的费用。一些中介和用人单位甚至招聘一些子虚乌有的岗位，以吸引求职者前往。如果有应聘者前往，就不仅要在中介公司支付介绍费，到公司进行"面试"或者被"录用"时还要缴纳报名费、手续费等。而当用人单位和中介公司装满了自己的"钱袋"之后，就会找出各种理由将应聘者"辞掉"。

建议：

如果你想通过中介机构求职，最好通过政府开办的职业介绍机构或者知名的营利性中介机构求职。如果是营利性的职业介绍机构，一定要同时具有企业法人营业执照和职业介绍许可证或人才中介服务许可证、税务登记证、收费许可证等证照。在面试之前，最好能了解到公司的资质和规模。如果发现其规模很小，就需要提高警惕。如果需要支付费用，一定要索要发票或者收据，并应当留意发票上财务专用章的单位名称和公司实际名称是否一致。

同时，提醒求职者在应聘时还需提防"暗箭伤人"。有些不法分子在报纸上刊登招聘信息，却是"醉翁之意不在酒"。他们的目的不在于招聘人才，而是诱使应聘者递交个人资料，然后假冒他人身份到银行申办信用卡，最后拿着卡疯狂透支消费。因此，求职者千万不要心存"撒大网捞大鱼"的心理，要有目的、有针对地应聘，对自身资料要加强保密。如果遇到无证照或者证照不全的黑中介，应及时向相关的劳动保障部门、工商管理部门或公安部门反映，有关部门可以根据相应管理条例规定对其进行处罚，所收介绍费用可退还本人。

第四节 人事代理和社会保险

一、人事代理

人事代理是与社会主义市场经济体制相配套的新型人事管理模式，是指政府人事部门所属人才服务机构受单位或个人委托，运用社会化服务方式和现代科技手段，按照一定的法律程序和政策规定，代办有关人事业务。

1. 毕业生人事代理

它是一种人力资源外包形式，是企业根据需求将一项或多项人力资源管理工作或职能外包出去，由专业的第三方代理。人事代理实现人事关系管理和人员使用分离，即单位管用人，而一些具体的人事管理工作，如档案管理、计算工龄、评定职称、社会保险等，由人才交流中心代管。人事代理可以高效、公正、负责地为各类毕业生解决在择业、就业中遇到的人事方面的有关问题，并提供以档案管理为基础的社会化人事管理与服务。

2. 毕业生需要办理人事代理的情况

1）凡通过双向选择，择业期内已同外资企业、股份制企业、私营企业等非国有单位（没有直接档案接收权的单位）和实行聘用制的行政、事业及国有企业单位签订三方协议的毕业生或在以上单位工作但尚未签订三方协议的毕业生。

2）择业期内暂未落实就业单位、准备复习考研、自费出国留学、自主创业、自主择业等各类毕业生。

3. 人事代理的服务项目和益处

（1）档案转递和落实户口　一方面，妥善解决了档案及户口托管问题，实现了用人单位对聘用毕业生和管理人事关系的分离，有利于单位实现用人自主权；另一方面，对毕业生个人来说，有利于促进人才流动，实现自主择业。

（2）保障自身各项权益　可以享受到与国有单位工作人员相同的人事待遇，一旦毕业生正式进入国有单位，可享受转正定级、干部身份的保留、工龄的计算、档案工资调整、职称资格评定等待遇。对毕业生的资历认定、提高待遇和核定工资等具有重要意义，不会出现断档情况。

（3）方便改签和办理人事调动手续　在择业期内，委托代理机构为改签的毕业生办理户口迁移和档案提取手续；超过择业期并涉及工作调动的，委托代理机构凭毕业生所持正式手续，协助为其办理户口迁移和档案提取手续。

（4）出具相关证明　涉及考研升学、结婚生育、参加养老保险、党组织关系的毕业生，依据有关规定，委托代理机构可为其出具以档案材料为依据的相关人事证明等，并协助为其办理相关手续。

4. 毕业生档案代理和求职注意事项

1）毕业生在办理档案代理时，应注意办理单位是否为国家主管部门正式批准成立的代理机构，防止非法中介或非正常渠道办理人事代理手续，给自己造成不必要的麻烦，甚至上当受骗。

2）毕业生应在择业期内（毕业后两年）及时落实档案及户口。若在毕业几个月或一年后才办理人事代理，国家认可的"参加工作时间"就会滞后，工龄就会受到影响，进而影响其此后的转正定级和职称晋升等。

3）毕业生在择业期内没有及时落实户口、人事关系，在超过择业期后，将会给落实户口、档案迁转、相关证明出具等工作造成不必要的麻烦。

4）毕业生同用人单位签订三方协议或劳动合同，要注意招聘单位的真实性和招聘信息的可靠性，以免给自身和用人单位造成不必要的损失，给后期人事档案代理带来不必要的麻烦。

二、社会保险

社会保险是指国家通过立法强制建立社会保险基金，对建立劳动关系的劳动者在丧失劳动能力或失业时给予必要的物质帮助的制度。社会保险不以营利为目的。

1. 社会保险的种类

社会保险包括养老保险、医疗保险、工伤保险、失业保险和生育保险，是法定的，具有强制性。

（1）养老保险　养老保险，全称社会基本养老保险，是国家和社会根据一定的法律和法规，为解决劳动者在达到国家规定的解除劳动义务的劳动年龄界限，或因年老丧失劳动能力退出劳动岗位后的基本生活而建立的一种社会保险制度。

养老保险是社会保障制度的重要组成部分，是社会保险五大险种中最重要的险种之一。养老保险的目的是为保障老年人的基本生活需求，为其提供稳定可靠的生活来源。

（2）失业保险　失业保险是指国家通过立法强制实行的，由用人单位、职工个人缴费及国家财政补贴等渠道筹集资金建立失业保险基金,对因失业而暂时中断生活来源的劳动者提供物质帮助以保障其基本生活,并通过专业训练、职业介绍等手段为其再就业创造条件的制度。

失业保险是社会保障体系的重要组成部分,是社会保险的主要项目之一。

(3)医疗保险 医疗保险一般指基本医疗保险,是为了补偿劳动者因疾病风险造成的经济损失而建立的一项社会保险制度。通过用人单位与个人缴费,建立医疗保险基金,参保人员患病就诊发生医疗费用后,由医疗保险机构对其给予一定的经济补偿。

基本医疗保险制度的建立和实施集聚了单位和社会成员的经济力量,再加上政府的资助,可以使患病的社会成员从社会获得必要的物资帮助,减轻医疗费用负担,防止患病的社会成员"因病致贫"。

(4)工伤保险 工伤保险又称职业伤害保险。工伤保险是通过社会统筹的办法,集中用人单位缴纳的工伤保险费,建立工伤保险基金,对劳动者在生产经营活动中遭受意外伤害或职业病,并由此造成死亡、暂时或永久丧失劳动能力时,给予劳动者及其实用性法定的医疗救治以及必要的经济补偿的一种社会保障制度。这种补偿既包括医疗、康复所需费用,也包括保障基本生活的费用。

(5)生育保险 生育保险是国家通过立法,在怀孕和分娩的妇女劳动者暂时中断劳动时,由国家和社会提供医疗服务、生育津贴和产假、对生育的职工给予必要的经济补偿和医疗保健的社会保险制度。我国生育保险待遇主要包括两项。一是生育津贴,二是生育医疗待遇。

2. "五险一金"

"五险一金"是指用人单位给予劳动者的几种保障性待遇的合称,包括养老保险、医疗保险、失业保险、工伤保险、生育保险和住房公积金。

2016年3月23日,我国"十三五"规划纲要提出,将生育保险和基本医疗保险合并实施。这意味着,未来随着生育保险和基本医疗保险的合并,人们熟悉的"五险一金"或将变为"四险一金"。

社会保险制度在不断地改革,2017年社会保险的变化有:养老金继续上调;养老保险基金开始投资运营;生育、医疗保险试点合并实施;失业保险费率降低、失业金提高、拟为失业人员代缴养老、医疗保险;工伤保险待遇每两年至少调整一次等。

大学毕业生在求职就业时,要关注企业社会保险费的缴纳情况。单位不为员工办理基本养老保险,是违反《劳动法》的;有些单位薪酬比较高,让毕业生以个人名义参保,毕业生也应主动参保。

 **高校毕业生参加社会保险有哪些权利?**

参加社会保险的个人享有哪些权利?

答:高校毕业生依法缴纳社会保险费后,享有以下权利:

1)有权依法享受社会保险待遇。

2)有权监督本单位为其缴费情况。

3)有权免费向社会保险经办机构查询、核对其缴费和享受社会保险待遇权益记录。

4) 有权要求社会保险经办机构提供社会保险咨询等相关服务。

5) 对侵害自身权益和不依法办理社会保险事务的行为，有权依法申请行政复议或者提起行政诉讼。

此外，还有权对违反社会保险法律、法规的行为进行举报、投诉。

训练项目一　识别与应对就业陷阱

一、训练内容

识别与应对就业陷阱主要是通过了解求职陷阱，掌握应对求职风险的方法。

目前，有一些用人单位和职业中介机构利用大学生急于找到工作的心理，设置了各种各样的就业陷阱。包括高薪高职许诺陷阱、非法中介陷阱、网上求职骗局、"试用期"陷阱、口头约定陷阱和收益陷阱。在就业中，大学生应该能够分辨各种各样的陷阱和骗局，并利用法律武器和手段规避风险，保护自身合法权益。

就业陷阱是指用人单位在大学生求职过程中，利用大学生欠缺社会经验，通过隐瞒、欺骗等各种手段侵犯大学生人身财产利益的行为。

(1) 廉价试用期　新《劳动法》规定：试用期最长不得超过六个月。一些用人单位拖延试用期时间；一些用人单位在试用期满后以不合格的名义克扣试用者工资，甚至解聘试用者；一些用人单位在试用期间向毕业生收取培训费，这些都是违法行为。

(2) 合同陷阱　如口头约定、非自由合同、带有威胁性质的"霸王合同"，这些合同一般是以某个条件为威胁，迫使就业者在违背自己真实意愿的情况下签订。

(3) 招聘陷阱　某些用人单位为吸引人才，发布的招聘信息与实际情况严重不符，比如夸大公司实力、虚设职位、虚拟高薪待遇等。这些单位利用毕业生就业时期望"三高（高薪、高福利、高职位）"的心态，侵犯毕业生的知情权，甚至构成了严重的恶意欺骗。

二、训练步骤

就业陷阱识别和应对训练主要是要求学生能够识别求职过程中出现的就业"陷阱"，能够知道如何应对。进行求职工作的情景模拟，在收集相关信息和总结过程中，需要学生仍以小组为单位进行，通过团队合作，熟练应对求职陷阱的方法，并进行小组成员间的交流和班级内的交流，为学生求职就业做好准备。在这一环节，建议的训练流程为：

1. 分组

具体分组办法同第二章训练项目。

2. 团队建设

具体团队建设办法同第二章训练项目。

3. 教师讲解

教师讲解本章内容并以小组为单位分配任务。

4. 小组准备作业

小组成员收集求职陷阱的资料，并总结应对方法。在这一环节，每小组成员通过整理自己的各类求职陷阱资料，经过讨论，总结应对各类求职陷阱的方法。小组讨论作业、修改提交。

5. 报告展示

按照要求，根据小组讨论内容，整理发言资料。需要准备报告的 Word 和 PPT。

三、训练要求

具体训练要求同第二章训练项目。

四、考核办法

具体考核办法同第二章训练项目。

训练项目二　熟悉劳动争议的处理方式

一、训练内容

劳动争议的解决方法。劳动争议也称劳动纠纷，是指劳动法律关系双方当事人即劳动者和用人单位，在执行劳动法律、法规或履行劳动合同过程中，就劳动权利和劳动义务关系所产生的争议。根据《中华人民共和国劳动争议调解仲裁法》的规定，我国的劳动争议包括以下六类：

1）因确认劳动关系发生的争议。
2）因订立、履行、变更、解除和终止劳动合同发生的争议。
3）因除名、辞退和辞职、离职发生的争议。
4）因工作时间、休息休假、社会保险、福利、培训以及劳动保护发生的争议。
5）因劳动报酬、工伤医疗费、经济补偿或者赔偿金等发生的争议。
6）法律、法规规定的其他劳动争议。

我国《劳动法》规定，大学生在就业过程中，遇到劳动争议，解决的方式主要有协商、调解、仲裁和诉讼四种。发生劳动争议，当事人双方可以协商解决；当事人不愿协商、协商不成或者达成协商协议后不履行的，可以向调解组织申请调解；不愿调解、调解不成或者达成条件协议后不履行的，可以向劳动争议仲裁委员会申请仲裁；对仲裁裁决不服的，除《中华人民共和国劳动争议调解仲裁法》另有规定外，可以向人民法院提出诉讼。人民法院审理劳动争议实行两审终审。

二、训练步骤

在这一环节，各个小组根据我国劳动争议的六类劳动争议，课下收集一个劳动争议的典型案例并进行具体分析，通过小组讨论，总结这一劳动争议的解决方法和法律依据。

1. 分组

具体分组办法同第二章训练项目。

2. 团队建设

具体团队建设办法同第二章训练项目。

3. 教师讲解

教师讲解本章内容并以小组为单位分配任务。

4. 小组准备作业

在这一环节，建议的训练流程为：①收集现实生活中劳动争议的案例，在这一环节，各个小组成员收集具体的劳动争议案例，通过小组内讨论沟通，选择不同类型的劳动争议的典型案例，针对具体案例，分析当大学生与用人单位发生劳动争议时如何解决；②小组讨论作业、修改提交，在这一环节，小组需要整理资料，准备作业报告的 Word 和 PPT。

5. 报告展示

具体报告展示办法同第二章训练项目。

三、训练要求

具体训练要求同第二章训练项目。

四、考核办法

具体考核办法同第二章训练项目。

辅助材料

一、我国劳动合同法中关于试用期的规定

1）劳动合同期限不满三个月的，不得设立试用期。

2）劳动合同期限满三个月不满一年的，试用期不得超过一个月。

3）劳动合同期限满一年不满三年的，试用期不得超过两个月。

4）劳动合同期限在三年以上的，试用期不得超过六个月。

5）不得要求毕业生在试用期内承担违约责任。

6）违反国家规定的行为：①在试用期内无正当理由辞退毕业生；②以见习期代替试用期；③约定两个试用期；④续约劳动合同的同时重复约定试用期；⑤仅仅订立一份试用期合同，不签订劳动合同；⑥试用期工资低于当地的最低工资。

二、我国劳动合同法实施细则中关于劳动合同的相关规定

用人单位招用劳动者应当自用工之日起一个月内订立书面劳动合同。从第二个月到第十二个月内订立书面劳动合同的，用人单位应当向劳动者每月支付两倍的工资。从第十二个月开始，视为与劳动者订立了无固定期限劳动合同，不再支付二倍的工资。劳动合同到期后未续签劳动合同，劳动者继续为用人单位提供劳动的，按照上述规定执行。

劳动者试用期的工资不得低于用人单位所在地最低工资标准，并且不得低于本单位相同岗位最低档工资，或者劳动合同约定工资的80%。

用人单位招用同一劳动者，无论岗位是否变更，劳动合同是否续签，或者终止一段时间后再次录用的，都不能再次约定试用期。

三、大学生就业权益保护的相关法规

劳动就业相关法律法规有：《中华人民共和国劳动法》《中华人民共和国就业促进法》《中华人民共和国劳动合同法》《中华人民共和国劳动争议仲裁调解法》《中华人民共和国劳动合同实施条例》《工资支付暂行规定》《就业服务与就业管理规定》《职工带薪年休假制度》

四、相关案例

1）小王2015年7月毕业后在上海的一家合资公司任职，与公司签订的正式合同于2016年6月30日到期，之后就没有再续签书面正式合同。2016年8月25日，公司书面提出不再与其续约，工作期限至2016年9月25日，并且没有任何经济补偿。

小王的问题是：他是否可以向仲裁申请要求公司给予2个月的经济补偿？事实用工是否可以被视为原合同继续生效？

案例分析：

《劳动合同法》第四十条规定，有下列情形之一的，用人单位提前30日以书面形式通知劳动者本人或者额外支付劳动者一个月工资后，可以解除劳动合同；劳动者不能胜任工作，经过培训或者调整工作岗位仍不能胜任工作的，用人单位与劳动者协商一致，可以解除劳动合同。

经济补偿的依据：

经济补偿按劳动者在本单位工作的年限，每满一年支付一个月工资的标准向劳动者支付。六个月以上不满一年的，按一年计算；不满六个月的，向劳动者支付半个月工资的经济补偿。

2) 2015年5月，河南某大学与某市某企业签订了实习协议，双方约定：该大学向这家企业提供实习学生58名，企业对实习学生进行实习教学，实习期限为2015年5月8日至11月7日。今年5月郑某等3人被学校委派到该企业实习，从事技术员工作。7月1日，3位学生在学校正常领取了大学毕业证书。随后3人提出，他们已经属于毕业生，而不再是学校委派的实习生，企业应当给予他们正常劳动者的待遇，但此要求遭到企业拒绝。学校和企业都认为只有实习期满才能获得正式员工的待遇。9月24日，3位毕业生决定离开该企业，但该企业坚持不向3人发放9月份工资，双方为工资给付等问题产生了劳动争议。此后，3位毕业生向该市市劳动争议仲裁委员会申请仲裁，该委员会认为此案不属于其受理范围，于10月23日发出不予受理通知书。10月26日，3人向该市人民法院提起诉讼。受理案件后，办案法官最终使双方达成调解协议。12月27日，郑海等3位毕业生拿到了应得的工资。

案例分析：

第一，"实习协议"不是"劳动合同"。案例中某大学跟某企业签订了实习协议，为企业提供58名大学生进行实习。在这案例中，他们所签订的是实习协议，这是有别于劳动者与企业所签订的劳动合同的，是属于劳务合同。

劳务合同是一种以劳务为标的的合同类型。而《劳动法》第十六条规定，劳动合同是劳动者与用人单位建立劳动关系、明确双方权利和义务的协议。

劳动合同与劳务合同经常被人所混淆，但其实它们之间是存在着区别的。其中劳动合同与劳务合同在确定报酬的原则上有不同。在劳动合同中，用人单位按照劳动的数量和质量及国家的有关规定给付劳动报酬，体现按劳分配的原则。而劳务合同中的劳务价格是按等价有偿的市场原则支付，完全由双方当事人协商确定。

企业不愿支付大学生的工资就是凭着他们之间签的不是劳动合同，雇主不需按照国家规定的《劳动法》为大学生提供报酬，和按照正式员工的待遇对待大学生。

但如果按照案例中的"实习协议"约定，学生只有等实习期满后才能获得正式员工待遇。双方约定的所谓"实习期"，既包含了毕业前的时间，又包含了毕业后的时间，这显然违反了《劳动合同法》的规定。实习学生毕业后若继续在企业工作，应当签订劳动合同，按照相关规定享受正常劳动者待遇。《合同法》规定，合同如若违反法律、行政法规的强制性规定，应属无效。

第二，诉求有法可依。原劳动部颁发的《关于贯彻执行〈中华人民共和国劳动法〉若干问题的意见》第十二条规定："在校生利用业余时间勤工助学，不视为就业，未建立劳动关系，可以不签订劳动合同。"这一条文实际上明确否认了实习生的劳动者地位，因此在我国，实习生不享受正式劳动者地位、一般没有工资也就成了大家默认的一条"潜规则"。本案中，3

名大学生从 2009 年 5 月到 2009 年 6 月 30 日属于实习生,企业不按正式员工为其发放工资并不违法。但自 2009 年 7 月 1 日 3 名大学生拿到毕业证之日起,他们就属于毕业生,不再是学校委派的实习生,如果他们继续为该企业工作,那企业就必须给予他们正常劳动者的待遇。

《劳动合同法》第七条规定:"用人单位自用工之日起即与劳动者建立劳动关系。"《劳动合同法》第十条规定:"建立劳动关系,应当签订书面劳动合同。已建立劳动关系,未同时签订劳动合同的,应当自用工之日起一个月内订立书面劳动合同。"这一规定改变了以往以签订劳动合同作为建立劳动关系的标志,而以用工事实发生作为劳动关系的起始时间。因此,只要企业用工开始,即认为劳动者与企业已经确定了劳动关系,不管双方是否签订书面劳动合同,劳动者都应享受正式员工的待遇。

五、劳动争议调解申请书格式

劳动争议调解申请书格式见表 5-1。

表 5-1 劳动争议调解申请书

申请人				被申请人			
姓名 或单位名称				姓名 或单位名称			
单位性质				单位性质			
法定代表人 或主要负责 人姓名		性别		法定代表人 或主要负责 人姓名		性别	
		年龄				年龄	
身份证号		职务		身份证号		职务	
工作单位				工作单位			
住所或户籍 所在地址				住所或经营 地址			
联系电话		邮编		联系电话		邮编	
代理人姓名		性别		代理人姓名		性别	
身份证号		年龄		身份证号		年龄	
工作单位		职务		工作单位		职务	
联系电话		邮编		联系电话		邮编	
地址				地址			
申请调解 的事项	(申请调解的事项是指申诉要达到的目的和要求,申请人应具体写明)。						
事实和理由	(申请人应当说明争议的基本事实和主要调解请求及理由,包括申请人与被申请人之间何时建立劳动关系、劳动合同履行情况、争议发生时间、争议内容、请求事项的法律依据,以及证据、证据来源、证人姓名和住址)。						

此致

＿＿＿＿＿＿劳动争议调解委员会

申请人:＿＿＿＿＿＿ (本人签名或盖章)

年 月 日

填写说明

1) 本申请书样本是根据《中华人民共和国劳动争议调解仲裁法》有关规定而制作，供申请人使用。

2) 申请书应用钢笔、签字笔书写或打印。由正本和副本组成，副本份数应根据被申请人人数提交，由劳动争议调解委员会送达被申请人。

3) 事实和理由部分空格不够用时，可用同样大小纸续页。

4) 调解委员会应在接到劳动争议调解申请书 4 日内做出受理或不受理的决定，对不予受理的应向申请人说明理由。在 15 日内未达成协议的视为调解不成，当事人任何一方都可以向劳动争议仲裁委员会申请仲裁。

复习思考题

1. 大学生在就业过程中有哪些合法权益？
2. 大学生在签订三方协议和劳动合同时应注意哪些问题？
3. 大学生如何维护自己在就业活动中的合法权益？
4. 我国相关法律法规对大学毕业生就业权益有哪些规定？

创 业 篇

第六章

大学生创业能力培养训练

> 等待的方法有两种,一种是什么事也不做空等,一种是一边等一边把事业向前推动。
>
> ——屠格涅夫

引言

创业的本质是创业者整合资源、追逐机会的艰辛过程,也是创业团队学习和成长的过程。人是创业成功的第一要素,而创业者则发挥核心作用。创业活动是由创业者主导和组织的商业冒险活动。要成功创业,不仅需要创业者富有开创新事业的激情和冒险精神、面对挫折和失败的勇气与坚持以及各种优良的品质素养,还需要具备解决和处理创业活动中各种挑战和问题的知识和能力。创业之路充满艰险与曲折,自主创业就等于一个人去面对变化莫测的激烈竞争以及随时出现的需要迅速正确解决的问题和矛盾。这需要创业者具有非常强的素质和能力,并能够持续保持积极、沉稳的心态。苏轼说:"古之成大事者,不唯有超世之才,亦必有坚忍不拔之志。"只有具有处变不惊的良好心理素质和愈挫愈强的顽强意志,才能在创业的道路上自强不息、竞争进取、顽强拼搏,才能从小到大,从无到有,成就事业。

训练目标

1) 了解创业者应具备的素质与能力。
2) 了解创业应做的必要准备。
3) 能发现自身素质和能力的不足,科学制订创业素质和能力培养计划。

第一节 创业与创业精神

可以从两个角度定义创业:一个是从创业的经济作用角度来定义;另一个是将创业作为个人的品质特征来定义,比如敢于冒险、勇于创新、乐观、自信和强烈的进取心等。

一、创业的定义

按照德鲁克的思想,创业行为不仅存在于各种经济组织中,还存在于各种社会服务性结构中。事实上,一些社会服务机构,如大学、医院、政府、工会组织,甚至非营利性组织如教会和慈善机构等也需要创业。总而言之,创业是商业行为者在一定的创业环境中识别并利用机会,筹集资源,创建新组织、开展新业务或创造新价值的活动。

准确理解创业的定义需要把握以下几点:第一,创业需要必要的投入,需要大量的时间和努力;第二,创业需要承担风险;第三,创业是一种经济行为过程,这一过程很难用统一和具体的时间来衡量;第四,由于不同创业者的动机不同,因此创业活动的最终目标也因人而异;第五,无论创业的最终结果如何,从概念上来看,创业必须是创造了新东西或新价值。

根据这一定义,可以判断哪些行为属于创业行为。比如,一位妇女善于在家里制作开胃食品,后来,她建立了一家公司制造和销售开胃食品,这位妇女所做的就是创业活动。一位从事基础生物化学研究的科学家取得了能推动该领域前沿发展的重要发现,但他对开发该发现的实际用途毫无兴趣,而且从未尝试那样做,那么,这位科学家的行为不是创业行为。

二、创业与创业精神的含义

创业需要创新,但创新不等同于创业。创业精神除了创新精神以外,还应该包含其他一些因素,这些因素是完成创业过程、保证创业成功的创业者特质和能力。从创业的本质特征来看,创业是创造新价值或创建新组织的一个过程,而要完成这一过程,要求潜在创业者有事业心和进取精神。要想有事业心和进取精神,需要做到以下几点。

1)精力充沛,努力工作,为了成功地实现创业计划和目标,为所面临的挑战和问题寻求解决办法。
2)要有获得成功的欲望和完成任务的决心。
3)具有任务导向的行为,相信只有很好地执行并按时完成任务,才会获得满意的回报。
4)能够换位思考,善于体会潜在顾客的感觉和想法。
5)足智多谋,具有领导智慧。
6)做事有明确的计划。
7)敢于承担风险。
8)具有创新能力。
9)具备必要的技能。
10)执着和坚持。

三、创业管理

狭义的创业管理概念把创业管理的研究对象定位于企业设立前后的管理,包括识别与利用机会、组织资源、制订计划、创建新组织等。广义的创业管理概念认为创业管理不仅是新企业的事情,现有成熟的企业也存在和需要创业管理。

1. 创业管理是企业家与管理的结合

在德鲁克的论述中,创业管理或企业家管理是创业和管理的合成。他认为无论是完善的大型机构还是白手起家的个体经营者,创业的原则都是一样的。不论创业者是营利性机构还是非营利性机构,也不论创业者是政府组织还是非政府组织,没有多少差别或根本没有差别。

2. 创业管理是战略管理与创业的结合

Diana L. Day 认为创业管理是创业与战略管理的交叉。Day 将创业管理定义为:与新企业的创建以及利用新资源重新配置进行创新开发有关的所有管理行为与决策,而不论这种行为是发生在新企业还是已有的企业中。

3. 创业管理是一种管理系统和管理哲学

Raphael H. Amit 等学者认为,创业管理是一种授权组织成员像企业家那样思考和行动的系统;同时,创业管理也是一种管理哲学,这种管理哲学能促使企业战略具有敏捷、柔性、创造力和持续创新等特性。

4. 创业管理是创业的精神层面和实质层面的结合

我国台湾学者刘常勇认为创业包含两方面的含义:一是精神层面,代表"以创新为基础的做事与思考方式";二是实质层面,代表"发觉机会、组织资源建立公司,进而提供市场新的价值"。

综上所述,创业管理是一种以机会为驱动、以创新为导向的管理活动和方式,它不仅存在于新建企业,现有企业也需要创业管理。

第二节 创业者的素质能力

一、创业者应具备的基本素质

1. 创业者的心理素质

(1)强烈的创业意识 要想创业成功,创业者必须具备自我实现、追求成功的强烈的创业意识。强烈的创业意识,可帮助创业者克服创业道路上的各种艰难险阻,将创业目标作为自己的人生奋斗目标。创业成功是思想上长期准备的结果,事业成功总是属于有思想准备的人,也属于有创业意识的人。

(2)良好的创业心理品质 创业之路充满艰险与曲折,自主创业就等于一个人面对变化莫测的激烈竞争以及随时出现的需要迅速正确解决的问题和矛盾。这需要创业者具有非常强的心理调控能力,能够持续保持积极、沉稳的心态,即有良好的创业心理品质。创业心理品质是对创业者的创业实践过程中的心理和行为起调节作用的个性心理特征,它与人固有的气质、性格有密切的关系,主要体现在人的独立性、敢为性、坚韧性、克制性、适应性、合作性等方面,它反映了创业者的意志和情感。创业成功在很大程度上取决于创业者的创业心理品质。正因为创业之路不会一帆风顺,所以,如果不具备良好的心理素质和坚韧的意志,一遇挫折就垂头丧气、一蹶不振,在创业的道路上是走不远的。

(3)自信、自强、自主、自立的创业精神 自信就是对自己充满信心。自信心能赋予人主动积极的人生态度和进取精神。不依赖、不等待。要成为成功的创业者，必须坚持信仰如一，拥有使命感和责任感；信念坚定，顽强拼搏，直到成功。信念是生命的力量，是创立事业之本，信念是创业的原动力。要相信自己有能力、有条件去开创自己未来的事业，相信自己能够主宰自己的命运，成为创业的成功者。自强就是在自信的基础上，不贪图眼前的利益，不依恋平淡的生活，敢于实践，不断增长自己各方面的能力与才干，勇于使自己成为生活与事业的强者。自主就是具有独立的人格，具有独立性思维能力，不受传统和世俗偏见的束缚，不受舆论和环境的影响，能自己选择道路，善于设计和规划自己的未来，并采取相应的行动。自主还要有远见、有敢为人先的胆略和实事求是的科学态度。自立就是凭自己的头脑和双手，智慧和才能，以及自己的努力和奋斗，建立起生活和事业的基础。

（4）竞争意识　竞争是市场经济最重要的特征之一，是企业赖以生存和发展的基础，也是一个人立足社会不可缺乏的一种精神。人生即竞争，竞争本身就是提高，竞争的目的只有一个——取胜。随着我国社会主义市场经济从低级向高级发展，竞争越来越激烈，从小规模的分散竞争发展到大集团集中竞争，从国内竞争发展到国际竞争，从单纯的产品竞争发展到综合实力的竞争。因此，创业者如果缺乏竞争意识，实际上就等于放弃了自己的生存权利。创业者只有敢于竞争、善于竞争，才能取得成功。创业者创业之初面临的是一个充满压力的市场，如果缺乏竞争的心理准备，甚至害怕竞争，只会一事无成。

2. 创业者的工作特征

研究发现，成功的创业者通常具有以下工作特征。

（1）目的明确，积极主动　创业者对于不确定的环境和全新的事业，充满激情和梦想，并为此不断挑战自我，实现超越。他们做事目的性强，目标明确，讲效率，重实效。对他们来说，为了完成既定目标，往往长时间超常艰辛地工作，尤其在创业初期通常表现为工作狂倾向。

（2）乐观向上，充满信心　创业是对未知领域的探险，创业者必须表明他们不仅相信自己，而且相信他们正在追求的事业，以此来感染和说服他人，取得信任和支持，这对于事业的成功十分重要。创业者常常要经历许多的挫折和失败，只有始终保持乐观、积极的心态，才可能在失败之后振作起来，并从失败中汲取教训，将从失败中学习到的东西应用于增加下一次成功的机会中。

（3）心胸开阔，勤学好问　心胸开阔、从善如流是成功的创业者修身、待人、处世的重要品质。创业者自信而不自满，面对挑战性的工作，常常能保持清醒的头脑，认识到自己的局限性和必须不断学习的必要性，他们渴望并从不放弃学习的机会。在任何时候，他们都不满足于已掌握的信息，不停地寻找更多的信息。在沟通时，他们倾向于提问而不是陈述，注意倾听来自他人的建议、意见和批评，愿意根据新的经验修正既有的观念。研究表明，成功的创业者能发现别人所不能发现的机会，有两个关键因素，一是这些人能更好地获取关键信息——信息能够帮助他们识别机会或形成新的创意，二是这些人能更好地使用信息——整合或解释别人没有注意到的机会。

（4）志存高远，勇于开拓　成功的创业者都是机会的开拓者。他们抱负远大，使命感强，永不满足现状，善于在不断变化的环境中寻找新的商机，开拓新的事业。成功的创业者一定是机会导向型的企业家，他们思考问题的逻辑首先是机会，其次才是实现机会所需的资源,只要有机会,他们就愿意冒适度的风险去追逐和开拓机会中的商业价值。金钱是创业者的动力之一,但创业者不仅仅为金钱所激励,他们能从事业成功中体验快乐,不把财富作为唯一的最终回报。

3. 创业者必备的其他素养

(1) 创业知识素养　创业知识是进行创业的基本要素。创业需要专业技术知识、经营管理知识和综合性知识三类知识。创业实践证明,良好的知识结构对于成功创业具有决定性的作用。创业者不仅要具备必要的专业知识,更要掌握必备的现代科学、文学、艺术、哲学、伦理学、经济学、社会学、心理学、法学等综合性知识和管理科学知识。

(2) 创业者技能素养　成功的创业者不仅具备良好的知识结构,优良的人格品质,还必须掌握应对和处理创业现实问题的基本技能。一般来说,成功的创业者应具备组织领导能力和业务能力。

二、创业者应具备的基本能力

创业能力是一种特殊的能力。这种特殊能力往往影响创业活动的效率和创业的成功与否。创业能力一般包括组织领导能力(战略管理能力、学习决策能力)和业务能力(经营管理能力、专业技术能力、交往协调能力与资源整合能力)。

1. 组织领导能力

(1) 战略管理能力　战略是依据企业的长期目标、行动计划和资源配置优先原则设定企业目标的方法。因为战略是为企业获取可持续竞争优势,而对外部环境中的机遇和威胁以及内部的优势和劣势做出的反应,它是对企业竞争领域的确定,所以战略就是企业的生命线。战略也是企业腾飞的起跳板,一个及时、果敢、英明的战略决策是企业由蛹化蝶、由小到大、由平凡到伟大的最初推动力,错误的战略会葬送一个企业。战略管理能力包括战略思维、战略规划和设计等,是一个创业者的核心领导能力。

(2) 决策学习能力　正确决策是保证创业活动顺利进行的前提。尤其是有关创业机会的识别和选择。创业团队的组建、创业资金的融通、企业发展战略以及商业模式的设计等重大决策,直接关系着对创业全局的驾驭和创业的成败。要决策正确,要求创业者具有较强的信息获取和处理能力,能敏锐地洞察环境变动中所产生的商机和挑战,形成有价值的创意并付诸创业行动。特别是要随时了解同行业的经营状况及市场变化,了解竞争对手的情况,做到"知己知彼",以便适时调整创业中的竞争策略,使所创之业拥有并保持竞争优势。同时,通过不断进行创新思维和创新实践,进行反思和学习,总结创新经验,汲取失败教训,及时修正偏差和错误,进一步提高决策能力,促进企业健康成长。

2. 业务能力

(1) 管理能力　管理能力是指对人员、资金及企业内部运营活动进行组织安排的能力。它涉及人员的选择、使用、组合和优化,也涉及资金的聚集、核算、分配、使用和流动。经营管理能力是一种较高层次的综合能力,是运筹性能力,它包括团队组建与管理能力、市场定位与开拓能力、企业文化设计与培育能力、应付突发事件能力等。其中,团队组建与管理能力十分重要,一个企业需要方方面面的人才,由于工作分工不同,需要不同个性的人,创业者既需要能够把不同专长、不同个性的人凝聚在一起,更要能够让他们在一起融洽、愉快地工作,组成优势互补的创业团队,形成协同优势。可以说,经营管理能力是解决企业生存问题的第一要素。

(2) 专业技术能力　专业技术能力是创业者掌握和运用专业知识进行专业生产的能力。专业技术能力的形成具有很强的实践性。许多专业知识和专业技巧要在实践中摸索，逐步提高、发展和完善。创业者要重视创业过程中专业技术方面的经验积累和职业技能的训练，对于书本上介绍过的知识和经验在加深理解的基础上予以提高、拓宽；对于书本上没有介绍过的知识和经验要予以探索，在探索的过程中要详细记录、认真分析，进行总结、归纳，上升为理论，形成自己的经验并积累起来。只有这样，专业技术能力才会不断提高。

(3) 交往协调能力与资源整合能力　交往协调能力和资源整合能力是指能够妥善地处理与公众（政府部门、新闻媒体、客户等）之间的关系，协调下属各部门成员之间的关系。创业者应该能妥善处理与外界的关系，尤其要争取政府部门、工商以及税务部门的支持与理解，同时要善于团结一切可以团结的人，团结一切可以团结的力量，求同存异、共同协调地发展，做到不失原则、灵活有度，善于巧妙地结合原则性和灵活性。总之，创业者搞好内外团结，处理好人际关系，才能建立有利于自己创业的和谐环境，为成功创业打好基础。

协调交往能力在书本上是学不到的，它实际上是一种社会实践能力，需要在实践活动中学习，不断积累和总结经验。这种能力的形成，一是要敢于与不熟悉的人和事打交道，敢于冒险和接受挑战，敢于承担责任和压力，对自己的决定和想法要充满信心、充满希望。二是养成观察与思考的习惯。在复杂的人和事面前要多观察多思考，观察的过程实质上是调查的过程，是获取信息的过程，是掌握第一手材料的过程，观察得越仔细，掌握的信息就越准确。观察是为思考做准备的，观察之后必须思考，做到三思而后行。三是处理好各种关系，可以说，社会活动是靠各种关系来维持的，处理好关系要善于应酬。应酬是职业上的"道具"，是处事待人接物的表现。心理学家称：应酬的最高境界是在毫无强迫的气氛里，把诚意传达给别人，使别人受到感应，并产生共识，自愿接受自己的观点。搞好应酬要做到宽以待人，严于律己，尽量做到既了解对方的立场又让对方了解自己的立场。协调交往能力并不是天生的，也不会在学校里就形成了，而是走向社会后慢慢积累社会经验，逐步学习社会知识而形成的。

(4) 创新能力　创新是知识经济的主旋律，是企业化解外界风险和取得竞争优势的有效途径，创新能力是创业能力素质的重要组成部分。它包括两方面的含义：一是大脑活动的能力，即创造性思维、创造性想象、独立性思维和捕捉灵感的能力；二是创新实践的能力，即人在创新活动中完成创新任务的具体工作的能力。创新能力是一种综合能力，与人的知识、技能、经验、心态等有着密切的关系。具有广博的知识、扎实的专业基础知识、熟练的专业技能、丰富的实践经验、良好的心态的人更容易形成创新能力。

携程网创业故事

1999年春节后的一天中午，一顿再平常不过的午餐，也成就了沈南鹏、梁建章、季琦三人的商业帝国，也成就了沈南鹏"携程之父"的美名。沈南鹏，耶鲁MBA出身，时任德意志银行中国资本市场主管，多年的工作经历让他具有相当强的融资能力和宏观决策能力;梁建章,曾在甲骨文公司做过研发工作,技术背景深厚;季琦,有丰富的创业经验,擅长交际,对管理、销售都有一套。对互联网经济的共同看好,让三人聊得格外投缘。梁建章对季琦说:"最近美国的互联网很火,不如我们也做个网站吧。"季琦说:"好啊!"

当时,新浪、网易、搜狐等门户网站正热,没有复制的必要,从哪里切入呢?网上书店、建材超市都是可行方向,梁建章忽然说起有一回跟女友旅行迷路,半天找不到出路,"办个旅游网站吧。"他们找到沈南鹏说出想法时,后者的耳膜正被"互联网"这三个字频繁撞击,便毫不犹豫答应加入。新公司很快搭建,名叫游狐。梁建章和季琦各出20万元,各占30%的股份;沈南鹏出60万元,占40%的股份。他们很快发现,版图上还缺重要的一块:一个熟悉旅游业的人。于是,国企经理、曾在瑞士洛桑酒店管理学校进修过的范敏被他们约来了。第一次游说,范敏面容纹丝不动。席散,梁建章、沈南鹏觉得没戏:"再多找几个合适人选吧。"季琦说:"自己的校友都请不动,其他人更难搞定。"

这之后,季琦放出推销员身段,常去找范敏谈梦想、谈未来。重提往事,才会明白为什么跟季琦打过交道的人都说他有巨大激情,是携程方阵中的"战斗机"。每次去,秘书都会让季琦在办公室外面等,就算领导不忙,也得等。"国企领导都这样,很正常。开始要等10分钟,后来逐渐熟悉了,就变成5分钟。"最终,"范经理"答应一起参与创业。

携程为什么能成功?季琦说,因为我们四个人不同。一位携程系老人告诉记者:梁建章是深挖坑的人,他管理细腻而又善于拥抱新事物,最后选择去美国读博士,理想是做个研究型企业家;沈南鹏熟悉投行业务,平日里也像一架高速运转的精密仪器,走到哪里,就把一阵强风带到哪里;范敏,勤勤恳恳,总能把自己一亩三分地的事情做好做实,确实是守业型的典范;而季琦,是个充满激情、胸怀坦荡的人,他重情义,但不会因为情义优柔寡断。

1999年10月28日,网站名称由"游狐"改为"携程",正式上线。给了携程第一笔风投的IDG章苏阳后来解释那次"投人"眼光:"这四个人有点像一组啮合齿轮,各个齿轮之间咬得非常好。团队成员的背景和素质,足够执掌他们将要操作的公司。"

每个创业者都有自己的因缘际遇。对于季琦和他曾经的伙伴,尽管志趣个性迥然有异,但是从心底里彼此欣赏、尊重,各自扬长避短是聪明人的态度。采访中,谈到自己欣赏的企业家,季琦眼睛盯着某处,显然是经过大脑地说出一串名字:"南鹏身上有我不具备的素质……"周树华说,没法想象不经历携程的季琦走到今天会是什么样子。最早投身电子商务的王峻涛曾说过:"辞职,就是一种业务重启,就是换个方式做事业。"在过去10年间,季琦重启过两次。管理学大师彼得·德鲁克说过:"能严格要求自己的人所能做的,只是让自己从那些违背其自尊心和志趣的活动中退出来。"

事实上,季琦一直在寻找最适合的那片土壤:携程两年半,如家三年,汉庭近五年,是过去十年他不断踩下去、试深浅的三个脚印。在汉庭面前,他有意打住,向深处开掘,许多投资人都曾被他"将汉庭做成终生事业"的表白打动。

1999年,携程网创业之初,旅游、酒店对于4人来说都还是陌生的事情。"当时有很多选择,可以做家居建材,也可以做旅游、其他……"季琦说,选择旅游的理由一点也不比做家居来得更充分,可以猜测的理由是几个男人也许对旅游比家居更喜欢也"更熟悉"。"携程"二字来源于季琦先前做的一个科技公司"协成",梁建章因它谐音想出了这个旅游网的名称。季琦是携程网的首任CEO，他和第二任CEO梁建章都出身于IT行业。旅游网最初主营业务是飞机票、旅店房间和旅游团队三大块，后来预订房间成了主营业务。网络公司融资渠道好，有钱之后选择做什么业务反而是一件不容易的事情。公司决定做经济型酒店后，季琦从携程网的CEO退任，改做如家公司CEO，四人中他是唯一自己掏钱入股如家公司的。如家做大、上市的结果在最初很不清楚，基本上是季琦一人独自埋头打理，他的工资单还挂在携程，万一业务失败也有个退路。如家的启动是为了给携程增加利润：既然有房间从携程批发出去，携程理应拿到更多的佣金。携程上市是2003年底的事情，无论公司还是创业者，都没有多少现金。"如家"的理念是"轻资产、重品牌"。"携程不是卖很多房间吗？我们就跟酒店谈：我帮你卖房子，你能不能用我的牌子（如家）。用这种方式做了20多个酒店，在它们的招牌旁边再挂一个'如家酒店连锁'的牌子。最后发现这也不成功。第一是我们盈利很少，第二是联盟店不听你的，无论是服务质量还是酒店设施水平都参差不齐。"季琦说。

兜售品牌的业务并不顺利，"轻资产"的概念需要改变，季琦开始琢磨直营店。当时经济型酒店行业里，上海已经有"锦江之星""新亚之星"（后来被前者收购），季琦尝试着与两家公司谈合资，但是他提出的条件是控股。尽管当时携程网的订房量可观，但是一个酒店外行来谈控股，被"锦江之星"的主管机构不屑："我们收购携程还差不多。"机会在北京，合作对象是首都旅游国际酒店集团（以下简称"首旅"）。首旅在中国酒店业中资产第一、品牌第二（第一是上海锦江集团），旗下也做了一个经济型连锁酒店"建国客栈"，已经有4家分店。建国客栈是携程网房间销售最好的酒店之一，季琦出差北京时专程去查看了一次。和上海谈判的经历类似，季琦提出的条件报到首旅集团领导层后被搁置。携程的其他三人对此也不抱希望，觉得季琦白费劲。谈判持续了4个月，季琦得到了一个机会，在北京渔阳饭店见到了首都旅游集团总裁梅蕴新，一个多小时之后，梅蕴新给了一个肯定的答复。

公司简介里说：如家酒店连锁于2002年6月由中国资产最大的酒店集团——首都旅游国际酒店集团、中国最大的酒店分销商——携程旅行服务公司共同投资组建。"公司股权结构是开放性的，未来还要引进新的风险投资，要上市。"季琦说这些也是谈判的条件，后来他非常感谢梅蕴新，在一个国营体制内应承上述条件需要魄力。新公司里携程控股55%、首旅控股45%，启动资金是1000万元，携程、首旅按股份比例出资。合资公司从首旅租下了4个旅店的使用权15年，使用"如家"品牌开始直营。"传统酒店的销售方式：标价相对高，给旅游团、会议的折扣大一些，中介渠道比较丰富。经济型酒店就是把渠道的钱省下来。如家和携程谈下来的是每个房间中介费30元，通过携程来的旅客比门市价低10元。"季琦说，"如家主要是直销，最好的方式就是低价。原来建国客栈200多元、300多元的标价，没人来。我们一开始就标价198元，不打折。低价就是最好的信息。"

租赁是如家对"轻资产"的第二个解释。"首旅100多亿的资产，凭携程和如家无论如何在短时间内很难积累到。"季琦说。但即使是租赁，之后的酒店装修改造的平均成本也需要500万元，如家的启动资金仅够再开两家分店。要说服活跃在新经济领域的风险投资给一个连锁酒店投资并不容易，如家在运营原建国客栈的4家分店的同时，开始了漫长的寻找投资过程。最后，携程网的投资方IDG在如家投了几百万美元，如家得以进入资本运营轨道。

2005年1月，季琦离开如家，原因他不愿解释，但是肯定和他现在经营的汉庭酒店连锁有关。在运营"如家"的同时，季琦曾尝试过比如家连锁收费、服务更高一些的分店，在董事会中没有得到多数人的支持。但是这时候季琦从一个没有资金的创业者变成了中国富豪榜的上榜人物。和如家进入的领域一样，汉庭面对的是中国尚未成品牌的中档酒店业，一年半的时间汉庭拥有超过20家酒店、3000个床位，房间价格平均比如家贵100元。如家顺利上市以后，汉庭的资产变得炙手可热，但是季琦把它捂得很紧，依旧是个人独资运营。为了做如家，季琦住遍了锦江之星在上海的分店，带着尺子、照相机企图窥探经济型酒店的秘密，后来经营如家给了他全套经验。做汉庭，季琦依然是一副没有行规的样子，除了酒店设施比如家稍微提高，把宽带、无线上网、免费打印、传真等现代人办公需求放在第一位，然后是低价房间，迅速扩张酒店规模。这与传统地主型酒店专心单店产品服务，缓慢扩张的做法迥异，他把IT人的整套方式移植到酒店业。IT业的企业概念、融资渠道和上市让酒店业从一个眼光局限在店面人流、现金流的盈利模式改变过来，季琦可以把汉庭未来的盈利空间上市售卖，为企业赢得资金再扩大规模，同时个人财富迅速增值。

第三节 大学生创业者的素质能力

一、大学生创业者应具备的素质

创业是极具挑战性的社会活动，是对创业者自身智慧、能力、气魄、胆识的全方位考验。大学生要想创业成功，必须具备基本的创业素质。创业基本素质包括强烈的创业意识，好的创业心理品质，自信、自强、自主、自立的创业精神，强烈的竞争意识。

二、大学生创业者应具备的能力

1. 决策能力

决策能力是创业者根据主客观条件，因地制宜，正确地确定创业的发展方向、目标、战略以及具体选择实施方案的能力。决策是一个人综合能力的表现，一个创业者首先要成为一个决策者。创业者的决策能力通常包括分析能力、判断能力和创新能力。大学生要创业，首先要对众多的创业目标及方向进行分析比较，选择最适合发挥自己特长与优势的创业方向、途径和方法。在创业的过程中，能从错综复杂的现象中发现事物的本质，找出存在的真正问题，分析原因，从而正确处理问题，这就要求创业者具有良好的分析能力。

2. 经营管理能力

经营管理能力是指对人员、资金的管理能力。它涉及人员的选择、使用、组合和优化；也涉及资金聚集、核算、分配、使用、流动。经营管理能力是一种较高层次的综合能力，是运筹性能力。经营管理能力的形成要从学会经营、学会管理、学会用人、学会理财几个方面去努力。

(1) 学会经营　创业者一旦确定了创业目标，就要组织实施，为了在激烈的市场竞争中取得优势，必须学会经营。

(2) 学会管理　要学会质量管理，要始终坚持质量第一的原则。质量不仅是物质产品的生命，也是服务业和其他工作的生命，创业者必须树立牢固的质量观。要学会效益管理，要始终坚持效益最佳原则，效益最佳是创业的终极目标。可以说，无效益的管理是失败的管理，无效益的创业是失败的创业。要做到效益最佳，要求在创业活动中人、物、资金、场地、时间的使用，都要选择最佳方案运作。做到不闲人员和资金，不空设备和场地，不浪费原料和材料，使创业活动有条不紊地运转。学会管理还要敢于负责，创业者要对本企业、员工、消费者、顾客以及对整个社会都抱有高度的责任感。

(3) 学会用人　市场经济的竞争是人才的竞争，谁拥有人才，谁就拥有市场、拥有顾客。一个学校没有品学兼优的教师，这个学校必然办不好；一个企业没有优秀的管理人才、技术人才，这个企业就不会有好的经济效益和社会效益；一个创业者不吸纳德才兼备、志同道合的人共创事业，创业就难以成功。因此，必须学会用人。要善于吸纳比自己强或有某种专长的人共同创业。

(4) 学会理财　学会理财首先要学会开源节流。开源就是培植财源，在创业过程中除了抓好主要项目创收外，还要注意广辟资金来源。节流就是节省不必要的开支，树立节约每一滴水、每一度电的思想。大凡百万富翁、亿万富翁都是从几百元、几千元起家的，都经历了聚少成多、勤俭节约的历程。其次，要学会管理资金。一是要把握好资金的预决算，做到心中有数；二是要把握好资金的进出和周转，每笔资金的来源和支出都要记账，做到有账可查；三是把握好资金投入的论证，每投入一笔资金都要进行可行性论证，有利可图才投入，大利大投入，小利小投入，保证使用好每一笔资金。总之，创业者心中时刻装有一把算盘，每做一件事、每用一笔钱，都要掂量一下是否有利于事业的发展，有没有效益，会不会使资金增值，这样才能理好财。

(5) 讲诚信　就大学生个人而言，诚信乃立身之本，创业者在创业过程中，如不讲信誉，就无法开创出自己的事业，失去信誉，就会寸步难行。诚信一是要言出即从，二是要讲质量，三是要以诚信动人。

训练项目一　创业能力测评训练

一、训练内容

对于创业能力，采用踏瑞软件的威廉斯创造力倾向测量表和创业动力问卷进行测评。

1. 威廉斯创造力倾向测量表

威廉斯创造力倾向测量表通过测验个人的一些性格特点（包括冒险性、好奇性、想象力和挑战性），来测量个人的创造性倾向，可以用来发现有创造性的个体。高创造力的个体在进行创造性工作时更容易成功，低创造力的个体则循规蹈矩，更适合进行常规型的工作。趋于冒险、好奇心强、想象力丰富、勇于挑战未知的人就是创造性倾向强的人。

2. 创业动力问卷

大学生创业动力的形成主要受到大学生的自创业能力要素构成情况和外部创业环境要素构成情况的影响。大学生创业动力是一个多要素组合的系统，在这个系统中，自创业能力要素是形成创业动力的深层次原因。因此，大学生个人的能力是积极的创业助推因素。创业动力与自创业能力要素、外部创业环境要素存在着必然的正相关关系，自创业能力要素和外部创业环境要素越优越，创业动力就越强。创业动力问卷根据大学生创业动力的基本特点和构成要素，主要测查了个体的创业动机。它的应用范围包括：

1）大学生创业动力和兴趣测量。
2）根据测验结果更好地了解大学生的成就动机和择业倾向。
3）为学生的职业生涯规划提供相应的指导。
4）测量结果可以更好地激发个体的创业动机。

二、训练步骤

1. 学生登录

打开 IE 浏览器，在地址栏内输入授课教师提供的登录网址，使用自己的学号和登录密码，经服务器验证通过后进入"学生个人管理界面"。

2. 阅读测量的详细资料

在个人管理界面首页的左边目录栏部分，是"学习中心"栏，在"学习中心"栏中单击下面的试卷类型，找到教师给自己分配的测量名称，单击后面的"详细"查看试卷的详细信息，认真阅读测量的配套资料，形成对该测量的初步整体印象。

3. 进行正式答题

完成对测量配套信息的阅读，并初步形成测量的整体印象，大致了解测量的目的和内容后，在"未完成试卷"中单击测量试卷名称后的"开始测试"按钮，进行测试。

4. 查看测量结果

完成测量并成功提交测量结果后，系统自动回到"个人管理界面"，在"已完成试卷"中找到刚才完成的测量，分别单击"成绩""报告""答案"三个按钮，查看该测量的测试成绩、详细结果报告以及个人选择的原始答案等。

三、训练要求

1. 测量设备

服务器和计算机组成 NT 网络。

2. 软件环境

1）服务器采用 Windows 操作系统。
2）学生客户端计算机采用 Windows 操作系统并保证 IE 浏览器可正常运行。
3）踏瑞人才测评系统。

3. 测量要求

1）认真阅读与测量相关的"测量信息""理论背景"模块中关于本测量的基础理论，务必在开始测量前对测量形成一个初步的整体印象。

2）按照自己的真实想法选择每一个答案，不要考虑所谓"对错"的问题，务求获得对自我最真实的测量结果，通过测量实践更加全面地了解自身的素质，从而有利于提高个人素质和能力，为以后走上工作岗位提供实践基础和指导。

3）关注测量过程中出现的每一个问题，及时向任课教师反映，并如实记录相关问题与解决方法，记入测量结果。

4）测量完成后，认真思考"思考题"并请将思考题与思考结果一并写入测量报告。

5) 在所有测量完成后,严格依据测量过程和测试结果报表书写测量报告。
6) 在测量过程中要保持安静,维护实验室的卫生情况。

四、考核办法

考核通过提交的测量报告来进行,其至少包括以下两个部分:
1) 测量系统提供的本人的测量结果报告样本;
2) 本人对"系统""测量过程""测量报告"的理性分析,主要结合所学的知识,从测量的"可信度"与"有效性"等方面进行分析。

成绩考核以测量报告中的个人分析情况为主,综合考虑测量态度和测量完成情况。

训练项目二 创业者能力培养训练

一、训练内容

创业者能力的培养主要通过典型案例分析法来进行。通过典型案例的分析总结创业成功者的经验,可以邀请创业成功者做报告和讲座,选择创业成功者的书籍、纪录片,总结和分析他们创业成功的经验教训,同时对照自身寻找差距,写出案例分析报告并制订学习和成长计划。

二、训练步骤

训练采取团队完成训练项目、团队代表上台陈述、团队之间进行竞争的学习方式。这种方式打破了传统的教师说和学生听的固有模式,通过多方位协作、互动和竞争,寓教于乐,让学生在不知不觉中培养创新能力、学习创业技巧。

(1) 分组 训练以班级为单位进行,25~35人为宜,分为3~8组,每组人数4~8人为宜。分好小组后,建议在整个训练过程中不要随意改动。

(2) 团队建设 小组成员通过讨论,完成以下工作:确定组长人选;确定小组工作纪律,并形成正式文件。

(3) 教师讲授相关理论并布置作业 教师安排一定课时(2h为宜)进行讲授,主要内容包括:讲授本章知识要点;说明本次训练的内容和作业要求;说明本次训练的具体要求。

(4) 小组准备作业 由组长组织队员进行讨论,完成课前训练准备,主要内容包括:确定创业能力培养的典型案例,并分析主要内容;完成作业报告的 Word 文档和作业报告的 PPT。

(5) 报告展示 由各个小组在教师安排下轮流上台进行作业报告展示,主要内容包括:通过抽签确定小组上台顺序;每个小组上台展示;每组选出一人根据本组设计好的作业,上台讲解作业思路、内容、理由及结果,还可选一人补充讲解,建议时间在15min以内;每组讲解完成后,其他人针对讲解内容提问,由小组成员回答,问答环节建议时间在15min以内;问答环节结束后,由教师进行现场点评,并要求各个小组根据点评对作业进行修改,各个小组将修改好的作业交给教师进行评分。

三、训练要求

1. 组织要求

1) 由教师负责整体活动安排和流程设计。
2) 学生分组的方法可以采取学生自愿组合为主,教师根据具体情况进行部分调整。

3）教师可从每个班中选择 1～2 位同学担任助教，协助完成训练活动。

2. 纪律要求

1）由于训练采取小组作业的形式，所以原则上不能请事假。

2）各个小组在完成作业时，无论是课上活动还是课下讨论，都要保证所有成员积极参与，并保留考勤记录，各个小组也应该制订自己的纪律要求。

3）在实验室进行训练时，要求各个小组遵守实验室纪律要求和安全要求。

4）各个小组要按照教师要求按时提交作业。

5）不能按时参加小组讨论的学生，小组可将实际情况报告教师并提出小组的处理意见，教师根据小组意见和具体情况进行处理。

3. 作业要求

训练活动结束后，各个小组应提交一份作业报告，内容包括：

1）创业案例分析报告。

2）报告演示 PPT。

3）现场演示环节的问答过程记录。

4）教师修改意见。

5）小组工作记录。

6）课后总结。

四、考核办法

考核由教师评分、其他小组现场评分、评委组评分、组长评分四个部分组成。训练项目评分具体见表 6-1。

表 6-1　训练项目评分表

考核内容	所占权重	考核方法
教师评分	40%	教师根据各个小组最终提交的作业报告进行评分
其他小组现场评分	15%	在报告展示环节，其他小组根据现场展示的效果进行评分
评委组评分	25%	评委组根据每个小组面试表现进行评分
组长评分	20%	小组组长根据每位小组成员表现及对作业的贡献进行排序，并根据排序为每位成员评分
总分	100%	根据以上四项得分加权得出

辅助材料

1. 创业者素质自评表

创业者素质自评采用量表（见表 6-2）测评，通过量表就自己的能力素质进行自我测评。该表中的能力素质评价指标项主要选自"创业者核心素质模型"中的 15 个关键要素。

表 6-2　创业者素质自评表

能 力 要 素	素 质 释 义	评 分					评价结果
1. 成就导向/动力	有努力工作实现个人目标的渴望,并表现为积极主动	5	4	3	2	1	
2. 竞争意识	愿意参与竞争,主动接受挑战,并努力成为胜利者	5	4	3	2	1	
3. 冒险精神	敢于冒险,同时又有勇气面对风险与失败	5	4	3	2	1	
4. 人际理解与体谅	了解别人言行、态度的原因,善于倾听并帮助别人	5	4	3	2	1	
5. 价值观引领	通常以价值观来引导和影响团队,其行为方式也集中体现组织所倡导的价值观	5	4	3	2	1	
6. 说服能力	能够通过劝服别人,让他人明白自己的观点,并使对方对自己的观点感兴趣	5	4	3	2	1	
7. 关系建立能力	保持经常的社会性接触。在工作之外经常与同事或顾客发展友好的个人关系,甚至进行家庭接触,扩大关系网	5	4	3	2	1	
8. 决策力/个人视野	具有宽阔的视野,能够在复杂的、不确定的或是极度危险的情况下及时做出决策,决策的结果从更深远或是更长期的角度看有利于企业的成功	5	4	3	2	1	
9. 组织能力	有能力安排好自己的工作与生活,且使工作任务与信息条理化、逻辑清晰	5	4	3	2	1	
10. 创新与变革能力	能够预测五年甚至十年后的形势并创造机会或避开问题,并总是能够创造性地解决各种问题	5	4	3	2	1	
11. 诚信正直	诚实守信,并坚持实事求是、以诚待人,行为表现出高度的职业道德	5	4	3	2	1	
12. 自信心	相信自己能够完成计划中的任务,并能够通过分析自己的行为来看清失败,并在工作中予以改正	5	4	3	2	1	
13. 纪律性	坚持自己的做事原则,严于律己,且表现为具有较强的自控能力	5	4	3	2	1	
14. 毅力	明确自己的目标,并为之坚持不懈	5	4	3	2	1	
15. 适应能力	能够适应各种环境的变化,具备应付各种新情况的能力,且能够创造性地提出问题解决方案	5	4	3	2	1	

（续）

第一次测评结果总分	
第二次测评结果总分	
测评总结与改进方案	

我已经具备的素质：
1.
2.
3.
4.
5.

我还不具备的素质：
1.
2.
3.
4.
5.

我提高能力素质的方案：

2. 创业能力自测一

测试题：请根据自己的实际情况，回答"是"或"否"。

1) 你在学校是个成绩优异的学生吗？
2) 你在学生时代是否喜欢参加集体活动？
3) 你在少年时是否常常喜欢独处？
4) 你在童年时是否帮人做过小生意？
5) 你在少年时是否很倔强？
6) 你在少年时是否很谨慎，在活动时是否喜欢最后上场？
7) 你是否在乎别人对你的看法？
8) 你是否对每天都一样的例行工作感到厌倦？
9) 你会孤注一掷经营生意，即使亏本也在所不惜吗？
10) 你的新事业失败了，是否会立即另起炉灶？
11) 你是否属于乐天派？

评分标准：

1) 是，+4；否，-4。
2) 是，+1；否，-1。
3) 是，+1；否，-1。
4) 是，+2；否，-2。
5) 是，+1；否，-1。
6) 是，+4；否，-4。
7) 是，+1；否，-1。
8) 是，+2；否，-2。
9) 是，+2；否，-2。

10）是，+4；否，-4。
11）是，+1；否，-1。

测试结果：

请你把各题的得分加起来，用总积分与下面的分析相对照。

19～23分，表明你已具备了成为创业者的一切特质。

0～18分，表明虽然你创业成功希望微弱，但仍有强劲的创业精神。

-10～0分，表明你能自行创业成功的机会很勉强。

-11分以下，表明你不具备创业能力，不是这方面的人才。

3．创业能力自测二

如果你已经工作了，并且认为自己很喜欢这份工作，那么，在这个工作岗位上你是否符合这份工作的从业要求呢？许多人可能不曾想过这个问题，你现在可以借助下面这个问卷，来了解一下你的职业称职情况。

测试题：请根据自己的实际情况，回答"是"或"否"。

1）你与同事相处和睦吗？

2）你钦佩你的领导的品行吗？

3）你认为你得到的报酬与所做的工作相称吗？

4）当你与朋友在一起时，你的朋友常寻求你的指导和建议吗？你是否曾被推举为领导者？

5）求学时期，你有没有赚钱的经验？你喜欢储蓄吗？

6）你能够专注地投入个人兴趣连续10h以上吗？

7）你有保存重要资料，并且将其整理归纳以备需要时可以随时提取查阅的习惯吗？

8）在平时的生活中，你热衷于社会服务工作吗？你关心别人的需要吗？

9）你喜欢音乐、艺术、体育以及各种活动课程吗？

10）在求学期间，你是否曾经带动同学完成一项由你领导的大型活动（如运动会、歌唱比赛等）？

11）你喜欢在竞争中生存吗？

12）当你为别人工作时，发现其管理方式不当，你会想出适当的管理方式并建议改进吗？

13）当你需要别人帮助时，能充满自信地要求，并且能说服别人来帮助你吗？

14）你在募款或义卖时，是不是充满自信而不害羞？

15）当你要完成一项重要的工作时，你总是给自己足够的时间仔细完成，而绝不让时间虚度，在匆忙中草率完成吗？

16）参加重要的联欢会，你能准时赴约吗？

17）你有能力安排一个恰当的环境，使你在工作时不受干扰，有效地专心工作吗？

18）你交往的朋友中，有许多有成就、有智慧、有眼光、有远见、老成稳重型的人物吗？

19）你在工作或学习团体中，被认为是受欢迎的人物吗？

20）你自认是个理财能手吗？

21）你会为了赚钱而牺牲个人娱乐吗？

22）你总是独自挑起责任的担子，彻底了解工作目标并认真地执行工作吗？
23）你在工作时，有足够的耐心与耐力吗？
24）你能在很短的时间内结交许多新朋友吗？

评分标准：

回答"是"得1分，回答"否"不计分。

测试结果：

0～5分，表明你目前并不适合自行创业，应当训练自己为别人工作的技术与专业。

6～10分，表明你需要在旁人的指导下去创业，这样才有创业成功的机会。

11～15分，表明你非常适合自己创业，但是在所有"否"的答案中，你必须分析出自己存在的问题并加以纠正。

16～20分，表明你个性中的特质足以使你从小事业慢慢做起，并从妥善处理事情中获得经验，成为成功的创业者。

21～23分，表明你有无限的潜能，只要懂得掌握时机和运气，你将是未来的商业成功者。

复习思考题

1. 创业者应具备的素质有哪些？
2. 如果让你为创业能力排序，你如何排，为什么？
3. 你需要学习的创业知识有哪些？请制订一个短期的学习计划。

Chapter 7

第七章

大学生创业准备训练

一个明智的人总是抓住机遇,把它变成美好的未来。

——托·富勒

引言

创业是一项具有较高风险的商业活动,因此在准备阶段,创业者需要学习涉及创业的管理商业活动的各类知识。更重要的是,几乎所有的创业者的创业活动都是从发现市场机会开始,进而通过资源整合,创造出具有市场价值的产品、项目和事业。而创业者要发现创业机会并评估创业机会,首先要从市场调查开始,通过对市场的深入调查来识别创业机会,对创业机会进行深入分析和评估,对于具有可行性和市场价值的创业机会不断丰富和完善,使之形成创业项目;然后,通过市场分析、产品开发、渠道建设等方面的缜密规划进行商业模式开发,确定创业企业战略。

训练目标

1)了解创业前市场调查的内容和方法。
2)了解创业项目的类型及如何寻找和确定创业项目。
3)了解商业模式的要素并学习商业模式的开发方法。

第一节 创业市场调查

在创业准备阶段,创业者需要寻找并评估创业机会,确定创业项目。而创业项目的开发必须建立在科学翔实的市场调查数据和信息基础上。创业者需要进行全面缜密的市场调查,才能为产品开发、细分市场、制订价格和市场开发策略方面提供重要依据和参考。市场调查可以委托专门机构进行,也可以由创业者亲自参与。创业者亲自参与市场调查,往往可以为创业打下更为坚实的基础,并且为创业者提供更多的灵感。

一、创业市场调查的概念和意义

市场调查的概念可以从广义和狭义两个角度去理解。广义的市场调查（marketing research）涵盖了市场研究的意义，它包括从认识市场到制订市场策略的一切有关市场的分析和研究活动，如产品的生产、定价、包装、运输、批发、零售，以及产品宣传情况、销售策略、渠道和市场开发情况，甚至政治、经济形势等。广义的市场调查包括市场环境调查，消费需求调查，消费状态调查，产品、定价、销售渠道调查，广告效果调查，企业形象调查，消费者生活习惯调查，政治、经济形势调查；狭义的市场调查（market research）则更偏重于信息的收集和分析。

对于创业市场调查来说，市场调查是指通过科学的方法、客观的态度，有目的、系统地收集、记录、整理和分析市场情况，了解市场的现状及其发展趋势，力图为创业者评估和确定创业项目、制订经营战略和市场策略提供真实准确的基础性数据资料以及科学可靠的决策建议。和一般的市场调查相比，创业市场调查更侧重于对新产品新概念的一种探寻或者挖掘，调查的范围也不仅仅限于流通领域。

对于创业者来说，进行创业市场调查是一项非常重要的工作。首先，创业市场调查可以帮助创业者确定创业项目的可行性，通过对现有市场范围、市场容量以及类似产品的调查，可以帮助创业者判断创业项目是否可行。其次，创业市场调查可以帮助创业者制订具体的创业计划，尤其是价格策略和市场策略；最后，创业市场调查可以帮助创业者了解各项创业成本和费用，科学测算资金需求，做好创业准备。

二、创业市场调查的内容

创业市场调查的主要内容与通常所说的产品市场调查存在着较大的差异，其主要内容包括以下几个方面。

1. 市场环境调查

市场环境调查是指从宏观上调查和把握影响创业企业生产经营活动的所有外部因素。对企业而言，市场环境调查的内容基本上属于不可控制的因素，包括政治、经济、社会文化、技术、法律和竞争等，它们对创业企业的生产和经营都产生巨大的影响。通过对宏观市场环境的调查，可以发现机会、洞察风险，为创业做好准备。因此，创业企业必须对主要的环境因素及其发展趋势进行深入细致的调查研究，主要包括经济环境、政治环境、社会文化环境、技术环境和自然地理环境等。经济环境包括经济发展水平、经济结构、行业发展动态、市场购买力水平等情况；政治环境包括国家的方针政策、法律法规、相关制度、具体规定等情况；社会文化环境包括与创业项目相关的主流价值观导向、生活方式、风俗习惯、社会舆论等情况；技术环境包括与创业项目相关的技术发展水平和技术发展方向；自然地理环境包括与创业项目相关的一个地区的地理位置、气候、交通等情况。

2. 市场需求调查

市场需求调查就是为科学制订产品销售策略，对某种产品或服务的市场需求状况的调查、了解、分析和论证。市场需求调查主要包括市场容量调查、市场潜力调查、消费者行为调查几个方面。市场容量调查就是调查在一定时间内，具体市场对某种产品或者服务的最大容量。市场潜力调查就是调查市场是否存在对某种产品或服务的潜在需求量，即是否存在消费者尚未满足的需求量。消费者行为调查是对现有和潜在消费者的数量、类型、分布以及销售量进行调查分析，同时进一步了解消费者的收入、偏好、动机、期望、消费方式和消费能力，为确定市场策略做参考，最后还需要考察各种影响消费者决策的其他因素。

3. 市场供给调查

市场供给调查指调查某一具体产品市场可以提供的产品数量、质量、结构，以及生产企业的型号、功能、品牌等具体信息，还包括各种影响市场供给的主要因素。通过市场供给调查，可以了解市场的供给能力及分布情况，预测市场供求变化，寻找市场缝隙和机会，确定创业项目和产品，为创业决策提供重要依据。

4. 市场营销活动调查

市场营销活动调查主要针对目标市场的主要营销策略和效果进行调查，包括新产品调查、价格调查、渠道调查和促销活动调查。新产品调查主要包括市场上新产品开发的情况、产品设计情况、消费者使用的情况及评价、产品生命周期阶段和产品组合设计情况等。价格调查主要指调查目前产品的价格区间、消费者在不同区间的分布情况、消费者对价格策略的反应等。渠道调查包括了解市场主要分销渠道、分销渠道结构、中间商的具体情况以及消费者对中间商的满意程度等。促销活动调查包括各种促销活动的效果调查，如广告实施的效果调查、人员促销的效果调查等。

5. 市场竞争调查

市场竞争调查主要包括对市场竞争对手的数量、竞争对手的状况、竞争的激烈程度以及竞争对手的主要竞争策略进行调查，了解同类企业的产品、价格、技术水平、市场占有率、推广策略等方面的情况。其具体内容包括竞争者的数量、分布与实力，竞争者的优势与不足，与竞争者合作的可能性与方式等。市场竞争调查可以帮助创业者做到知己知彼，根据自身的市场定位确定竞争策略。

当然，创业者在进行创业市场调查时，也不一定面面俱到，满足以上所有调查的目的，而是应该根据自己的创业项目和创业需要，确定市场调查的主要目标和要解决的核心问题，在此基础上确定调查内容，才能有的放矢、事半功倍。

三、市场调查原始数据收集办法

要得到以上市场调查信息，可以充分利用能够获取信息的各种间接途径，收集二手资料。除此之外，更需要通过直接调查，寻找第一手原始资料。

1. 间接调查法

间接调查法是指通过收集市场环境中的各种现有的信息数据和情报资料，从中选取相关信息进行分析研究的一种调查方法。间接调查可以为直接调查提供背景资料，因此，大多数的市场调查都始于间接调查，然后再通过直接调查收集第一手资料来满足第二手资料所不能满足的信息要求。间接调查法主要包括内部资料收集和外部资料收集两种方法。

2. 直接调查法

直接调查法又称实地调查法，是指在周密的调查设计和组织下，由调查人员直接向被调查者收集原始资料的一种调查方法。直接调查的针对性和实效性很强，但调查成本较高。直接调查方法很多，有询问法、观察法、问卷法和实际痕迹测量法。

（1）询问法　询问法是调查者直接接触被调查对象，通过询问的方式收集有关信息。

它是由调查者向有关对象提出问题,以获得经营情报和资料的一种方法。询问法的优点是可以直接和被调查者面对面交流,缺点是花费时间较长。

(2) 观察法　观察法是指调查者在调查现场有目的、有计划、有系统地对调查对象的行为、言辞、表情进行观察记录,以取得第一手资料。它最大的特点是总在自然条件下进行,所得材料真实生动,但也会因为所观察对象的特殊性而使观察结果流于片面。例如,可利用观察调查法调查周边客流量,或者到卖场实地观测单位时间内的人流量,根据测得数据进行计算。观察法在市场调查中是一种常见的调查方法,往往会和询问法结合起来使用,以取得更丰富的信息资料。

(3) 问卷法　问卷法是通过设计调查问卷,让被调查者填写调查表的方式获得所调查对象的信息。在调查中将调查的资料设计成问卷后,让调查对象将自己的意见或答案填入问卷中。一般来说,问卷应该包括被调查者的基本情况,如性别、年龄、文化程度、职业、住址、家庭人口等。这样便于对收集到的资料进行分类和具体分析。

(4) 实际痕迹测量法　实际痕迹测量是通过某一事件留下的实际痕迹来观察调查,一般用于对用户的流量、广告的效果等的调查。例如,企业在几种报纸、杂志上做广告时,在广告下面附有一张表格或条子,请读者阅后剪下,分别寄回企业有关部门,企业从回收的表格中可以了解哪种报纸杂志上刊登广告最为有效,为今后选择广告媒介和测定广告效果提出可靠资料。

四、创业市场调查的步骤

为了使市场调查取得良好的预期效果,市场调查工作必须有计划、有步骤地进行,以防止调查的盲目性。市场调研工作的基本过程包括明确市场调查目标、设计调查方案、组织实地调查、调查资料的整理和分析、撰写调查报告。在具体组织实施市场调查时,可以根据使用者的调研目的和要求做适当的删减,如图7-1所示。

图7-1　创业市场调查流程

1. 明确市场调查目标

调查之前,应该明确调查的内容、目的和要求,拟定需要了解的内容,确定调查的对象,明确本次创业调查的重点和调查应覆盖的范围,然后有序合理地进行。

为了明确调查目的,可以先回答以下几个问题:

1) 创业项目是一个什么样的项目?
2) 创业者是否了解创业项目面向的消费者基本情况以及消费者的行为特点?
3) 创业者是否了解创业项目所在行业的基本情况以及市场竞争状况?
4) 创业者是否了解创业项目所在行业的国家产业政策和相关法律法规?

通过回答以上问题,就可以定义调查的核心问题,即本次调查要为创业者解决什么问题,提供什么信息。在保证准确合理科学的情况下,尽可能缩小调查的范围,减少调查精力,同时保证调查结果的有效性。在定义核心问题的基础上,开始着手制订市场调查方案。

2. 制订市场调查方案

制订市场调查方案指在明确调查的核心问题的基础上确定实施调查的具体步骤、内容和方法。方案主要包括市场调查的内容、方法和步骤，调查的组织、人员安排、经费预算、调查时间等。

3. 组织实地调查

组织实地调查是开始全面、广泛收集与调查活动有关的信息资料，即采用准备阶段所确定的市场调查方法对所确定的市场调查内容进行调查。但根据所采用的调查方法不同，其具体步骤也有所不同。比如问卷调查法就分为设计问卷、发放问卷、回收问卷等几个阶段，有时还需要多次发放问卷。在组织实地调查时，需要注意三个方面的问题：一是人员的组织和培训；二是调查经费的预算和管理；三是数据采集过程的监控。

4. 调查资料的整理和分析

在此阶段，将调查完成后收集到的第一手资料进行汇总、归纳和整理。首先要筛选，选取一切有关的、重要的资料，剔除没有参考价值的资料，然后对这些资料进行编组或者分类，使之成为某种可供备用的形式。数据后期分析的重要性不亚于调查实施的重要性，将调查得到的数据、信息、资料用适当的表格、统计图等形式展示出来，有时还需要进行数据处理，以便说明问题或从中发现典型的模式。

5. 撰写调查报告

经过对调查材料的综合分析整理，便可以着手撰写调查报告。撰写调查报告是市场调查的最后一项工作内容，调查报告最重要的作用是得出调查结论，其次是提供支撑结论的重要信息。调查报告将提交给企业决策者，作为企业制订市场策略的依据。值得注意的是，调查人员不应当把调查报告看作是市场调查的结束，而应该继续注意市场情况变化，以检验调查结果的准确程度，并发现市场新的趋势，为以后的调查打好基础。市场调查报告要按规范的格式撰写，一个完整的市场调查报告应包括以下内容：

1）创业项目介绍（主要介绍这个创业项目的主要情况）。
2）市场调查计划（包括调查目的、调查范围、调查方法）。
3）市场调查过程（主要介绍市场调查的全部过程、参与人员及费用等情况）。
4）市场调查数据及分析（梳理市场调查获得的数据并进行数据处理和分析）。
5）市场调查结论（产生调查结论）。
6）附件（其他需要附上的资料，如访谈调查的提纲、问卷调研的问卷等）。

第二节 开发创业项目

完成创业市场调查之后，就可以对前期的创业设想或者创业点子做进一步完善和开发，使之形成相对成熟的创业项目。

一、创业项目的概念

创业项目是指创业者为了达到自己的商业目的，在发现创业机会的基础上具体实施和操作的工作。创业项目门类很广，按照行业来分可以分为餐饮、服务、零售等，按照性质来分可以分为互联网创业项目和实体创业项目。创业项目的范围很广，创办一家企业，加盟一个品牌，开一间小店，都是一个创业项目。

在大学生创业活动中，创业项目的选择可以说是迈向成功的第一步，也是最关键的一步。根据中国创业招商网的调查，98%的失败者是因为没有选准合适的项目。但是我国大部分进行创业的大学生在选择创业项目时往往并不理性和科学。据教育部的一项报告显示，全国97家比较早的学生企业，赢利的仅占17%，学生创办的公司，5年内仅有30%能够生存下去，这其中很大一部分原因是项目选择不当所致。在实践中，大学生选择创业项目往往有以下几个误区：一是盲目追赶"流行"，很多大学生创业时缺少对于市场的深入分析，人云亦云，选择一些自己既不具备优势也没有真正兴趣的项目，认为这些项目最"赚钱"；二是怕担风险，一些大学生虽然想创业，但是由于缺少创业资源和启动资金，就去选择一些资金需求量小、看似简单的零售、餐饮项目，这是为了创业而创业。这种情况下大学生往往由于对行业不了解，自身缺少创业热情，也难以坚持下去；三是过于乐观，一些大学生虽然有了好的创意，或者是自己掌握了专利和发明，但是缺少对于市场的全面把握和对目标客户的深入分析，因此在确定创业项目时虽有闪光点但是不够完善，仓促上马，也会导致创业的失败。

只有选择了合适的创业项目，创业才有了目标和方向，才能激发自己的创业热情。大学生应选择可以充分发挥自身专长、资源、人脉等方面优势的项目，以己之长，攻人之短，在创业项目选择时充分利用和赢得自身的竞争优势，减少创业中的阻力，提高创业的成功率。

二、创业项目的类型

创业项目的类型很多，按照技术方法和创业方式划分，可以进行以下细分。

1. 传统创业

传统创业指的是从事传统的贸易、服务、制造、生产等传统行业，以创业者自有资金为主，建立实体企业，为消费者提供产品或服务的创业项目。

2. 网络创业

网络创业是以网络为载体，以网站和网店经营为主要形式，为消费者提供各类产品和服务的创业项目。网店经营具有手续简单、经营方式灵活、资金需求量小的优点，因此吸引了越来越多的大学生和大学毕业生投身其中。除了网店之外，还有个人网站、论坛、APP开发等各种创业形式，其经营业务和盈利模式也多种多样，从侧面反映出中国的网络创业事业的蓬勃发展和生机盎然。

网络创业由于本身的特殊性，所以要求从业人员具有一定的网络知识，并具有一定的网络安全意识，掌握一定在线支付手段。

3. 微创业

微创业的"微"有多种含义，既指成本的微小，也指创业领域微小，还指利用微平台进行项目开发的创业。微创业的特点是投资微小、见效快、可批量复制或拓展，主要以网络平台为载体与实际实体的结合而展开。微创业模式比较完整的提出，最早出现于2011年1月发起的一项"中国互联网微创业计划"，该计划首次提出了比较完整的关于微创业的运营模式，并推出了所有项目与移动互联网等先进技术和营销手段相结合以实现成效最大化的"微创业"原则。微创业被认为是改变当前大学生就业难状况的一个有益探索和尝试，同时对低收入者和有创业想法的工薪阶层的创业思路也具有指导意义。

4. 概念创业

概念创业是指凭借创意、点子、想法创业。当然，这些创业概念必须标新立异，至少在打算进入的行业或领域是个创举，只有这样才能抢占市场先机，才能吸引风险投资商的眼球。同时，这些超常规的想法还必须具有可操作性，而非天方夜谭。

三、确定创业项目的原则

大学生在选择创业项目时，一般应遵循以下四个原则。

1. 知己知彼原则

大学生选择创业项目，是创造一个切入社会的端口，要找到一个自身与社会结合的契合点。所以选择创业项目不能急于求成，应进行充分调查和论证，做到"知己知彼"。知己，就是要清醒地审视自己，了解自己的优势与强项、兴趣所在、知识经验积累、性格与心理特征、资源拥有情况等。知彼，是能够判断社会未来的发展趋势，对稳定的、恒久的、潜在的市场需要有一定认识。

2. 充分利用自有资源原则

所谓自有资源，就是创业者本人拥有的或自己可以直接控制的资源，包括专有技术、行业从业经验、经营管理能力、个人社会关系、私有物质资产等。大学生在创业时应该尽量利用自身的自有资源，因为相对于其他非自有资源，自有资源的取得和使用成本往往较低，同时容易使项目获得标新立异优势，在今后的市场竞争中占据主动地位。

3. 项目特色原则

项目特色是项目能够提供给消费者的最真实品质和效用，是吸引、影响、制约社会成员间进行交换的资源；是存在项目之中的优秀基因；是吸引投资者、争夺消费者的竞争优势。项目特色是一个创业项目的灵魂；是企业生存下去的基础；是项目发展成长的条件。没有特色，任何创业都将难以为继。创业者应具备创新精神和创新能力，通过市场调查和研究，寻找市场空间，开发具有特色的创业项目。

4. 效率优先原则

由于先天条件不足，大学生创业者在创业时普遍缺乏资金、客户等资源。因此创业之初，大学生创业者应尽快脱离创业"初始危险期"，使项目的发展进入良性循环。因此在开发创业项目时，不仅要开发和保护项目的创新性，同时必须使项目具有较高的市场价值，保证项目的效率和效益，否则一切都是空谈。这样一方面可以迅速收回投资，降低投资风险；另一方面，即便项目后期成长性不好，创业者也可以选择维持经营或后期主动退出，利用挖掘到的"第一桶金"另寻出路。

第三节　商业模式开发

当确定了创业项目后，如何使好的创业项目带来市场盈利，获得长期发展，就是每一个创业者必须面对的问题。著名管理大师彼得·德鲁克说过，21世纪企业的竞争不再是产品和服务的竞争，而是商业模式的竞争。简单地说，商业模式就是回答这些问题：谁是企业的顾客？顾客看重什么？我们如何给顾客提供他所需要的产品和服务？我们在这项业务中如何赚钱？对于这些问题的回答决定了创业企业的生存和发展。

一、商业模式的概念

1. 如何界定商业模式

商业模式是企业创造价值并获得价值的主要途径与工具。好的商业模式可以回答两个方面的问题，一是企业最基本、最本质的问题：谁是顾客？顾客珍视什么？二是管理最本质的问题：企业如何通过商业活动来赚钱？更具体来说就是企业如何以合适的成本向顾客提供价值。商业模式与企业整个业务体系运作方式相关，其实质就是企业创造利润的潜在经济逻辑。

在提出商业模式概念的初期，商业模式指的是从企业自身出发关注产品、营销、利润和流程，即强调收益模式。随着企业的发展和研究的推进，商业模式逐步上升为企业战略的核心问题，即关注顾客关系、价值提供乃至市场细分、战略目标、价值主张。也就是说，商业模式就是指如何抓住市场机会为顾客创造更多的价值。只有满足消费者尚未得到满足的需求或解决了市场上有待解决的问题以后，才能创造真正的价值。这也是创业企业的核心问题。

当然，企业创造市场价值，必须依靠自身拥有的资源、能力及其组合方式，因此，企业内部资源与外部市场机会的结合是商业模式研究的起点。

2. 商业模式的核心内涵

无论是理论领域还是实践领域，对商业模式都没有一个得到普遍认可的定义。在大量资料文献中，商业模式的本质、结构都不清晰，更加无法科学分析如何构建一个好的商业模式。商业模式的概念中存在的差异使得很多学术概念相互混淆，诸如商务模式、战略、商业概念、收入模式和经济模式等就常常被交替使用。

Michael Morris 等通过对 30 多个商业模式定义的关键词进行内容分析，指出商业模式定义可分为三类，即经济类、运营类、战略类。经济类定义将商业模式看作是企业的经济模式，是指"如何赚钱"的利润产生逻辑，相关变量包括收益来源、定价方法、成本结构和利润等；运营类定义关注企业内部流程及构造问题，相关变量包括产品或服务交付方式、管理流程、资源流、知识管理等；战略类定义涉及企业的市场定位、组织边界、竞争优势及其可持续性，相关变量包括价值创造、差异化、愿景和网络等。在这三种定义中，价值提供、经济模式、顾客界面或联系、伙伴关系网络或角色、内部基础设施或关联活动、目标市场等变量一再重复出现，并且作为战略要素的作用十分显著。

总结起来，商业模式是为了实现客户价值最大化，把能使企业运行的内外各要素整合起来，形成一个完整的、高效率的、具有竞争优势的运行系统，并通过提供产品和服务使系统达成持续赢利目标的新范式。它首先是企业有经营产品所涉及的一系列流程和条件，包括发展战略、营销策略和企业经营理念；其次是企业利润的获取方式，包括价值创造手段、财务预算、产品定位和促销组合；最后是企业创造核心价值的管理方法，包括差异化产品定位、员工激励和渠道选择等。

二、商业模式的类型

商业模式的本质就是企业获取利润的方式，企业"做生意"的方式千差万别，因此商业模式也形态各异。美国著名的商业模式研究者 Osterwalder 和 Pigneur（2011）概括出五种商业模式新式样：非绑定商业模式、长尾商业模式、多边平台商业模式、免费式商业模式和开放式商业模式。

1. 非绑定式商业模式

非绑定的商业模式的企业有三种不同的业务类型：客户关系型业务、产品创新型业务和基础设施型业务。客户关系型业务的职责是寻找和获取客户并与他们建立关系；产品创新型业务的职责是开发新的和有吸引力的产品和服务；而基础设施型业务的职责是构建和管理平台。每种不同的类型都包含三种不同的驱动因素：经济驱动因素、竞争驱动因素、文化驱动因素。所以企业应关注以下三种价值信条：产品领先、亲近客户、卓越运营。为避免冲突或不利的权衡妥协，三种业务类型"分离"成为独立的实体但又可同存于一家公司，如私人银行业、移动通信业等的商业模式，见表7-1。

表7-1 非绑定商业模式的三种不同业务类型

	产品创新型业务	客户关系型业务	基础设施型业务
经济	更早地进入市场可以保证索要溢价价格，并获取巨大的市场份额；速度是关键	获取客户的固定成本决定了通过大规模生产达到单位成本降低的必要性；规模是关键	高昂的成本决定了通过大规模生产达到单位成本降低的必要性；规模是关键
竞争	针对人才而竞争；进入门槛低；许多小公司繁旺兴荣	针对范围而竞争；快速巩固；寡头占领市场	针对规模而竞争；快速巩固，寡头占领市场
文化	以员工为中心；鼓励创新人才	高度面向服务；客户至上心态	关注成本；统一标准；可预测和有效性

2. 长尾商业模式

长尾概念由克里斯·安德森提出，这个概念描述了媒体行业从面向大量用户销售少数拳头产品，到销售庞大数量的利基产品的转变，虽然每种利基产品相对而言只产生小额销售量。"利基"一词是英文"niche"的音译，意译为"壁龛"，有拾遗补阙或见缝插针的意思。菲利普·科特勒在《营销管理》中给利基下的定义为：利基是更窄地确定某些群体，这是一个小市场并且它的需要没有被服务好，或者说"有获取利益的基础"。但利基产品销售总额可以与传统面向大量用户销售少数拳头产品的销售模式媲美。长尾式商业模式的核心是多样少量；他们关注于为利基市场提供给大量的产品，每种产品相对而言卖得很少。长尾式商业模式需要低库存成本和强大的平台，并使得利基产品对于兴趣买家来说容易获得。长尾商业模式的三个驱动因素分别是生产工具大众化、分销渠道的大众化和连接供需双方的成本下降。

图书出版业是一个典型的长尾案例，是"小众产品"行业，市场上流通的图书达300万种。大多数图书很难找到自己的目标读者，只有极少数的图书最终成为畅销书。由于长尾书的印数及销量少，而出版、印刷、销售及库存成本又较高，因此，长期以来出版商和书店的经营模式多以畅销书为中心。网络书店和数字出版社的发展为长尾书销售提供了无限的市场空间。在这个市场里，长尾书的库存和销售成本几乎为零，于是，长尾图书开始有价值了。销售成千上万的小众图书，哪怕一次仅卖一两本，其利润累计起来可以相当甚至超过那些动辄销售几百万册的畅销书。如亚马逊副经理史蒂夫·凯塞尔所说："如果我有10万种书，哪怕一次仅卖掉一本，10年后加起来它们的销售就会超过最新出版的《哈利·波特》。"

3. 多边平台商业模式

多边平台商业模式是指将两个或更多有明显区别但又相互依赖的客户群体汇集在一起，通过促进各方客户群体互动来创造价值。如何激发网络效应，增加入驻平台的用户数量是多边平台模型运行的关键。其典型企业如亚马逊、阿里巴巴。在平台模式中涉及的多方指的是客户是多方面的,而平台实现收益的方式就是促进不同客户群体间交易达成。平台最核心的资源就是平台本身,而关键业务则是平台管理和服务。

4. 免费商业模式

"互联网+"时代是一个"信息过剩"的时代,也是一个"注意力稀缺"的时代,怎样在"无限的信息中"获取"有限的注意力",便成为"互联网+"时代的核心命题。注意力稀缺导致众多互联网创业者们开始想尽办法去争夺注意力资源,而互联网产品最重要的就是流量,有了流量才能够以此为基础构建自己的商业模式,所以说互联网经济就是以吸引大众注意力为基础,去创造价值,然后转化成盈利。很多互联网企业都是以免费、好用的产品吸引到大量用户,然后通过新的产品或服务给不同的用户,在此基础上再构建商业模式,比如360安全卫士、QQ等。互联网颠覆传统企业的常用打法就是在传统企业用来赚钱的领域免费,从而彻底把传统企业的客户群带走,继而转化成流量,然后再利用延伸价值链或增值服务来实现盈利。

免费商业模式是指至少向一个庞大的客户细分群体提供持续的免费服务,并据此吸引付费用户且通过付费用户补贴免费用户的一种商业模式。作为一种营销手段,免费的本质就是交叉补贴,免费式商业模式的特点是至少有一个客户细分群体持续从免费的产品或服务中受益。免费模式可以划分为三种:基于多边平台(基于广告)的免费产品或服务、带有可选收费服务的免费基本服务、诱钓模式(通过廉价或免费的初始产品或服务,来促进和吸引相关产品或服务的未来购买)。

资料来源:《互联网时代,看懂这六种商业模式!》,http://www.360doc.com/content/15/0626/16/17268663_480854507.shtml。

5. 开放式商业模式

开放式商业模式是指通过与外部伙伴系统性合作来创造和捕捉价值。可以分为"由外到内"和"由内及外"两种式样,前者是指将外部的创意引入到公司内部,如宝洁公司将内部研发外部化,通过互联网平台,将自己研发中的难题暴露给全球的科学家,成功地开发了解决方案可获得宝洁公司的现金奖励;后者是指将企业内部闲置的创意和资产提供给外部伙伴。如葛兰素史克建立对外开放的专利池,把公司弃用的开发疑难杂症的相关知识产权放在专利池,以供外部的研究者使用,以促进对疑难杂症的研究,产生更多的价值。现实中,不同企业商业模式的开放程度是不一样的,根据企业在价值创造过程中分享和整合外部资源的程度的不同,又可以将开放式商业模式分为四种模型:封闭式、分享式、吸收式和开放式商业模式(见图7-2)。

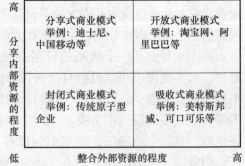

图7-2 开放商业模式的分类图

应该看到,五种模式都是对新兴商业模式的描述,在互联网经济时代得到广泛应用的主要有三种:长尾商业模式、多边平台商业模式和免费商业模式。

资料来源:《商业模式类型之五:开放式商业模式》,http://www.sohu.com/a/134225306_649293。

6. O2O 商业模式

O2O 是 Online To Offline 的英文简称。O2O 狭义来理解就是线上交易、线下体验消费的商务模式,主要包括两种场景:一是线上到线下,用户在线上购买或预订服务,再到线下商户实地享受服务,目前这种类型比较多;二是线下到线上,用户通过线下实体店体验并选好商品,然后通过线上下单来购买商品。

广义的 O2O 就是将互联网思维与传统产业相融合,未来 O2O 的发展将突破线上和线下的界限,实现线上线下、虚实之间的深度融合,其模式的核心是基于平等、开放、互动、迭代、共享等互联网思维,利用高效率、低成本的互联网信息技术,改造传统产业链中的低效率环节。

O2O 的优势在于把网上和网下的优势完美结合。通过网购导购机,把互联网与地面店完美对接,实现互联网落地。让消费者在享受线上优惠价格的同时,又可享受线下贴身的服务。同时,O2O 模式还可实现不同商家的联盟。

2015 创业公司十大创新商业模式代表案例

在互联网思维被赋予多重定义的时代,商业模式和传统的商业模式最大的区别在于,不再是关于成本和规模的讨论,而是关于重新定义客户价值的讨论。商业模式就是如何创造和传递客户价值和公司价值的系统。可见,客户价值以及客户价值主张的重要性非同一般。

1. 大疆——消费级无人机市场的霸主

企业介绍:深圳市大疆创新科技有限公司(DJI-Innovations,简称 DJI)成立于 2006 年,是全球领先的无人飞行器控制系统研发和生产商及无人机解决方案的提供商,客户遍布全球 100 多个国家。它占据着全球 70% 的无人机市场份额。

创新性:无人机以前主要是应用在军事方面,而大疆是第一个将无人机应用在商业领域并获得成功的企业。大疆无人机如今已被应用在军事、农业、记者报道等方面,是可以"飞行的照相机"。

这家公司将目标受众从业余爱好者变成主流用户,而且它在这一过程中还能占据市场的主导地位,这种成功的案例在科技行业发展史上实属罕见。

2. 滴滴巴士——定制公共交通

企业介绍:2015 年 7 月 15 日,继快车、顺风车之后,滴滴快的旗下巴士业务"滴滴巴士"也正式上线。目前滴滴巴士已经在北京和深圳拥有 700 多辆大巴、1000 多个班次。

创新性:滴滴巴士是第一个尝试将巴士进行多场景应用的定制巴士。滴滴巴士是关于定制化出行的城市通勤定制服务。它根据大数据测算并推出城市出行新线路。滴滴巴士还将巴士进行多场景应用,比如旅游线路定制、商务线路定制等,扩展了巴士出行的场景。

短评:城市通勤定制服务出现的时间并不长,却发展很快。它是关于定制化出行的一种初步尝试。事实上,做定制服务的门槛其实是极高的,而滴滴巴士母公司滴滴出行的互联网技术和用户基础为其创造了有利条件。

3. 百度度秘——表面它陪你聊天,其实你赔它消费

企业介绍:度秘(英文名:duer)是百度在 2015 年世界大会上全新推出的,为用户提供秘书化搜索服务的机器人助理。

创新性：度秘将人工智能带到了可以广泛使用的场景中，是百度强大的搜索技术和人工智能的完美结合体，可以用机器不断学习和替代人的行为。

短评：提起百度就是竞价排名，如今度秘终于可以升级这个原始的广告模式了。今年百度大会上推出的度秘是聊天机器人＋搜索引擎＋垂直类O2O的整合型产品。它把现在互联网最热最精尖的技术全集合在了一起，百度大动干戈在百度世界大会上发布这款产品，将生态完善化繁为简，满足了"懒人"生平夙愿。

4. 人人车——"九死一生"的C2C坚挺地活了下来

企业介绍：人人车是用C2C的方式来卖二手车，为个人车主和买家提供诚信、专业、便捷、有保障的优质二手车交易。

创新性：它首创了二手车C2C虚拟寄售模式，直接对接个人车主和买家，砍掉中间环节。该平台仅上线车龄为六年且在10万千米内的无事故个人二手车，卖家可以将爱车卖到公道价，买家可以买到经专业评估师检测的真实车况的放心车。

短评：C2C虚拟寄售的模式被描述为"九死一生"是因为：第一，二手车属非标品；第二，卖车人和买车人两端需求是对立的；第三，国内一直缺乏第三方中立的车辆评估，鱼龙混杂。因此，二手车C2C交易困难重重，想法大胆又天真。人人车不被看好却能逃过"C轮死"的魔咒，是因为其省去所有中间环节，将利润返还与消费者。创始人李健说："如果我能成功，B2C都要失业了。"

5. e袋洗——力图用一袋衣服撬动一个生态

企业介绍：e袋洗是由有20余年洗衣历程的荣昌转型而来的O2O品牌，采取众包业务模式，以社区为单位进行线下物流团队建设，即在每个社区招聘本社区中40、50、60个人员作为物流取送人员。

创新性：e袋洗是第一个以洗衣为切入点进入整个家政领域的平台。e袋洗的顾客主要是80后，洗衣按袋计费：99元按袋洗，装多少洗多少。e袋洗致力于将幸福感作为商业模式的核心和主导，推出了新品小e管家，通过邻里互助去解决用户需求，提升居民幸福感。小e管家在小e管洗、小e管饭的基础上，计划推出小e管接送小孩、小e管养老等服务，以单品带动平台，从垂直生活服务平台转向社区生活共享服务平台，以保证C2C两端供给充足。

短评：e袋洗在搭建成熟的共享经济平台后，不断延伸出更多的家庭服务生态链，打造一种邻里互动服务的共享经济生态圈。集合社会上已有的线下资源，通过移动互联网实现标准化、品质化转变，帮助人们在生活中获得更便利、个性的服务。

6. 实惠APP——团购不彻底，直接免费

企业介绍：实惠APP是一款基于移动端，主打社区的生活服务类APP。用户通过入驻实惠APP上自己工作的写字楼或居住的社区，可以领取实惠或商家提供的优惠礼品，享用身边的生活服务和便利商品，同时进行邻里间的社交，让用户生活更便捷更实惠。

创新性：实惠商业模式的创新之处是做免费的团购——颠覆团购低价模式直接0元团购。通过平台将商家提供的免费福利，派发给参与中奖的用户。它以城市的上班族为主要对象，可以在写字楼或者社区的位置信息中录入其附近的商家名称和商品的福利活动，并通过附近福利、免费抢福利、幸运老虎机、品牌大乐透等趣味方式推送给用户，使用户既能得到实惠，又得到良好的游戏体验。

短评：实惠 APP 开启的创新"免费 O2O"模式促进了商家和用户的良性互动，实惠把用户、商户、物业连成一个有机整体，不仅和大型商户开展合作，更包含在社区间的居民、商户、物业等基于地理位置的连接，可看成一个小的社群系统，并围绕这个小的系统展开的线上订单和线下服务。

7. 干净么——餐饮界的 360，免费还杀毒

企业介绍：干净么是一个互联网餐饮安全卫生监管平台，基于移动互联网并连接各个环节、各个部门的第三方卫生监管平台，同政府、媒体、商家、用户等多方互动来进行监管。目前在干净么的 APP 上有几百万条数据，15 万家餐厅的食品安全等级评价。

创新性：它是第一家利用互联网思维来打食品安全这场仗的第三方平台，不仅对餐饮商家进行测评、监管，还包含学校、幼儿园、单位食堂等在内，用户可以查阅自己感兴趣商家的卫生安全等级，从而判断是否就餐。

短评：干净么就好比餐饮界的 360，免费还杀毒，目标就是通过扬善惩恶使餐饮行业进入良性竞争循环。食品安全需要社会共治，干净么就是连接政府、媒体和消费者的一个纽带。

8. 很久以前——不久的将来给小费将成为常态

企业介绍：很久以前是北京簋街一家烧烤店，店内推出的打赏制度被各大餐饮集团引用。

创新性：第一家将餐厅给小费的形式进行互联网思维改良的餐厅。打赏制度：打赏金额为 4 元，打赏人是到店里用餐的顾客，被打赏人是前厅员工，包括服务员、传菜工、保洁人员、炭火工。打赏规则：①前厅员工可以向顾客介绍打赏活动，但只能提一次；②前厅员工不能向顾客主动索取打赏。展现形式：店内、餐桌展示牌及员工胸牌上印有活动内容——"请打赏：如果对我的服务满意"，吸引顾客眼光。

短评：可别小看了打赏这个小制度，已经有很多的餐饮连锁巨头开始使用这个制度了。4 元钱顾客买不了吃亏，买不了上当，却买了一个好的服务，也给服务员多了一个收入途径。你别嫌少，积少成多可是大大提升了服务员的积极性。

9. 多点（Dmall）——不是多点少点的问题而是快点

企业介绍：多点是一个以超市为切入口的 O2O 生活服务平台，将日常生活消费和生鲜产品作为突破口。

创新性：多点的创新点与京东到家、天猫超市等截然不同。它与商超之间完成系统上的对接：可以通过深度整合的系统，动态地获取商超库存、价格等重要数据，同时，多点通过数据分析及供应链控制能力，将 C2B 模式引入商超，可以解决其生鲜进销问题。同时，多点自建物流，有自己的配送员。在用户下单后，多点会和合作商家一起分拣货物，然后送货上门。

短评：用户从下单到收获，全程所花时间不超过 1 小时，多点可以说是用户的网上超市，只不过模式比较轻，也比较快。

10. 云足疗——上门服务中的垂直环节

企业介绍：云足疗于 2015 年 1 月正式上线。用户通过云足疗 APP 或微信、电话预约，可以随时随地享受足疗、修脚、理疗服务。用户可以根据云足疗平台上项目、价格、距离、籍贯等信息，选择符合自己要求的服务项目、服务师傅。

创新性：云足疗是第一家也是唯一一家上门足疗O2O平台。云足疗砍掉了足疗店等中间环节，让技师和顾客实现无缝对接，不仅解放了长期局限在足疗店的技师们，让他们获得了比同行更高的薪资，同时也让顾客体验到低价便捷的优质上门养生服务。云足疗率先实现了上门足疗服务的标准化，平台通过面试、实名认证、技能考核、系统培训等严格筛选，来保障上线的技师的专业技能和高服务水准。

短评：云足疗属于上门服务中的垂直环节，在O2O垂直领域是值得开发的沃土。团队15年服务行业的线下实体店的经验，是其能够在资本寒冬中获得融资的关键。

对上述商业模式进行梳理不难发现："成功商业模式"可进一步划归为"基于技术突破与创新"和"主要依托产业价值链融合与分解"两类，并在不同的领域与产业价值链条上做出了不同程度的创新。这表明，成功的商业模式非常一样而又非常不一样。非常一样的是创新性地将内部资源、外部环境、盈利模式与经营机制等有机结合，不断提升自身的盈利性、协调性、价值、风险控制能力、持续发展能力与行业地位等。非常不一样的是在一定条件、一定环境下的成功，更多的具有个性，不能简单地复制，而且必须通过不断修正才能保持企业持久的生命力。想要创新商业模式只研究商业模式是远远不够的，不懂经济法则，不懂社会潮流，不懂人文需求，还是不能创新。借鉴基础上的创新永远是商业模式中商业智慧的核心价值。

资料来源：http://business.sohu.com/20160108/n433866954.shtml。

三、商业模式创新的方法

成功的商业模式可能是对企业经营的某一环节的改造，或是对原有经营模式的重组、更替，甚至是对整个游戏规则的颠覆。商业模式的创新方法贯穿于企业经营的整个过程中，贯穿于企业资源开发、研发模式、制造方式、营销体系、流通环节等各个环节。每个环节的创新都有可能塑造一种崭新的、成功的商业模式。按照IBM商业研究所和哈佛商学院克里斯坦森教授的观点，商业模式创新就是对企业的基本经营方法进行变革。一般而言，有四种方法：改变收入模式、改变企业模式、改变产业模式、改变技术模式。

1. 改变收入模式

改变收入模式指的是改变一个企业的价值创造模式或者利润获取模式。企业从确定用户的真正需求入手，深刻理解用户购买你的产品需要完成的任务或要实现的目标是什么。其实，用户要完成一项任务不仅仅是购买一个产品，而且是购买一个解决方案。一旦确定了解决方案，也就确定了新的价值创造模式，并且可以以此为基础，进行商业模式创新。

2. 改变企业模式

改变企业模式就是改变一个企业在产业链中的位置和充当的角色，从而改变其创造价值的方式。一般而言，企业的这种变化是通过垂直整合策略或出售及外包来实现的。

3. 改变产业模式

改变产业模式是最激进的一种商业模式创新，它要求一个企业重新定义一个产业，或者进入、创造一个新产业。

4. 改变技术模式

正如产品创新往往是商业模式创新的最主要驱动力，技术变革也是如此。企业可以通过引进激进型技术来主导自身的商业模式创新,如当年众多企业利用互联网进行商业模式创新。如当今最具潜力的云计算技术,它能提供诸多崭新的用户价值,从而提供企业进行商业模式创新的契机。

无论采取何种方法,商业模式创新需要企业对自身经营方式、用户需求、产业及宏观技术具有深刻的理解和洞察力。这才是成功进行商业模式创新的前提条件和发展基础。

训练项目一　创业机会识别训练

一、训练内容

小组结合相关专业知识和市场调查情况,寻找创业机会,并在此基础上开发一个创业项目。

创业机会识别是创业领域中的关键问题之一。从创业过程角度来说,创业机会的识别是创业的开端,也是创业的前提。创业过程就是围绕着创业机会进行识别、开发、利用的过程。识别合适的创业机会是创业者应当具备的重要技能。成功的机会识别是创业愿望、创业能力和创业环境等多因素综合作用的结果。创业愿望是机会识别的前提,创业能力是机会识别的基础,创业环境是机会识别的关键。

好的创业需要机会,机会要靠发现,要寻找适合的创业机会,必须掌握正确的方法。创业机会来源有以下几个方面:

(1) 机会来源于问题　企业提供产品和服务就是为了满足消费者的需求,解决消费者在生产生活中的问题。因此,人们在生产生活中遇到的困难和不便可能就是创业机会。

(2) 机会来源于变化　变化会带来问题,也就是带来创业机会。这种变化包括技术的变化和市场的变化。新技术的应用改变了人们的工作方式和生活方式,从而带来新的创业机会,如通信技术和互联网的发展。另一方面,随着政府政策、产业结构、人口结构等方面的变化,市场需求和市场结构必然发生变化,这种变化中蕴含着巨大的机会。

(3) 机会来源于竞争对手　当创业者准备进入一个市场时,调查竞争对手是非常必要的,因为竞争对手的缺陷和不足恰恰是创业者的创业机会。

创业机会识别训练就是训练大学生的创业能力,通过让大学生深入观察生活、实地调研、团队讨论,识别和分析可能的创业机会,培养大学生的创业意识,提高大学生的创业能力。

二、训练步骤

1. 分组

训练采取团队完成任务、团队代表上台陈述、团队之间进行竞争的学习方式。这种方式打破了传统的教师说和学生听的固有模式,通过多方位协作、互动和竞争,寓教于乐,让学生在不知不觉中培养创新意识、学习创业技巧。

训练以班级为单位进行,25~35人为宜,分为3~8组,每组人数4~8人为宜。如果多个班级同时进行,也可以打破班级界限组队。小组分好后,建议在整个训练过程中不要随意改动。

2. 团队建设

分组完成之后,各个小组成员通过讨论,课下完成以下工作:

1) 确定组长人选。

2）确定小组名称。
3）确定小组工作纪律，并形成正式文件。
4）建设小组工作的文化（如设计一个口号等）。

这部分的工作可以由小组将工作流程和工作结果形成书面报告，提交给教师，教师可以根据教学需要，将其纳入最终的训练评分体系中去。

3. 教师讲授相关理论并布置作业

教师安排一定课时讲授知识要点，主要内容包括：

（1）讲授本章知识要点　教师对训练环节所涉及的理论知识和实践技能进行讲解，并对学生提出自学要求。

（2）训练内容和具体要求　此处需要说明的是，项目一对于大部分学生来说可能存在一定难度，如果学生在寻找创业机会方面存在困难的话，教师可以给学生一些较为成熟的创业项目作为参考，仅要求学生完成市场调查环节即可，或者可以参考历年大学生"互联网+""三创"比赛的创业项目。

（3）本次训练的内容和作业要求　教师应明确向学生说明本次训练的内容和作业要求，并给予学生一些指导和建议。

作业要求：完成 Word 报告一份；完成演示 PPT 一份。

4. 小组准备作业

由组长组织组员合作完成本次训练，建议可以一部分在课下完成，一部分在课上完成。

（1）课下部分　市场调查部分应在课下由学生自行完成，时间不限。

（2）课上部分　条件允许的情况下，教师可以安排学生在训练室完成小组讨论和作业，建议时间 2~4h。

5. 报告展示

由各个小组在教师安排下轮流上台进行作业报告展示，主要内容包括：

1）通过抽签确定小组上台顺序。
2）每个小组上台亮相（亮相方式由各个小组提前设计并排练）。
3）每组选出一人根据本组设计好的作业，上台讲解作业思路、内容、理由及结果，还可选一人补充讲解，建议时间在 10min 以内。
4）每组讲解完成后，其他人针对讲解内容进行提问，由小组成员进行回答，问答环节建议时间在 10min 以内。
5）问答环节结束后，由教师进行现场点评，并要求各个小组根据点评对作业进行修改。
6）各个小组将修改好的作业交给教师进行评分。

三、训练要求

具体训练要求同第二章训练项目。

四、考核办法

具体考核办法同第二章训练项目。

训练项目二：创业机会评估训练

一、训练内容

参考辅助材料中的创业机会评估指标体系，对公司的创业项目进行机会评估。

创业者在正确识别创业机会之后，还要能够对机会进行有效的判断：这个机会是否能够产生预期利润？是否具有吸引力、持久性和适时性？是否能够对其所服务的目标市场创造一定的价值？这就需要从主观和客观两个方面对创业机会进行评估。这种评估既来自于创业者对于市场的把握和直觉，也来自于客观的评估指标体系。如 Timmons 提出的创业机会评价指标体系包括 8 个一级指标，55 个二级指标，是最全面的创业机会评价指标体系，他将每个指标的吸引力分为最高潜力和最低潜力，并对最高潜力和最低潜力进行了描述。

创业机会评估训练是训练大学生对于创业机会的分析和判断能力，大学生通过运用各种分析工具，分析创业项目，对其可行性和市场价值进行判断，可以提高大学生的创业能力，培养大学生的创业风险意识。

二、训练步骤

1. 分组

按照前面的分组进行创业机会评估训练。

2. 团队建设

具体团队建设办法同训练项目一。

3. 教师讲授相关理论并布置作业

教师安排一定课时进行讲授知识要点，主要内容包括：

（1）讲授本章知识要点　教师对训练环节所涉及的理论知识和实践技能进行讲解，并对学生提出自学要求。

（2）训练内容和具体要求　在这一部分，各个小组可以利用"辅助材料"里的Timmons的创业机会评估指标体系或大学生创业机会评估准则进行创业机会评估，也可以通过自学利用其他的创业机会评估指标体系，或者可以自己设计创业机会评估指标体系。但是各个小组需要说明选择这个指标体系的理由。

（3）本次训练的内容和作业要求　教师应明确向学生说明本次训练的内容和作业要求，并给予学生一些指导和建议。作业要求：完成 Word 报告一份；完成演示 PPT 一份。

4. 小组准备作业

由组长组织组员合作完成本次训练，建议可以一部分在课下完成，一部分在课上完成。

（1）课下部分　市场调查部分应在课下由学生自行完成，时间不限。

（2）课上部分　条件允许的情况下，教师可以安排学生在训练室完成小组讨论和作业，建议时间 2~4h。

5. 报告展示

由各个小组在教师安排下轮流上台进行作业报告展示，主要内容包括：

1）通过抽签确定小组上台顺序。

2）每个小组上台亮相（亮相方式由各个小组提前设计并排练）。

3）每组选出一人根据本组设计好的作业，上台讲解作业思路、内容、理由及结果，还可选一人补充讲解，建议时间在 10min 以内。

4）每组讲解完成后，其他人针对讲解内容进行提问，由小组成员进行回答，问答环节建议时间在 10min 以内。

5）问答环节结束后，由教师进行现场点评，并要求各个小组根据点评对作业进行修改。

6）各个小组将修改好的作业交给教师进行评分。

三、训练要求
具体训练要求同第二章训练项目。
四、考核办法
具体考核办法同第二章训练项目。

辅助材料

一、Timmons 的创业机会评估指标体系
Timmons 的创业机会评估指标体系见表 7-2。

表 7-2　Timmons 的创业机会评估指标体系

一级指标	二级指标
行业与市场	市场容易识别，可以带来持续收入
	顾客可以接受产品或服务，愿意为此付费
	产品的附加值高
	产品对市场的影响力高
	将要开发的产品生命长久
	项目所在的行业是新兴行业，竞争不完善
	市场规模大，销售潜力达到 1000 万～10 亿元
	市场成长率在 30%～50% 甚至更高
	现有厂商的生产能力几乎完全饱和
	在五年内能占据市场的领导地位，达到 20% 以上
	拥有低成本的供货商，具有成本优势
经济因素	达到盈亏平衡点所需要的时间在 1.5～2 年
	盈亏平衡点不会逐渐提高
	投资回报率在 25% 以上
	项目对资金的要求不是很大，能够获得融资
	销售额的年增长率高于 15%
	有良好的现金流量，能占到销售额的 20%～30%
	能获得持久的毛利，毛利率要达到 40% 以上
	能获得持久的税后利润，税后利润率要超过 10%
	资产集中程度低
	运营资金不多，需求量是逐渐增加的
	研究开发工作对资金的要求不高
收获条件	项目带来的附加价值具有较高的战略意义
	存在现有的或可预料的退出方式
	资本市场环境有利，可以实现资本的流动
竞争优势	固定成本和可变成本低
	对成本、价格和销售的控制较高
	已经获得或可以获得对专利所有权的保护
	竞争对手尚未觉醒，竞争较弱
	拥有专利或具有某种独占性
	拥有发展良好的网络关系，容易获得合同
	拥有杰出的关键人员和管理团队

(续)

一级指标	二级指标
管理团队	创业者团队是一个优秀管理者的组合
	行业和技术经验达到了本行业的最高水平
	管理团队的正直廉洁程度能达到最高水准
	管理团队知道自己缺乏哪方面的知识
致命缺陷	不存在任何致命缺陷
创业者的个人标准	个人目标与创业活动相符合
	创业者可以做到在有限的风险下实现成功
	创业者能接受薪水减少等损失
	创业者渴望进行创业这种生活方式,而不只是为了赚大钱
	创业者可以承受适当的风险
	创业者在压力下状态依然良好
理想与现实的战略性差异	理想与现实情况相吻合
	管理团队已经是最好的
	在客户服务管理方面有很好的服务理念
	所创办的事业顺应时代潮流
	所采取的技术具有突破性,不存在许多替代品或竞争对手
	具备灵活的适应能力,能快速地进行取舍
	始终在寻找新的机会
	定价与市场领先者几乎持平
	能够获得销售渠道,或已经拥有现成的网络
	能够允许失败

二、大学生创业机会评估准则

大学生创业机会评估准则见表7-3。

表7-3 大学生创业机会评估准则

类别	指标	最有利标准 A	最不利标准 E	A	B	C	D	E
行业和市场	市场需求	产品有市场需求	顾客群已忠诚其他品牌					
		能够形成特定的顾客群	无特定顾客群					
		顾客的利益点突出	产品顾客利益点不显著					
	市场结构	销售者数目少	销售者数目多					
		销售者规模小	销售者规模大					
		买卖双方信息不对等	买卖双方信息对等					
	市场规模	大、占份额小就能收益很多	小,即使占较大份额收益也很低					
		新兴、不稳定、多变	稳定,机会少					
	市场份额	占市场份额20%以上	占市场份额小于5%					
	成本结构	不依赖于规模经济	依赖于规模经济					

(续)

类别	指标	最有利标准 A	最不利标准 E	A	B	C	D	E
资本和获利能力	税后利润	10%~20%	低于5%					
	盈亏平衡	1年开始盈利	3年开始盈利					
	资本要求	中低水平资本	大量资本量					
	退出机制	能够拥有或者思考一种获利和退出机制	没有一种退出机制					
竞争优势	成本	成本最低地位	成本较高地位					
	控制程度	对价格、成本、分销渠道具有中等或较强的控制能力	—					
	进入壁垒	拥有所有权、法规优势等壁垒	无法把其他竞争者阻挡在行业外					
管理团队	人员	囊括业内明星团队	缺乏业内专家					
	团队	产业团队团结互补	有过不团结记录					
个人标准	成功标准	创业项目符合创业者个人成功标准，创业动机强烈	创业项目不符合创业者个人成功标准，创业动机不强烈					
	愿望	是自己的爱好	不是自己的向往					
	机会成本	项目价值大于其他工作	项目价值等于或者少于其他工作					
	压力承受	创业者能够接受高成长、高收益项目压力	对高成长、高收益的项目压力感到恐慌					
必需资源	资源的拥有	拥有可用的资金、技术和其他必需的资源	缺乏资金、技术和其他必需的资源					
环境	环境作用	处于有利的环境中	处于不利的环境中					
缺陷	致命缺陷	没有致命缺陷	有一个或两个致命缺陷					
合计								

资料来源：《大学生创业基础》，施永川主编，高等教育出版社2015年11月第1版。

复习思考题

1. 创业项目有哪些类型？请谈谈应如何在市场中寻找创业项目。
2. 请寻找一个大学生成功创业的案例，并结合本章内容分析其商业模式成功的原因。

Chapter 8

第八章

大学生创业团队管理训练

只有在集体中,个人才能获得全面发展其才能的手段,也就是说,只有在集体中才可能有个人自由。

——马克思、恩格斯

引言

在现代社会,几乎很难靠单打独斗来完成一项事业,在创业这样的高风险事业中,更需要依靠团队的力量来出谋划策、分担风险。大量的实证研究证明,团队创办的企业在存活率和成长性两个方面都显著高于个人创办的企业,创业团队的凝聚力、合作精神、立足长远目标的敬业精神会帮助新企业渡过危难时刻,加快成长步伐。因此,组建一支优秀的创业团队对于创业企业来说至关重要。

训练目标

1) 了解创业企业管理与一般的企业管理的区别。
2) 了解创业团队应该具备哪些要素,创业团队包括哪些类型。
3) 能够根据优秀创业团队的特点,组建自己的优秀创业团队。
4) 掌握创业团队管理的基本内容。

第一节 创业团队概述

在本节中,需要让学生掌握关于创业团队的基础理论,以及组建一个成功团队需要哪些技巧和方法。一支成功的创业团队对于创业项目的成功来说必不可少,但是反过来说,创业团队中出现的严重冲突乃至分裂,往往也是导致创业项目失败的主要原因。因此,如何谨慎挑选合作伙伴,组建一支优秀的创业团队是创业者必须掌握的知识和技能。

一、创业团队的概念和优势

在现代社会,很难依靠单打独斗来进行创业这样高风险的事业。组建创业团队是大部分创业者共同的选择。一项针对104家高科技企业的研究报告指出,在年销售额达到500万美元以上的高成长企业中,有83.3%的企业是以团队形式建立的。

关于团队的概念,不同学者从不同角度给出了定义。路易斯认为,团队是由一群认同某共同目标并致力于去完成的人组成的,他们喜欢一起工作,共同努力达成高品质的结果。在路易斯的定义中,团队有三个关键点,即共同的目标、核心的团队氛围和高品质结果。盖茨贝克和史密斯认为团队是由技能互补的少数人组成的,他们认同于某个共同目标和某个能使他们担负责任的程序。因此,团队成员的技能互补性也是团队构成的一个重要条件。

综上所述,团队是指由少数具有技能互补的人组成的一个共同体,他们认同于一个共同目标和一个能使他们彼此担负责任的程序,并相处愉快,乐于一起工作,为共同达成高品质的结果而努力。而创业团队,就是由少数具有技能互补的创业者为了实现共同的创业目标组成的,能使他们彼此担负责任,共同为达成高品质的结果而努力的共同体。

团队创业之所以比个人创业更容易成功,是因为相对于个人而言,创业团队在各个方面更具有优势。

(1) 资源互补优势　团队的一个特点是团队成员在技能上互补,这种互补性在组成团队之后可以发挥出"1+1>2"的效果。首先,创业团队中每个成员具有不同知识结构、成长背景、经验积累、社会资源等,这些资源合在一起要比单个创业者丰富得多,从而可以更有效地解决企业面临的各种问题,增加企业成功的可能性。其次,个人创业不仅面临知识、经验等方面的欠缺,同时也存在个人创业时在时间上、精力上的不足,和个人创业相比,团队创业力量更强。最后,个人创业往往会受到个人具体情况的影响,团队创业避免了创业企业过分地依赖一个人而导致失败。

(2) 群体决策优势　群体决策虽然也存在一些弊端,但是和个人决策相比,创业阶段的群体决策具有以下优势:一是合作优势,创业团队成员可以充分群策群力,更加有效地收集相关资料,把握具体问题,提高决策效率;二是分工优势,创业团队成员之间合理分工、各负其责,能够使管理者腾出更多时间来思考企业战略等问题,为企业重大决策提供时间保证;三是发展优势,群体决策可以避免因为某个创业者的变动而给企业带来致命的影响,保证创业团队决策的连续性。

(3) 创新优势　创新指的是对事物间的联系进行前所未有的思考,从而创造出新事物的思维方法,是一切具有崭新内容的思维形式的总和。创业团队在合作中,通过激发团队成员的创新思维,把多种资源、技能和知识糅合在一起,完善创业项目的内容,突破个人传统观念、职业经验和个人经历的障碍,从而增加创新成功的可能性。美国经济学家熊彼特在《经济发展理论》中提出的创新包括下列五种具体情况:开发新产品或改良原有产品、采用新的生产方法、发现新市场、发现新的原料和半成品、创建新的产业组织。无论哪一种创新,都离不开团队的精诚合作。

(4) 群体绩效优势　团队的一个重要特征是团队绩效大于所有成员独立工作时的绩效之和。这是因为团队绩效不仅仅依赖于团队成员个体的绩效,还依赖于团队成员之间的合作。团队成员通过团结合作、优势互补、集体效应就可以鼓舞士气、增强凝聚力,其产生的群体智慧和能量将远远大于个体。群体和团队的一个重要区别在于:工作群体绩效主要依赖于成员的个体贡献,而团队绩效则基于每一个成员的不同角色和能力而产生的乘数效应。许多研究和实践都证明了团队工作方式能够有效提高企业绩效。因此,组建创业团队不仅能够提升创业初期的成功率，而且为创业企业日后的成长和发展也奠定了基础。

当然，与个人创业相比，团队创业也有其劣势。主要表现在：集体决策时，共同商讨、统一意见可能导致决策效率下降；成员之间的利益不一致也会导致团队内部冲突，甚至团队分裂，给创业带来危机。

二、创业团队的组成要素

创业团队需要具备五个重要的团队组成要素，称为"5P"，如图8-1所示。

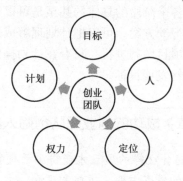

图8-1 创业团队的"5P"模型

(1) 目标（Purpose） 目标是创业团队的灵魂。团队的一个重要特征是团队有一个团队成员都认同的共同目标，这个目标是团队未来发展和团队成员努力的方向，在创业企业的管理中以创业企业的愿景、战略的形式体现。团队目标还要得到全体团队成员的承诺，即团队成员愿意为了实现团队目标而不懈努力，甚至牺牲自己的个人目标。没有目标，团队就没有存在的价值。

(2) 人（People） 人是创业团队最核心的力量。目标是通过人员来实现的，所以人员的选择是创业团队中非常重要的一部分。团队可以分为同质性团队和异质性团队。同质性团队指的是团队成员具有相似的知识结构、成长背景、工作经验，甚至在年龄、个性特征等方面都具有相似性。这种团队的优势是团队成员彼此容易相容，但是绩效水平发展有限。异质性团队是团队成员在年龄、性别、种族、人格、能力、民族、经验、教育水平等各个方面存在差异的团队。异质性团队在成立之初，往往需要花费较长时间来彼此适应和磨合，但研究指出异质性团队具有很好的发展潜力。

因此，在组建创业团队时，需要考虑两个方面的因素：一是要考虑人员的知识、经验、社会关系、个性等各个方面的互补性，能够使团队成员通过合理分工完成创业目标；二是考虑人员之间的合作情况，通过各种活动提高团队成员之间的默契和合作能力。

(3) 定位（Place） 定位是创业团队发展的基础。创业团队的定位包含两层意思：一是团队整体的定位，团队整体的定位是指创业团队在企业中处于什么位置，创业团队最终应对谁负责，进一步说，团队定位决定了团队采用什么管理模式，怎样选择团队的成员，如何激励和约束团队成员等问题；二是个体即创业者的定位，个体的定位是指各个团队成员在创业团队中扮演什么角色，是制订计划还是具体实施、评估，是大家共同出资，委托某人管理还是大家共同出资、共同参与管理或是共同出资、聘请第三方管理。这体现在创业实体的组织形式上，是合伙企业还是公司制企业。创业团队的定位决定了团队运作的模式，奠定了团未来发展的方向和基础。

（4）权限（Power） 权限是团队发展的保证。这里的权限指的是在创业团队中决策权力的分配，是决策权集中于创业团队的领导者还是由创业团队共同决策。一般来说，团队成员共同决策可以充分发挥团队的合作优势，但是在不同情况下也有需要集中决策权的情况。如在创业团队发展初期阶段，领导权相对比较集中，随着创业团队的成熟和创业企业走上正轨，领导者所拥有的权力就会越来越小，决策权越来越分散。

（5）计划（Plan） 计划是创业团队发展的具体路径。计划具有两层含义：一是创业团队是否已经把创业目标分解为各个阶段的具体的甚至是可以量化的企业目标；二是创业团队是否已经制订了一系列具体的行动方案。可以把计划理解成达到创业团队目标的具体工作程序，计划可以保证创业团队的项目顺利进行。只有在计划操作下创业团队才会一步一步贴近目标，从而实现创业团队的最终发展目标。

唐劲草：成功的创业团队创始人必备的五大素质

经常有创业者问我："到底什么样的项目才能得到天使投资人的青睐？"这个问题很难回答，不同的投资机构有不同的投资方向、风格和理念，各自偏好也就不同，但有一点可以确定，那就是偏爱投资具有优秀创始人的创业团队。

包括我在内的许多天使投资人经常挂在嘴边的投资哲学就是"不投事，只投人"。那么靠谱的创业团队创始人到底长什么样呢？我认为，优秀的创始人至少应具备以下五大素质：

一是有对创业的持续热情。对创业的持续热情是成功的首要因素。创业是一个异常艰辛的过程，选择这条路注定要迈过很多坎，经受各种风浪挫折，没有持续的热情根本熬不过去。

硅谷顶级投资人 Ben Horowitz 在其著作《创业维艰》中这样描述创业者："我睡得像个婴儿，每两小时就大哭一次。我就是这样的状态，经常头一天还觉得拥有整个世界，但是第二天又会觉得世界正离我而去。"

创业中会遇到很多困难，如果没有发自内心对工作的热情、对事业的执着、对成功的渴望，很容易丧失斗志，半途而废。当初孙正义投阿里的时候，说看到马云在讲述他的企业梦想时眼里散发着灼热的光芒，就相信他一定会成功，这正是因为他看到马云对这份事业充满了激情。

二是有大格局。心有多远，未来就有多远；格局有多大，事业就有多大。在现实生活中，一个拥有大格局的人，对外能够服众，对内能够保持以大局为重的清醒，做出明智的人生选择。一个创业者对项目定位、方向、模式、团队的思考能体现他的格局观。我们的首选投资对象必须既有改变现状、重塑未来的远大志向，又能合理定位、找准切入点，还能立足当下、从点滴做起。

纵观创投界，产生成千上万倍回报的投资案例，绝大部分是对行业格局甚至整个世界产生深远影响的企业带来的，这些企业的背后则是那些拥有着大格局的企业家。说到拥有大格局的中国企业家，不得不提的就是任正非，他首创的"人人股份制"实实在在做到了对员工的雨露均沾，他自己所占的股份却不到1%。而我遇到一些公司创始人自己占股90%以上，联合创始人或者核心成员仅占2%、3%，这样的创始人格局或者胸怀就不够宽广，我们在投资时候就会慎重考虑。当然,一开始就失去股份绝对控制权的创始人也是不可取的,这个度的把握也能体现创始人的格局。

三是有学习能力。学习能力为什么很重要?因为中国的企业家很累,中国的创业者更累,创始人必须是个全才,既要懂行业、懂产品、懂技术、懂营销,还要知道怎么带团队、怎么跟政府打交道,基本所有的事情都要亲力亲为。所以创业者必须学习,而且学习的速度还要很快,不然在激烈的市场竞争中将难以维生。

那么如何评价创始人的学习能力呢?背景是一个重要衡量因素,比如名校毕业、拥有硕博等高学历、名企高管经历等,这样的背景在一定程度上都能体现创始人的学习能力,这也是水木资本的投资考量之一。但我们绝不是非名校名企不投,比如一个人虽然起点很低,但不论做什么工作,都能在短期内做到优秀,这样的人我们认为其学习能力也是非常强的。

四是有创新思维或创新技术。没有创新,就做不出竞争壁垒,就不可能长期持续发展。通过模式的创新、思路的创新,一个项目可以快速地获得用户,并提高用户使用效率,降低用户使用成本,提升用户体验,从而初步建立起竞争壁垒。同时,持续创新的能力也必不可少,以应对越来越多的模仿者和追赶者。因此,创新思维对创始人而言必不可少。

如果既有创新思维又有创新技术,那就更完美了。因为创新技术更难复制一些,树立的竞争壁垒更高,能够领先竞争对手时间更长一些,所以技术创新的项目越来越受到投资人的青睐。如我们最近投资的 UGV 无人车项目,创始人及核心技术人员来自中星微,并与德州仪器、联发科长期合作,他们具备深厚的技术功底和国际视野,技术有创新,思维也非常活跃,相信他们有机会在无人车领域闯出一片新天地。

五是要善于与人沟通。作为公司的大脑,创始人需要面对合伙人、员工、客户、投资人、媒体、工商税务等各方各面,其是否拥有优秀的与人沟通的技巧就显得格外重要。当合伙人之间对发展方向产生了争执,当员工之间产生了纠纷,当客户对采用公司还是竞争对手的产品犹豫不决时,创业公司由于规模限制,出现这些问题往往都需要创始人亲自披挂上阵予以解决。如果没有良好的人际交往和沟通能力,公司内外的关系就无法理顺,更别提高速发展了。

此外,优秀的与人沟通的技巧还包括把自己的看法、观点很好地展示出来的能力,特别是让那些对你想阐述的事情缺乏事先了解的人能够清楚领会到你的意图和观点的能力。有些创业者,可能在技术和专业上的能力非常强,但面对那些对技术和专业不熟悉的人时,往往不能很好地将自己在做的事情用通俗易懂的话表达出来,这往往会导致很多机会的错失。

了解以上几点,就不难理解为何在聊项目时投资人会强调要见创始人了。因为创始人是项目的灵魂,面对面交流才更容易从创始人的谈吐和举止中了解他们对创业的热情、对人生的态度、对事业的格局,以及他们的学习能力、创新思维和沟通能力。天使投资主要还是看人、投人,其中最核心的就是投创业团队的创始人。

资料来源:http://mini.eastday.com/mobile/160919141911728.html。

三、优秀创业团队的类型

创业团队从不同的角度、层次和结构可以划分为不同类型。依据创业团队的组成来划分,创业团队有星状创业团队(Star Team)、网状创业团队(Net Team)和从网状创业团队中演化而来的虚拟星状创业团队（Virtual Star Team）。

1. 星状创业团队

星状创业团队一般指的是团队中有一个核心人物（Core Leader）充当领导的角色。这种团队往往是核心人物先产生创业的想法并进行了缜密的思考和论证，然后根据自己的想法选择人员加入团队，这些后加入的团队成员往往扮演一个支持者的角色（Supporter）。

这种创业团队组织结构紧密、向心力强、决策程序简单、决策效率较高，但是容易形成权力过分集中的局面，团队的其他成员在和领导者有不同意见时往往比较被动，甚至会离开团队，对团队产生不良影响。

2. 网状创业团队

网状创业团队是由几个成员共同组成，这些成员往往原本就比较熟悉，共同就某一个创业想法达成共识后开始创业。这种创业团队没有核心人物，大家根据自身的特点和团队的需要自发进行角色定位，在创业初期阶段各位成员扮演的都是协作者角色（Partner）。

这种创业团队的成员地位平等，关系密切，容易达成共识，发生不同意见时也往往采取平等协商的方式解决冲突，团队内部沟通较为顺畅。但是组织结构松散，没有明显的核心，决策效率相对较低。

3. 虚拟星状创业团队

这种创业团队由前两种演化而来，基本上是前两种的中间形态。在这种团队中有一个核心人物，但是该核心人物的地位是团队成员一致协商的结果。因此核心人物往往是团队的代言人而不是主导型人物。

这种团队的领导者地位是在创业过程中逐渐形成的，既不像星状团队那么集权，也不像网状团队那么分散。

第二节　创业团队的组建

成功的创业团队是创业成功的关键，而成功的创业团队往往是在组建之初就打下了良好的基础，才有以后的创业成功和团队成长，因此，组建创业团队是一项需要慎重对待的工作。

一、组建创业团队的基本条件

在组建创业团队时，需要具备一定的条件。

1. 树立正确的创业团队理念

成功的创业团队是一个利益共同体，创业团队成员应该有共同的理念、目标、价值观，这样才能组建一个健康的、有战斗力和可持续发展前景的创业团队。

首先是树立正确的创业动机。创业团队要把创业当作一项事业而不是一个快速的致富工具，更不是解决就业的一种手段。物质追求和价值满足固然是很多团队选择创业的主要动机和目的，但是更重要的，特别是对于大学生创业团队来讲，创业是一种自我社会价值的实现，包括获得社会的承认和尊重，完成团队的事业理想，实现个人的社会价值等。

其次是积极的团队合作精神。好的团队往往拥有具有合作精神的团队成员。从组建创业团队开始，团队成员就应该调整心态，认识到团队合作的重要性，愿意将个人目标服从于团队目标，能够信任其他团队成员，积极建立和谐的团队合作氛围。创业大学生们更应该心怀集体，不断加强整个团队的凝聚力和感召力，愿意为团体的大目标而共同奋斗。

最后是勇于创新的创业精神。创业是一项艰苦的事业。从创业精神的角度来讲，创业团队必须要有积极的创业心态，通过主动的提高和改变来实现团队的腾飞。大学生创业者更应该认识到创业的艰苦性和风险性。在团队中，创业精神主要表现在百折不挠、奋勇拼搏、诚信友爱、乐观上进、积极实践、勇于创新。

2. 树立明确的团队发展目标

明确的发展目标是团队成功的关键。如果一个团队确立了清晰可行的发展目标，就会对每一个团队成员产生巨大的激励作用。目标越是清晰、科学、可行性高，激励作用就越大。尤其在创业初期的困难阶段，明确的团队发展目标是团队成员齐心协力渡过难关取得胜利的动力。因此，创业者在组建创业团队时应该明确自己的创业思路，并在此基础上形成明确的创业目标；其次，能够将创业目标进行分解，设定各个阶段的子目标并进行量化管理；再次，创业者应该不断向团队成员灌输目标，形成团队成员对目标的承诺，用目标激励团队成员不断奋进。

3. 搭建合理的团队人员构成

创业团队类型不同，其人员结构也不相同，但是一个创业团队基本由领导者、核心成员和普通成员构成。要搭建合理的团队人员构成，需要遵循以下条件：

（1）团队成员具备创业要求的素质能力 作为创业者，团队成员应该具备一定的创业素质，如勇于突破创新、不断开发新技术、探究新模式、不受传统条框的束缚、从技术到思维都敢于突破、建立自己独特的优势等。其次，团队成员应该掌握创业所需要的某种资源或者能力，这样才能创造创业团队独特的竞争优势，完成创业项目的关键业务。

（2）团队成员之间应该优势互补 创业团队成员的配置应该体现资源的优化配置，团队成员应该在专业技能、工作经验、知识背景及个性特质方面有一定的差异，才能实现"1＋1＞2"的效果。根据团队的角色理论，团队成员在团队合作过程中扮演着不同的角色，角色之间的相互配合有利于实现团队合作，提高团队决策效率和团队绩效。

团队角色理论

角色原指演员所扮演的某一特定人物，后被社会心理学家引入社会学和社会心理学。在团队中，角色是指处于某一地位的个体根据他人的期望所表现出来的一套行为模式。

1）角色指个体的行为模式。所谓行为模式，是指个体表现出了相对固定的、持久的外显行为。

2）个体展示自己的行为时要考虑别人对自己的期望，即个体在某一情境下应当如何行动受他人预期的影响。

3）角色的扮演者是处于某一社会地位的个体。社会地位不同，角色就会不同。而且，扮演者本人对在某一情境下应当表现出的行为有自己的认识和观念。

在一个团队中，团队成员在其中承担和表现的角色可以分为任务导向角色、关系导向角色和自我导向角色三类：

1）任务导向角色包括的主要角色有创新者、贡献者、信息寻求者、意见提出者、能量供应者。创新者、贡献者的作用是为群体遇到的难题提出新的解决办法;信息寻求者的作用是努力获得群体需要的事实与数据;意见提出者的作用是提出自己的意见和他人分享;能量供应者的作用是当群体兴趣下降时,鼓励群体继续努力。

2) 关系导向角色包括的主要角色有调和者、折中者、鼓励者和加速者。调和者的作用是调节群体矛盾;折中者的作用是为了群体一致而改变自己的意见;鼓励者的作用是赞美与鼓励他人;加速者的作用是提出群体能够更加有效运作的方法。

3) 自我导向角色包括的角色有阻碍者、认可寻求者、统治者、回避者。阻碍者的作用是抵制群体,和群体对着干;认可寻求者的作用是促使别人注意到自己的成就;统治者的作用是操纵群体听命于自己;回避者的作用是和群体其他成员保持距离。

剑桥产业培训研究部前主任贝尔宾博士和他的同事们经过多年在澳洲和英国的研究与实践,提出了著名的贝尔宾团队角色理论,即一支结构合理的团队应该由八种角色组成,后来修订为九种角色。贝尔宾团队角色理论是,高效的团队工作有赖于默契协作。团队成员必须清楚其他人所扮演的角色,了解如何相互弥补不足,发挥优势。成功的团队协作可以提高生产力,鼓舞士气,激励创新。

1) 智多星PL (Plant)。智多星创造力强,充当创新者和发明者的角色。他们为团队的发展和完善出谋划策。通常他们更倾向于与其他团队成员保持距离,运用自己的想象力独立完成任务,标新立异。他们对于外界的批判和赞扬反应强烈,持保守态度。他们的想法总是很激进,并且可能会忽略实施的可能性。他们是独立的、聪明的、充满原创思想的,但是他们可能不善于与那些气场不同的人交流。

2) 外交家RI (Resource Investigator)。外交家是热情的、行动力强的、外向的人。无论公司内外,他们都善于和人打交道。他们与生俱来是谈判的高手,并且善于挖掘新的机遇、发展人际关系。虽然他们并没有很多原创想法,但是在听取和发展别人想法的时候,外交家效率极高。就像他们的名字一样,他们善于发掘那些可以获得并利用的资源。由于他们性格开朗外向,所以无论到哪里都会受到热烈欢迎。外交家为人随和,好奇心强,乐于在任何新事物中寻找潜在的可能性。然而,如果没有他人的持续激励,他们的热情会很快消退。

3) 审议员ME (Monitor Evaluator)。审议员是态度严肃的、谨慎理智的人,他们有着与生俱来对过份热情的免疫力。他们倾向于三思而后行,做决定较慢。通常他们非常具有批判性思维。他们善于在考虑周全之后做出明智的决定。

4) 协调者CO (Co-ordinator)。协调者最突出的特征就是他们能够凝聚团队的力量朝共同的目标努力。成熟、值得信赖并且自信,都是他们的代名词。在人际交往中,他们能够很快识别对方的长处所在,并且通过知人善用来达成团队目标。虽然协调者并不一定是团队中最聪明的成员,但是他们远见卓识,并且能够获得团队成员的尊重。

5) 鞭策者SH (Shaper)。鞭策者是充满干劲的、精力充沛的、渴望成就的人。通常,他们非常有进取心,性格外向,拥有强大驱动力。他们勇于挑战他人,并且关心最终是否胜利。他们喜欢领导并激励他人采取行动。在行动中如遇困难,他们会积极找出解决办法。他们是顽强又自信的,在面对任何失望和挫折时,他们倾向于显示出强烈的情绪反应。鞭策者对人际不敏感,好争辩,可能缺少对人际交往的理解。这些特征决定了他们是团队中最具竞争性的角色。

6) 凝聚者TW (Teamworker)。凝聚者是在团队中给予最大支持的成员。他们性格温和，擅长人际交往并关心他人。他们灵活性强，适应不同环境和人的能力非常强。凝聚者观察力强，善于交际。作为最佳倾听者的他们通常在团队中倍受欢迎。他们在工作上非常敏感，但是在面对危机时，他们往往优柔寡断。

7）执行者 IMP（Implementer）。执行者是实用主义者，有强烈的自我控制力及纪律意识。他们偏好努力工作，并系统化地解决问题。总而言之，执行者是典型的将自身利益与忠诚于团队紧密相连、较少关注个人诉求的角色。然而，执行者或许会因缺乏主动性而显得一板一眼。

8）完成者 CF（Completer Finisher）。完成者是坚持不懈的、注重细节的。他们不太会去做他们认为完成不了的任何事。他们由内部焦虑所激励，但表面看起来很从容。一般来说，大多数完成者都性格内向，并不太需要外部的激励或推动。他们无法容忍那些态度随意的人。完成者并不喜欢委派他人，而是更偏好自己来完成所有的任务。

9）专业师 SP（Specialist）。专业师是专注的，他们会为自己获得专业技能和知识而感到骄傲。他们首要专注于维持自己的专业度以及对专业知识的不断探究之上。然而由于专业师们将绝大多数注意力都集中在自己的领域，因此他们对其他领域所知甚少。最终，他们成了只对专一领域有贡献的专家。但是很少有人能够一心一意钻研，或有成为一流专家的才能。

（3）团队成员之间应该相互信任　创业团队能够不断发展和成长，团队成员彼此之间的信任是重要基础。团队成员之间必须相互信赖、相互支持才能形成合力，从而充分发挥团队的优势。很多创业团队成员之间非常熟悉，大学生创业团队中成员往往是同学、朋友或者校友，这都能够增强团队成员之间的信任，增强团队凝聚力。当然，更重要的是团队成员之间有共同的价值观和创业目标，彼此之间能够顺畅交流沟通，建立彼此信任的团队关系和团队氛围。

4. 建立科学的团队管理机制

一个好的团队如果要长远发展，就应该建立科学的管理机制。这包括明确创业团队内部的责任和权利关系，使团队成员权力与责任对等；妥善处理创业团队内部的利益关系，使团队成员的收益与贡献对等；制订创业团队内部的管理规则，使团队成员有规可依，团队尽快走上制度管理的轨道。

二、组建创业团队的程序

组建创业团队相当复杂，不同类型的创业项目，适合的团队类型不同，创建步骤也不完全相同。概括来讲，大致的组建程序如下。

1. 明确创业目标

在组建创业团队时，首先应该充分识别创业风险，建立创业团队的共同愿景；其次要保证团队成员对创业团队目标的认同和承诺，愿意为创业目标奋斗和努力；最后，为了推动团队最终实现创业目标，要将总目标加以分解，设定若干可行的阶段性目标。

在这个过程中，畅通的沟通渠道非常重要，通过有效的沟通，才能增强团队成员彼此的了解，达成共识，形成团队的合力。

2. 制订创业计划

创业计划是在对创业目标进行具体分解的基础上形成的具有阶段性、整体性和可行性的计划。创业计划确定了在不同创业阶段需要完成的具体任务以及所需资源和实施方案，通过创业计划可以逐步实现创业团队的阶段性目标，最终达成创业目标。其次，创业计划是从团队整体出发制订的计划，它从创业团队的实际情况出发，得到了创业团队成员的认可，并且符合创业团队成员的利益诉求，实现了团队目标和个人目标的统一；再次，一份完整的创业计划，必然包括创业核心团队的计划和人力资源计划。通过创业计划可以进一步明确创业团队的具体需求，比如人员的构成、素质和能力要求、数量要求等。因此创业计划具有较高的可行性。

3. 招募合适的人员

招募合适的人员是创业团队组建中最关键的一步。关于创业团队成员的招募，主要应该考虑三个方面：一是考虑人力资本价值，在招募团队成员时，应考虑其知识、经验、技能、社会资源、人格特质等方方面面的因素，招募到创业真正需要的人才，很多大学生创业时往往注重同学关系、亲友关系而忽视了对人力资本价值的考察；二是考虑互补性，一般而言，异质性团队的发展潜力要高于同质性团队，团队成员的知识、经验、能力应该是多元的，创业团队至少需要管理、技术和营销三个方面的人才，只有这三个方面的人才形成良好的沟通协作关系之后，创业团队才有可能实现稳定高效；三是考虑适度规模，适度的团队规模是保证团队高效运转的重要条件，团队成员太少则无法实现团队的功能和优势，而过多又可能产生交流的障碍，在招募团队成员时，要根据创业项目的具体情况，确定团队成员的数量，使创业团队保持适度规模。

4. 团队的职权划分

创业团队的职权划分就是根据执行创业计划的需要，具体确定每个团队成员所要担负的责任及所享有的权限。这里要注意两个方面的问题：一是团队成员之间的职权划分要明确，避免职权的重叠、交叉和遗漏；二是团队的工作方式强调平等合作，职权划分不宜过细过精，否则就会造成团队的僵化，不利于应对动态多变的创业环境。

5. 构建制度体系

创业团队制度体系体现了创业团队对成员的控制和激励能力，主要包括团队的各种约束制度和激励制度。首先，需要通过设计激励制度让团队成员明确自己在创业团队中的利益分配情况，这样可以实现对团队成员的有效激励。在设计激励制度时，一是要合乎相关法律的要求；二是要体现出足够的激励性；三是要使用规范化的书面形式予以明确，以避免日后产生不必要的冲突。另一方面，也需要设计约束制度对团队成员的行为进行约束，如组织制度、财务制度、保密制度、行为规范等，通过对团队成员的有效约束，保障团队的稳定高效运行。

6. 团队的调整融合

创业团队的建设不是一蹴而就的事，而是在创业过程中不断调整，逐步发展而来。随着团队的运作，团队组建时在人员匹配、制度设计、职权划分方面的不合理之处会暴露出来，这时就需要对团队进行调整融合，这是一个动态的持续过程。

三、组建创业团队的策略

创业团队组建之初，可能彼此都有高度的承诺与无悔的付出，但随着时间的流逝，事业的发展，团队成员之间的各种矛盾、认知差距、利益冲突等问题就会浮出水面。因此，组建创业团队时要遵循以下策略。

1. 树立共同的创业理念

团队成员要志同道合,有共同的价值观和金钱观。如诚实正直,富有合作精神,认同长远发展等。其次团队成员要明确共同的创业愿景,就是对新创企业未来成功状态的发展蓝图的设想。如果每个团队成员都能够通过创业愿景明确团队未来发展方向,并且能够把这个发展方向和自身目标联系起来,他们就会为实现团队愿景而奋斗。最后是团队成员之间应该相互信任,这是创业团队维持和运作的基本条件。总之,志同道合是彼此合作的基础,志同道合的创业者之间形成的心理契约才会更稳固,也只有志同道合的创业者才能在创业的道路上相互体谅,共同承担,风雨同舟。

2. 建立学习型组织

加强培训、保持团队的创造力和学习力对创业团队来说至关重要。通过持续不断的学习,提高创业团队成员的知识水平、激发创业团队成员的创造性思维能力、扩展创业团队成员的眼界,是提高创业团队有效性,保持创业团队持续稳定发展的关键。对于大学生创业团队来说,建设学习型创业团队更有意义。大学生缺少实践工作的经历和经验,其在校时也往往限于某个专业的知识学习,因此造成大学生的知识、经验和能力都很有限,因此创业并不是学习时期的结束而是新的学习的开始。大学生不仅要学习与创业相关的专业知识和技能,还要学习创建企业所涉及的法律知识和常识以及与经营活动相关的法律知识和工商管理的相关规定,才能顺利地创办新的企业,在遇到相应问题时能妥善解决。

3. 实现规范化的管理

当创业团队经过一段时间的发展之后,创业初期依赖友情、亲情来维护的权力划分和职责分工就不能继续发挥作用了。此时创业团队一定要走上规范化管理的道路。在制订管理规范时,可以本着先粗后细、由近及远、逐步细化的原则,具有前瞻性和实用性。只有依靠理性的和有约束性的规章和制度作为共同创业的行为准则,才不至于在企业发展过程中产生不必要的争议和纠纷,而损害整个创业团队的利益。

第三节 创业团队的管理

成功组建创业团队之后,就需要建立创业团队的管理制度。事实上并非所有的创业团队都能获得成功。由于创业团队成员在认识上和行动上的偏差以及创业团队面临的市场环境的变化,很多创业团队都很快夭折。因此,要想取得创业成功,实现创业团队乃至创业企业的长远发展,规范团队管理制度,加强团队内部沟通,营造团队合作文化,都是在组建创业团队之后的重要任务。

一、团队效能的概念

为了理解团队管理,首先需要理解团队效能的概念。衡量一个团队是否是一个高效团队,通常可以从三个方面去评价:生产结果,即团队生产的产品是否符合或者超过团队预期或者原来规定的标准;成员满意度,即团队成员之间是否建立了良好的关系,成员具有满意感,并愿意继续在团队中工作和发展;继续合作的能力,即团队成员拥有能够继续在一起工作的能力。

对于创业团队来说，其有效性可以从两个方面去评价。一个是是否达到或者超过创业初期设定的目标，成功创办企业并获得预期盈利；二是创业团队成员是否合作愉快顺畅，没有出现多个成员的流失。

二、创业团队管理的策略

创业是一项高风险的系统工程，工作繁重而琐碎，创业团队的效能对于创业的成功来说至关重要，为了提高创业团队的效能，可以采取以下策略。

1. 让合适的人做合适的事

在团队成员选择的问题上，需要考虑团队的异质性问题。在团队成员的分工上，要避免出现团队成员职责划分不合理的现象，这不仅会影响团队内部的人际关系和公平气氛，也会迅速降低团队的效能。在创业团队中，职责不清的现象主要包括职责分配随意，职责按照资历分配和职责随着人员流动而不是随着岗位流动，这都会导致团队内部的混乱。

2. 将团队冲突控制在适度范围

创业团队的合作质量对于创业团队效能有显著影响，冲突也是创业团队合作过程中不可避免的一项内容。冲突会影响团队内部互动和信息交流，但是冲突也可以帮助团队成员对决策问题进行充分认识，提高决策质量。因此团队成员应该采用适合的冲突管理方式，发挥冲突的积极作用，同时将团队内部冲突控制在一定范围之内。过高或者过低的冲突水平都不利于团队的有效互动。

3. 建立激励机制

创业团队成员本身具有分离倾向，如果缺乏有效的激励，就难以长久保持团队士气以及团队的长期发展。一个完善的企业应由不同的部门组成，每个部门分管的领域以及各自的人员配置均不相同，不同领域内的人员对各自的需求各不一样，只有满足不同领域人员的特定需求，才能实现他们的最大价值，他们才能更好地为企业发展出谋划策，贡献自己的力量。

从团队成员的构成角度来看，团队的激励机制主要从以下三个方面进行：对团队核心领军人物的激励；对风险投资者的激励；对一般员工的激励。从激励的形式来看，激励可以分为团队文化的激励、经济利益的激励和个人发展的激励等多种形式。在设计激励方案时，应该保证激励方案反映出团队成员在贡献上的差异；激励方案应该与团队成员的业绩挂钩；激励方案还应该具有一定的灵活性，随着情况的变化而不断调整。

群体决策技术

在团队中，往往采取群体决策的决策方式。群体决策是指由群体中的多数人沟通进行决策，它一般是由集体个人先提出方案，然后从若干方案中进行优选。和个体决策相比，群体决策具有很多优势。如可以提高决策信息的丰富程度从而提高决策质量，可以增加观点的多样性，可以提高决策的可接受性，使决策易于执行。但是另一方面，群体决策也有很多缺点：一是浪费时间，群体决策周期过长；二是从众压力，导致许多独到的见解不能表达出来；三是群体决策可能会被少数人控制从而影响群体决策效率；四是群体决策还会造成责任的推诿。因此，在使用群体决策时，为了减少传统的群体决策的问题，应该采取一些群体决策技术。

1. 头脑风暴法

头脑风暴法是一种激发团队成员创造性思维的常用方法，参与者通常有 2~5 人，时间 20~60min。首先团队领导明确问题和任务之后，团队成员在既定时间积极主动地进行思考，尽可能多地提出解决方案。在使用头脑风暴法时，要求创意越新越好、方案越多越好、不能批驳别人的想法、后发言的人应结合前面的观点，尽量予以拓展、创新。

2. 名义团队技术

除了和头脑风暴一样可以促使全员思考、表达各种意见之外，名义团队技术还能让大家共同选择最佳方案。其步骤是：

1）产生想法。每位参与者单独写下对问题的看法和意见。

2）记录想法。参与者轮流说出自己的想法，每次仅说一种。所有的看法都被记录下来。

3）澄清想法。包括逐一讨论所有想法，以澄清每一种想法的真实含义，避免误解。

4）投票选择方案。投票程序可以是让参与者从所有想法中选出几个自己认为重要的方案进行排序，将每位参与者的排序结果结合起来得出一个最终方案。

3. 德尔菲技术

德尔菲技术是让有关专家组成一个团队，根据不见面的原则进行决策的方法。具体程序是：参与者先根据要求分别填写问卷；完成后由组织者收回进行统计；之后将统计结果反馈给所有参与者，让其在参考别人意见的基础上修改自己原有的解决方案。如果有必要，统计反馈步骤可反复进行。

4. 辩证决策法

辩证决策法是一种有效抑制团队思维的决策技术。其程序是：先明确需要解决的问题，然后提出两个以上相互竞争的建议，并弄清每一种建议的内、外假设。根据建议的数目，把团队分成相应的几个小组，每一小组强调一种建议的相对优点。最后，团队根据参与者的情况进行决策，决策方案可以是原有建议中的一种，也可以是一种折中方案，或者是一种新建议。

训练项目一　团队角色观察训练

一、训练内容

团队角色观察。

小组成员结合相关专业知识和自己以前在团队工作的实际情况，运用角色观察用表对小组成员的角色分配进行评估，并确定自己在团队中扮演的角色类型进而对本组的成员角色配置水平进行评价。

二、训练步骤

1. 分组

训练采取团队完成任务、团队代表上台陈述、团队之间进行竞争的学习方式。这种方式打破了传统的教师说和学生听的固有模式，通过多方位协作、互动和竞争，寓教于乐，让学生在不知不觉中培养创新意识、学习创业技巧。

训练以班级为单位进行，25~35人为宜，分为3~8组，每组人数4~8人为宜。如果多个班级同时进行，也可以打破班级界限组队。小组分好后，建议在整个训练过程中不要随意改动。

2. 团队建设

分组完成之后，各个小组成员通过讨论，课下完成以下工作：

1）确定组长人选。

2）确定小组名称。

3）确定小组工作纪律，并形成正式文件。

4）建设小组工作文化（如设计一个口号等）。

这部分的工作可以由小组将工作流程和工作结果形成书面报告，提交给教师，教师可以根据教学需要，将其纳入最终的训练评分体系中去。

3. 教师讲授相关理论并布置作业

教师安排一定课时讲授知识要点，主要内容包括：

1）讲授本章知识要点。教师对训练环节所涉及的理论知识和实践技能进行讲解，并对学生提出自学要求。

2）训练内容和具体要求。

3）本次训练的内容和作业要求。教师应明确向学生说明本次训练的内容和作业要求，并给予学生一些指导和建议。作业要求：完成 Word 报告一份；完成演示 PPT 一份。

4. 小组准备作业

在这一环节，建议的工作流程为：

1）小组成员根据自己在团队中工作的实际情况，用"角色观察用表"对自己在团队中的角色进行自评。

2）小组成员根据他人在团队中工作的实际情况，用"角色观察用表"对他人在团队中的角色进行评估。

3）小组指定一两位成员对所有人在团队中的角色的他评结果进行统计。

4）每位成员根据自评结果和他评结果发言，内容包括：①我认为自己在团队中扮演的是什么角色？②其他成员认为我在团队中扮演的是什么角色？③这两个结果是否一致？为什么？④我认为以后在团队中我应该如何改进自己的工作？

5）小组综合各个成员的角色观察用表结果，围绕成员的角色分配和角色知觉情况进行讨论。讨论题目包括：①每个成员对自己的角色定位准确吗？②成员彼此之间用什么方式与他人扮演的角色进行互动和平衡？③团队中是否有人扮演了妨碍型角色，其他人应该如何反应？④团队中各位成员扮演的角色是否能够很好合作，是否存在某类角色缺失或者某类角色过多的情况？⑤谁承担了领导者的角色？

6）小组对团队成员的角色分配、角色知觉和角色扮演情况进行评估，并形成报告。

5. 报告展示

由各个小组在教师安排下轮流上台进行作业报告展示，主要内容包括：

1）通过抽签确定小组上台顺序。

2）每个小组上台亮相（亮相方式由各个小组提前设计并排练）。

3）每组选出一人根据本组设计好的作业，上台讲解作业思路、内容、理由及结果，还可选一人补充讲解，建议时间在 10min 以内。

4）每组讲解完成后，其他人针对讲解内容进行提问，由小组成员进行回答，问答环节建议时间在 10min 以内。

5）问答环节结束后，由教师进行现场点评，并要求各个小组根据点评对作业进行修改。

6）各个小组将修改好的作业交给教师进行评分。

三、训练要求

具体训练要求同第二章训练项目。

四、考核办法

具体考核办法同第二章训练项目。

训练项目二　团队凝聚力自测

一、训练内容

小组成员对本小组的凝聚力进行测评并分析。

凝聚力是团队成员愿意继续留在团队的强度。对于凝聚力高的团队，成员之间彼此吸引，相互喜欢，接受群体的目标并愿意为之努力；相反，对于凝聚力低的团队，成员之间各自为政，很难合作，甚至会冲突不断。

二、训练步骤

1. 分组

按照前面的分组进行团队凝聚力评估训练。

2. 团队建设

略。

3. 教师讲授相关理论并布置作业

教师安排一定课时讲授知识要点，主要内容包括：①讲授本章知识要点，教师对训练环节所涉及的理论知识和实践技能进行讲解，并对学生提出自学要求；②训练内容和具体要求；③本次训练的内容和作业要求，教师应明确向学生说明本次训练的内容和作业要求，并给予学生一些指导和建议。

作业要求：完成 Word 报告一份；完成演示 PPT 一份。

4. 小组准备作业

在这一环节，建议的工作流程为：

1）小组成员运用凝聚力测评问卷或者其他工具，分别对团队的凝聚力进行测量。

2）小组成员交流彼此的测量结果，分析是否存在不同以及出现这种不同的原因。

3）小组成员进行讨论，对团队的凝聚力做出评价并给出建议。

4）小组经过讨论形成本小组凝聚力自评报告。

5. 报告展示

由各个小组在教师安排下轮流上台进行作业报告展示，主要内容包括：

1）通过抽签确定小组上台顺序。

2）每个小组上台亮相（亮相方式由各个小组提前设计并排练）。

3）每组选出一人根据本组设计好的作业，上台讲解作业思路、内容、理由及结果，还可选一人补充讲解，建议时间在 10min 以内。

4）每组讲解完成后，其他人针对讲解内容进行提问，由小组成员进行回答，问答环节建议时间在 10min 以内。

5）问答环节结束后，由教师进行现场点评，并要求各个小组根据点评对作业进行修改。

6）各个小组将修改好的作业交给教师进行评分。

三、训练要求

具体训练要求同第二章训练项目。

四、考核办法

具体考核办法同第二章训练项目。

训练项目三　破 冰 游 戏

破冰又称融冰，是打破人际交往间怀疑、猜忌，就像打破严冬厚厚的冰层。这个破冰游戏帮助学生迅速进入训练情境，团队成员之间和团队之间快速建立合作关系，消除彼此的陌生和尴尬。破冰游戏也可以由教师根据教学需要在整个训练开始前进行，时间长度根据实际情况调整。破冰游戏不需要学生提交作业。下面给出常见的两个破冰游戏，教师也可以根据实际情况自由挑选破冰游戏。

1. 串名字游戏

这个游戏适合于彼此尚不太熟悉的学生进行，游戏方法如下。

小组成员围成一圈，任意提名一位学员自我介绍单位、姓名，第二名学员接着介绍，但是要说：我是×××后面的×××，第三名学员说：我是×××后面的×××的后面的×××，依次下去，最后介绍的一名学员要将前面所有学员的名字、单位复述一遍。

2. 面对面的介绍

这个游戏适合团队之间建立友谊和联系，游戏方法：

1）排成相对的两个同心圆，边唱边转，内外圈的旋转方向相反。

2）歌声告一段落时停止转动，面对面的人彼此握手寒暄并相互自我介绍。歌声再起时，游戏继续进行。

辅助材料

一、角色观察用表

在一次团队讨论活动中，每个团队成员可使用这张表格判断团队中每个人扮演的角色及每个角色出现的次数，见表 8-1。

表 8-1　团队角色观察用表

角色类型	成员1	成员2	成员3	成员4	成员5	角色说明
任务导向角色						以完成任务为主要目标
发起者/贡献者						提出建议或对策
寻求信息者						寻求事实、信息、意见、价值观等
提出意见者						提供事实、数据、事例、意见、信仰者
详细阐述者						补充想法，用事例进一步论证
协调者						整合各种想法关系

(续)

角色类型	成员1	成员2	成员3	成员4	成员5	角色说明
任务导向角色						以完成任务为主要目标
指导方向者						概括归纳,确保讨论的重点和方向
评估者						分析数据、推理、结论
积极分子						积极推动团队工作
维持秩序者						做一些杂事如发放材料
记录员						做记录
关系导向角色						以促进团队合作为主要目标
鼓励者						给予支持理解
协调妥协者						寻求解决冲突的途径
守门人						鼓励参与、制止退出行为
标准制订者						就任务、伦理、目标各方面设定标准
观察员						在会议进程中仔细观察并积极反馈
追随者						跟随其他人
自我导向角色						以满足自我需求为主要目标
好大喜功者						喜欢打击别人,看问题的态度消极
利己主义者						利用群体满足自我需求
弱者						发泄自己的不幸,寻求同情
寻欢作乐者						不愿参与群体活动,心不在焉
操纵者						控制操纵他人的欲望强烈

二、群体凝聚力问卷

考虑一下你曾经工作的团队并回答下面问题,见表8-2。

表8-2 群体凝聚力问卷

	反对————————→赞同				
	1	2	3	4	5
1. 定期召开会议,而且每个成员都会参加					
2. 我们进行探讨并能够就团队工作目标达成一致					
3. 我们将会议的大部分时间都花在了任务问题的讨论上,但讨论是多元而积极的					
4. 我们讨论任何冲突与矛盾直至将它解决					
5. 团队成员彼此仔细倾听					
6. 我们彼此信任,并坦诚说出我们的真情实感					
7. 领导角色是轮换和共享的,每个成员在适当的社会都能够为了团队的利益发挥首创精神					
8. 每个人都为最终的工作成果而努力					
9. 我确实为作为团队的一员而感到欣慰					
10. 对于完成得好的工作,我们自由地彼此互相夸奖					
11. 团队成员给予并接受彼此的反馈,以使团队工作做得更好					
12. 我们相互承担责任,每个成员都要对团队负责					
13. 团队成员的确相互欣赏,相互尊重					

说明：如果你的得分大于或者等于52分，你的团队就是一个真正的团队。祝贺你！如果你的得分在39~51分之间，你的团队已经具备了积极的团队认同感，但是还需要进一步的开发。如果你的得分在26~38分之间，那你的团队的团队认同感很脆弱，可能也不那么令人满意。一旦你的得分低于26分，那你的团队仅仅是一个群体而已，类似于一盘散沙。

复习思考题

1. 创业团队需要具备哪些条件？
2. 你认为大学生创业团队的优势和劣势是什么？
3. 你认为应该如何建立创业团队的管理制度和沟通机制？

Chapter 9

第九章

大学生创业融资训练

创业者在企业成长的各个阶段都会努力争取用尽量少的资源来推进企业的发展,他们需要的不是拥有资源,而是要控制这些资源。

——哈佛商学院教授史蒂文森

引言

对于大部分创业者来说,创业起步阶段最大的困难往往是如何在短时间内快速、高效地筹集到资金,这是创业能否成功的关键一步。对于创业热情高涨的大学生来说,这一步尤为艰难。根据《2016年中国大学生创业报告》,在正在创业的大学生中,53%的大学生反映"资金"是他们面临的首要困难。大学生没有稳定的收入来源,家庭资金支持往往无法满足创业初期庞大的资金需求。因此,了解创业融资渠道,掌握创业融资技巧对于正在创业或者想要创业的大学生而言,都是非常必要的。

训练目标

1) 了解创业融资的概念及大学生创业融资的特点。
2) 了解不同创业渠道的特点及差异。
3) 掌握测算创业资金需求的方法。
4) 掌握计算融资成本的方法。

第一节 创业融资的含义及特点

绝大多数创业者在创业过程中都会面临融资困难,对于大学生创业者来说更是如此。能否快速、高效地筹集到资金,是创业成功至关重要的因素。对于大部分大学生创业者来说,为创业而融资是他们在创业过程中面临的最大挑战和最为艰难的经验。科学测算创业的资金需求,根据实际情况选择融资渠道以及融资技巧,都是创业者必须了解的内容。

一、创业融资的含义

创业融资是指创业企业作为融资主体,根据创业过程中自身的生产经营状况、资金拥有的状况,以及公司未来经营发展的需要,通过适当的融资渠道,应用合理的融资方式,经济有效地向创业项目的投资者和债权人筹集资金的活动。

在创业的不同阶段,创业所需的资金数量不同,用途不同,资金来源也不同。在创业初期,创业企业所需资金主要用于对创业项目的构想进行研发和对目标市场进行调研,这一阶段需要的资金额度不大,但是期限长,投资风险大。因此在这一阶段,创业者尤其是大学生创业者往往依靠内源性融资,即主要依靠自有资金或者向家人、亲戚和朋友借款,或者几个创业者进行有限合伙。创业企业进入成长期后,创业企业所需资金主要用于建设厂房,购买设备和原材料,支付企业的各项费用开支,维持日常流动资金周转等方面。这一阶段的资金需求额度很大,但如果产品得到市场认可,经营风险较低。一旦企业销售收入开始增长甚至开始盈余,企业就能够得到金融机构的贷款,融资渠道逐渐拓宽。因此可以看出,对于大部分创业者而言,初创期的融资往往难度较大,也是限制创业企业成长的第一重障碍。

二、大学生创业融资的特点

近年来,大学生创业越来越普遍,这其中大部分大学生都面临着创业融资的困难。首先是创业融资渠道的匮乏,多数大学生创业者在初创期由于缺少资源,很难从其他渠道获得资金,他们的创业资金大部分来自于父母、亲戚、同学、朋友或者极少数的银行贷款,融资渠道的极度单一使得他们抗风险能力很差。其次是外部支持不足。尽管各级政府已经陆续出台了多项大学生创业扶持或者优惠政策,但是很多大学生并不了解,因而并不能充分享受这些政策带来的实惠,这极大地影响了大学生创业者的创业积极性和成功可能性。

总的来说,虽然有很多大学生热衷于自主创业,但往往不够理性,也不能获得足够的资金支持。与社会上的中小企业融资相比较,大学生创业融资主要有以下特点。

1. 融资更加困难

大学生创业者由于创业初期对政策等各个方面关注不够,自身资源及经验缺乏,因此往往面临更大的融资困难。《2016年中国大学生创业报告》统计显示,超过半数的大学生认为,资金短缺问题是他们在准备创业时或者创业过程中遇到的最大困难。51%的在校大学生、53.1%的创业者和53.8%的有创业经历者持有该观点。资金短缺已经严重制约了大学生创业活动的深入推进,如图9-1所示。

2. 缺少外部融资渠道

当前,大学生在融资时面临明显的外部融资约束情况。《2016年中国大学生创业报告》统计显示,60%的创业者主要使用自有资金(自己、家人和创业伙伴的资金)进行创业,其中29.2%的创业者主要使用家人的资金进行创业。仅有不到40%的创业者主要利用外部资金(来自银行、投资机构、政府和学校的资金),其中24.7%的创业者主要通过贷款进行创业。这显示出我国现阶段的大学生创业融资体系发展较为滞后,导致创业者面临较大的外部融资约束,如图9-2所示。

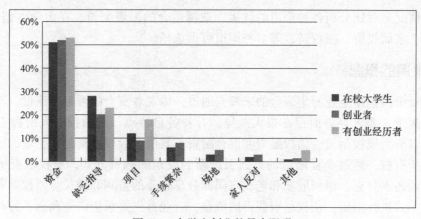

图 9-1　大学生创业的最大阻碍

资料来源：根据《2016 年中国大学生创业报告》的内容整理。

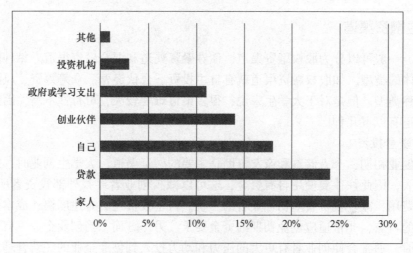

图 9-2　创业者创业的主要资金来源

资料来源：根据《2016 年中国大学生创业报告》的内容整理。

3. 创业准备不足

创业者在创业之初除了应当进行创业项目的选择、考察、评估外，还应当提前考虑其融资的方式、可能性、成功率等，甚至可以对现有的融资方式进行评估，选择最适合自身项目的融资途径。首先，大学生创业，往往愿望与热情有余，但准备不足。例如，缺少社会经验；缺少相关的管理、财务、法律等知识；对自己项目定位也不够清晰，就贸然开始创业。这些都会在真正面对激烈的市场竞争局面后，制约企业发展。其次，部分大学毕业生在自主创业进行融资时较为被动，不会主动寻找融资，对融资的机构、方式、要求了解较少，在创业融资时的主动性和自觉性较差。再次，当前很多大学生对于创业条件的理解仅仅停留在"物质"层面，而忽视了自身素质与能力的培养，这样，即便拿到资金，创业的失败率也会很高。

第二节　大学生常用的融资渠道

对于创业者来说，一方面要了解可以从哪些渠道寻找创业资金来源，另一方面也要根据创业的具体情况来对比分析各种渠道的优劣，选择适合的融资渠道。在大学生创业实践中，有自主投资、亲属投资、银行贷款等多种渠道可供选择。

一、融资渠道的概念

企业融资渠道是指企业筹集资金的来源与通道，体现着资金的源泉与流量。不同融资渠道的资金在流量、要求等方面存在很大差异，有着各自特点。按照投资人所拥有的权力划分，融资可以分为股权融资、债权融资和混合融资。其中，股权融资是指企业的股东愿意出让部分企业所有权，通过企业增资的方式引进新的股东的融资方式。股权融资所获得的资金，企业无须还本付息，但新股东和老股东同样分享企业的盈利和增长。债权融资是指企业通过借钱的方式进行融资，债权融资获得的资金，企业首先要承担资金利息，另外在借款到期后要向债权人偿还资金的本金。混合型融资指既带有权益融资特征又带有债务特征的特殊融资。

二、大学生融资渠道

融资渠道一般可以分为股权融资渠道、债券融资渠道和混合融资渠道。每种融资渠道中又有很多具体的类型，如股权融资渠道就有自主投资、合伙经营、众筹筹资、风险投资、天使基金等多种类型。但是对于大学生来说，很多渠道难度较大，可行性不高，因此常见的大学生融资渠道有以下几种。

1. 自有资金投资

大学生创业初期，个人储蓄和亲友资助是主要的融资渠道。大学生创业时，筹集外部资金的难度很大，因此往往要使用自有资金，这可以减少创业者寻找外部投资者所需的精力、时间，降低费用，减少投资者对初创业者的干扰。自主投资还具有速度快、成本低、使用时间自由灵活的特点，非常适应创业初期的资金要求。另一方面，当创业企业中有创业者的个人资金在内时，通常会使创业者有更大的压力和动力投入到创业企业的经营管理之中，更加珍惜创业企业的资金使用，避免对资金的挥霍与浪费，非常有利于创业企业的成长与发展。

2. 亲属融资

亲属融资指的是创业者向亲缘关系、朋友关系、社会关系等人际关系网络寻求资金的融资方式。相较于其他融资方式，亲属融资的条件相对简单，基本上是基于创业者与融资者之间的信任关系，是一种基于社会关系延伸而产生的融资方式。在我国的大学生创业者中这一渠道是比较常见的。因为多数大学生的创业初始资金数额并不高，其他的融资渠道对于大学生来说也比较困难，而亲人或者朋友基于对创业者的了解和感情也愿意向创业企业融资，有的大学生的创业资金部分甚至全部来源于其亲戚朋友的支持。但需要注意的是，这种融资渠道的基础是资金提供者与创业者的特殊关系，很多时候这些投资者对创业企业本身也并不熟悉，有时双方碍于情面，又没有完备的融资凭据，也没有对融资方式、融资回报等细节问题加以明晰，往往会为日后的纠纷埋下种子，而纠纷一旦爆发，很可能会严重阻碍创业企业的发展。

3. 银行贷款

银行贷款一直是各企业融资的最主要资金来源渠道，对于大学生创业者来说银行贷款也是他们主要的融资渠道。根据资金的性质情况，银行贷款主要可以分为三类，包括固定资产贷款、流动资金贷款或专项贷款。大学生可以多去了解当地针对大学生的专项贷款政策，即银行按规定特定为大学生创业提供的贷款，这一贷款的利率较其他贷款相对较低，一些省份还会提供贴息，是高校毕业生自主创业进行融资的主要渠道之一。

4. 融资租赁

融资租赁是指出租人根据承租人对租赁物件的特定要求和供货人的选择，出资向供货人购买租赁物件并租给承租人使用，承租人则分期向出租人支付租金，在租赁期内，出租人拥有租赁物件的所有权，承租人拥有租赁物件的使用权。融资租赁将租赁实物和融通资金结合在一起，既具有金融性特征又具有贸易性特征。融资租赁和传统租赁的本质区别是传统租赁以承租人租赁使用物件的时间为对象计算租金，融资租赁以承租人占用的融资成本为对象计算租金。大学生创业时，如果需要购买大型设备或者特种设备，这种融资形式是可以选择的一种较好的方式，一方面可以减轻初创阶段企业资金的压力，另一方面也能够推动企业的技术进步，为其技术基础的奠定或改造开辟了一条创新性较强的融资渠道。总之，融资租赁这种融资与融物的结合形式，可以为大学毕业生自主创业节约更多的资金，提高其资金的利用效率。

5. 合伙经营

很多大学生创业时并不是单枪匹马，而是有一些志同道合的伙伴共同创业。这种合伙经营的创业方式可以减轻创业初期资金的压力，较快地聚集创业资金。合作伙伴之间可以实现优势互补，整合人脉资源，实现新创业企业健康快速发展。在合伙企业中，合伙人可以拿资金、实物、技术、技术性劳务等作为合伙投资。同时参与合伙经营，依照协议享受权利，承担义务，并对企业债务承担无限（或有限）责任。在个人合伙中，合伙人可以是自然人，也可以是法人。

三、大学生如何选择合适的融资渠道

选择哪一种融资渠道，关键就是要看自己的创业项目到底适合哪一种方式来融资，为此，需要花费时间和精力了解当地的创业支持政策，研究各种融资方式，收集相当数量的信息。

1. 根据企业发展阶段选择融资渠道

新创企业的成长可以分为五个阶段：种子阶段、起步阶段、成长阶段、成熟阶段、衰退阶段。在不同的发展阶段，企业对资金的需求数量、资金使用期限、资金使用方向都有很多差异，因此在融资时也应该采用不同的策略。在选择融资渠道时，创业之初很多创业企业会选择自主投资或者合伙经营，在企业发展到一定阶段，取得一定成果之后则可以选择银行贷款、风险投资甚至发行股票来进行融资，总之创业企业应该根据企业所处的发展阶段和资金需求状况，决定采取何种融资方式。

2. 选择最佳融资组合策略

创业融资存在一定的风险，不同地点融资渠道、融资成本不同，风险大小也不一样。为了降低融资成本，分散融资风险，创业者应科学计算不同渠道的融资成本，评估不同融资渠道的特点，设计最佳融资组合。事实证明，完全依赖外来资金，融资风险过大，会降低创业的成功率，只有当自我融资和外来资金达到 1：3 的比例时，创业融资策略才是成功率最高的。

除了设计最佳融资组合策略之外,创业者还应该整合各类创业资源,除了融资和创业团队外,还包括人脉、信息、技术、行业和政府等方面的资源。创业者正确整合资源的方式就是以双赢、共赢为目的,以德为先,用自己的人格魅力征服团队,用自己的真诚取悦客户,不断提升自身素质和品质。

3. 掌握一定的融资技巧

创业者要想获得创业投资,除了需要有好的创业项目和自身的创业者素质外,还需要掌握一定的融资技巧。一是做好充分准备,对于投资人关心的问题做好充分准备,准备好商业逻辑清晰的创业计划书和幻灯片,提前做好财务规划;反复练习,能够清晰流利地表达创业计划,应对投资者的各种问题和质疑;二是提前进行深入科学的市场调查和市场分析,多用数据、图片、图表来简单清晰地说明问题,而不是用大段的文字畅谈理想;三是提前了解投资人的投资理念、资金实力、资源能力、投资方向、投资案例等各方面的情况,在与投资公司接触前,做到知己知彼,能够提高融资的成功率;四是善于妥协,因为创业者和投资者的目标不可能完全相同,因此创业者需要根据投资者的要求进行妥协,才能达成双方的合作,见表9-1。

表9-1 投资人对创业项目的主要考量点

主要考量方面	主要考量内容
Who? 你们是谁?	是否有大公司背景 是否有连续创业者 是否具有自身行业背景 团队成员是否完备 创始人是否有人格魅力 股权分配是否合理
Where? 目标市场有多大?	市场是否足够大 市场的可扩展性如何
Why? 为什么要做?	有没有抓到用户关键需求痛点 需求是否刚性 是否对行业有深刻理解
How? 怎么做,怎么赚钱?	商业模式是否有颠覆性 商业模式是否成立,是否能落地 是否有明确的盈利模式,是否看得见现金流
Which? 竞争对手如何?	是否足够理解竞争对手 竞争优势是否明显强于竞争对手 是否采取差异化的定位和策略
What? 运营现状及未来策略是怎样的?	项目推进的进度是否够快 目前的节点是否是好的介入点 下一代的发展计划是否明确 是否有一套明确的将产品推向市场的方案 资源是否充足
Which? 哪种融资计划?	是否真的需要那么多钱 资金规划和使用效率高吗

资料来源:《要融资,你不得不掌握这些融资技巧》,http://www.sohu.com/a/206317670_772337。

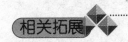

大学生创业融资案例

对于多数创业者来说，资金仍然是稀缺的资源，获取资金的技能和有关知识是创业者需要学习的重要内容之一。下面我们来学习创业融资六种方案解析，赶紧来看看吧。

一、创新基金：创业者的"营养餐"

近年来，我国的科技型中小企业的发展势头迅猛，已经成为国家经济发展新的重要增长点。政府也越来越关注科技型中小企业的发展。同样，这些处于创业初期的企业在融资方面所面临的迫切要求和融资困难的矛盾，也成为政府致力解决的重要问题。

有鉴于此，结合我国科技型中小企业发展的特点和资本市场的现状，科学技术部、财政部联合建立并启动了政府支持为主的科技型中小企业技术创新基金，以帮助中小企业解决融资困境。创新基金已经越来越多地成为科技型中小企业融资可口的"营养餐"。

案例：兰州大成自动化工程有限公司运行一年来，主要进行产品开发，几乎没有收入，虽然技术的开发有了很大的进展，但资金的短缺问题越来越突出。当时正值科技型中小企业技术创新基金启动，企业得知后非常振奋，选择具有国际先进水平的"铁路车站全电子智能化控制系列模块的研究开发与转化"项目申报创新基金。为此，他们进一步加快了研发的速度，于1999年12月通过了铁道部的技术审查，取得了阶段性的成果。正因为企业有良好的技术基础，于2000年得到了创新基金100万元的资助，它不仅起到了雪中送炭的作用，而且起到了引导资金的作用。同年，该项目又得到了甘肃省科技厅50万元的重大成果转化基金，教育部"高等学校骨干教师资助计划"12万元的基础研究经费。2001年，针对青藏铁路建设的技术需求，该项目被列入甘肃省重点攻关计划，支持科技三项费用30万元。

二、中小企业担保贷款：创业者的"安神汤"

一方面中小企业融资难，大量企业嗷嗷待哺；一方面银行资金缺乏出路，四处出击，却不愿意贷给中小企业。究其原因主要在于，银行认为中小企业发放贷款，风险难以防范。然而，随着国家政策和有关部门的大力扶植以及担保贷款数量的激增，中小企业担保贷款必将成为中小企业另一条有效的融资之路，为创业者"安神补脑"。

案例：上海一家高科技公司属于国内一流艺术灯光景观建设专业企业，开发了数十项产品。在强大的科技研发能力支持下，该公司业务发展迅速。与业务发展相伴而行的则是资金困境。工程类企业的行业特点是资金回笼速度慢，营运资金占用情况严重。但由于公司规模较小，又缺乏与银行合作的信用记录，获得银行融资困难重重。

2005年底，该企业得到中投保提供保证担保的80万元流动资金贷款，由此，该公司近两年取得了快速发展，2007年6~7月，该公司先后中标北京奥运场馆多个照明工程合同。

三、政府基金：创业者的"免费皇粮"

近年来，政府充分意识到中小企业在国民经济中的重要地位，尤其是各省市地方政府，为了增强自己的竞争力，不断采取各种方式扶持科技含量高的产业或者优势产业。为此，各级政府相继设立了一些政府基金予以支持。这对于拥有一技之长又有志于创业的诸多科技人员，特别是归国留学人员是一个很好的机会。

案例：2001年，在澳大利亚度过了14年留学和工作生涯的施正荣博士，带着自己10多年的科研成果回到家乡无锡创业。当无锡市有关领导得知施正荣的名声，和他的太阳能晶硅电池科研成果在国内还是空白时，立即拍板要扶持科学家做老板。在市经委的牵头下，无锡市政府联合当地几家大国企投资800万元，组建了无锡尚德太阳能电力有限公司。有了政府资金的鼎力支持，尚德公司有了跨越式发展，仅仅3年时间销售额已经过亿元，成为业界明星企业。

四、典当融资：创业者的"速泡面"

风险投资虽是天上掉馅饼的美事，但只是一小部分精英型创业者的"特权"，而银行的大门虽然敞开着，但有一定的门槛。"急事告贷，典当最快"，典当的主要作用就是救急。与作为主流融资渠道的银行贷款相比，典当融资虽只起着拾遗补阙、调余济需的作用，但由于能在短时间内为融资者争取到更多的资金，因而被形象地比喻为"速泡面"，正获得越来越多创业者的青睐。

案例：周先生是位通信设备代理商，前段时间争取到了一款品牌新手机的代理权，可是问题在于要在三天内付清货款才能拿货，而他的资金投资在另一商业项目上，他可不甘心失去这得来不易的代理权。周先生脑子转到了自己的那辆"宝马"车上，于是，他马上开车来到典当行。业务员了解情况后告诉他：当天就可以办理典当拿到资金。周先生大喜过望，立即着手办理典当手续，交纳相关证件、填表、把车开到指定仓库、签合同、领当金。不出半天的工夫，他就拿到了他急需的50万元，一个月后来赎当，这笔当金帮他赚了近10万元。

五、天使投资：创业者的"婴儿奶粉"

天使投资是自由投资者或非正式风险投资机构，对处于构思状态的原创项目或小型初创企业进行的一次性的前期投资。天使投资虽是风险投资的一种，但两者有着较大差别：天使投资是一种非组织化的创业投资形式，其资金来源大多是民间资本，而非专业的风险投资商；天使投资的门槛较低，有时即便是一个创业构思，只要有发展潜力，就能获得资金，而风险投资一般对这些尚未诞生或嗷嗷待哺的"婴儿"兴趣不大。

在风险投资领域，"天使"这个词指的是企业家的第一批投资人，这些投资人在公司产品和业务成型之前就把资金投入进来。天使投资人通常是创业企业家的朋友、亲戚或商业伙伴，由于他们对该企业家的能力和创意深信不疑，因而愿意在业务远未开展之前就向该企业家投入大笔资金，一笔典型的天使投资往往只是区区几十万美元，是风险资本家随后可能投入资金的零头。

对刚刚起步的创业者来说，既吃不了银行贷款的"大米饭"，又沾不了风险投资"维生素"的光，在这种情况下，只能靠天使投资的"婴儿奶粉"来吸收营养并茁壮成长。

案例：牛根生在伊利期间因为订制包装制品时与谢秋旭成为好友，当牛自立门户之时，谢作为一个印刷商人，慷慨地掏出现金注入初创期的蒙牛，并将其中的大部分股权以"谢氏信托"的方式"无偿"赠予蒙牛的管理层、雇员及其他受益人，而不参与蒙牛的任何管理和发展安排。最终谢秋旭也收获不菲。

六、风险投资：创业者的"维生素C"

在英语中，风险投资的简称是VC，与维生素C的简称VC如出一辙，而从作用上来看，两者也有相同之处，都能提供必需的"营养"。广义的风险投资泛指一切具有高风险、高潜在收益的投资；狭义的风险投资是指以高新技术为基础，生产与经营技术密集型产品的投资。根据美国全美风险投资协会的定义，风险投资是由职业金融家投入到新兴的、迅速发展的、具有巨大竞争潜力的企业中的一种权益资本。

案例：重庆江北通用机械厂从 1995 年开始研制生产大型氟利昂机组新产品，其具有兼容功能，并可以用其他冷冻液进行替代。由于银行对新产品一般不予贷款，重庆风险投资公司提供了 100 万元贷款。两年后，江北通用机械厂新产品销售额达 7000 万元。

资料来源：《大学生创业融资案例》，http://www.9d4d.com/chuangye/23000_2.html。

第三节　大学生创业的资金需求

创业是一个需要资金支持的事业。测算创业资金需求是创业融资的基础。每一个创业者如果想要科学合理地进行创业融资，首先需要对创业项目进行全盘的考察和分析，在此基础上科学地测算创业资金需求。

一、科学测算资金需求

从产生一个创业项目到创业项目启动直至最终建立创业企业，企业产生盈利，在这个过程中需要一定数量资金的持续支持。在创业启动阶段，需要购置生产设备、原材料，购置或者租赁土地、建筑物，还需要支付开办企业的各项费用，在企业生产经营过程中，还存在各类成本和费用开支，如员工工资、水电能源费、上交各种税费等。通常情况下，在企业融资时，不仅要考虑启动创业项目所需的资金，还需要考虑在创业项目启动一段时间后没有盈利情况下需要准备的资金。因此，为了保证创业企业的资金来源充足，创业企业的生产经营活动正常进行，提高创业的成功率，需要充分了解创业各个环节的资金支出的方向，科学测算创业企业在启动和运营过程中的资金需求。

在进行融资时，首先需要明确资金支付的主要方向。一般来说，按照企业发展的时间可以将资金划分为两个支出方向：企业开办阶段资金支出和企业运营阶段资金支出。其中，需要注意的是，企业运营阶段的资金支出指的是在创业企业真正产生盈利之前，企业需要在各个方面支出的资金类型和数量。

1. 企业开办阶段资金支出

企业开办阶段指的是在确定了创业项目之后，准备创办企业所需的土地、设备、原料、厂房和人员等资源，并办理企业开办的各项手续，直至企业最终达到正式生产经营条件。在这一阶段，企业主要会发生两个方向的资金支出：

一是形成企业生产经营能力的大规模资本性支出。这部分资金的数量取决于创业企业所在行业的特性和企业预计的生产经营能力规模的大小。具体见表 9-2 所示。

表 9-2　创业企业开办阶段资本性支出资金需求量估算表　　（单位：万元）

支出项目	单价	数量	金额
生产设备			
办公设备			
购置土地			
厂房、建筑物			
⋮			
合计			

二是创业企业开办费用,即用于支付登记注册、通水通电、开业宣传等一次性开支费用。在企业开办费用中,有些是数量固定的,如登记注册费、公证费,有些由创业者自行酌情安排,如开业招待费、开业宣传费等。对于这些开办费用,也可以采用分项列表进行估算,见表9-3。

表9-3 创业企业开办费用资金需求量估算表 （单位：万元）

支出项目	金额
登记注册费用	
公证费	
开业招待费	
开业宣传费	
……	
合计	

资料来源：冯丽霞，王若洪主编，创新与创业能力培养，清华大学出版社，2013年8月第一版。

2. 企业运营阶段资金支出

企业运营阶段指的是企业达到生产经营条件开始生产经营,到能够产生盈利的阶段,这一阶段又被称作"潜伏期"。"潜伏期"的长短与企业所在行业和企业自身经营水平都有关系。在这一阶段,企业需要提前做好足够的预算和储备,以免因为资金断流而引发创业失败。这一阶段的资金支出项目主要有员工薪酬、原材料、应收账款、广告宣传、租金、水电费等。

因此,估算这一阶段的资金支出量,需要根据创业者对于市场需求的预测情况和企业的预计生产经营规模大小进行预算,见表9-4。

表9-4 创业企业运营阶段资金需求量估算表 （单位：万元）

支出项目	金额
原材料库存所需资金	
房租（押一付三）	
员工薪酬（按照至少4个月计算）	
水费、电费	
办公费用	
……	
合计	

需要注意的是,在这一阶段,除了合理预测运营阶段的各项资金开支外,还需要保证一定的储备金,一般需要按照3个月时间（或者更长）来计算,所以,储备金应该不低于3个月的固定成本总和。

二、测算资金需求的注意事项

在测算创业资金需求时,除了按照前面的不同阶段测算不同方向资金支出的数量之外,还需要注意以下几个方面的问题,才能做到准确科学地测算创业所需资金,有利于确定筹资数额,降低资金成本。

1. 考虑创业"潜伏期"的资金需求

很多创业企业都是由于错误估计了潜伏期的长度而导致资金断流,最终创业失败。因此,创业者应该做好充分的思想准备,对创业项目既要充满信心,也不能盲目乐观,参考行业规律,充分分析市场,科学判断潜伏期的长短,并在此基础上测算资金需求。

2. 拓宽融资渠道

很多大学生创业者对于创业的态度过于急躁,不愿意从小做起。往往在确定了创业项目后,就去寻找风险投资和银行贷款。实际上,对于大多数大学生创业者来说,吸引风险投资和银行贷款是比较困难的,也存在较大的风险。比较可行的办法是先投一部分自有资金,根据以往创业者的经验,创业指导专家建议最好有一个合理的资金组合比例,外来资金最好不要超过2/3的比例,否则创业者和银行的风险都会加大。其次,可以多去了解政府对于大学生创业的各项优惠政策和优惠贷款,充分享受政府对大学生的各项优惠。最后再考虑金融机构和风险投资的支持。总之,大学生创业者应该在充分比较各类融资渠道的基础上,设计合理的资金组合,这样有利于降低创业风险。

3. 提前准备一定的储备金

在创业时,究竟潜伏期会有多长,在企业产生盈利之前,需要准备多少资金,这都是很难确定的。唯一确定的是创业者必须准备一定储备金,否则资金断流会导致创业失败。在准备储备金时有几点需要注意:

1)一般需要把企业没有收入的时间按3个月或者更长来计算,所以,储备金应不低于3个月的固定成本总和。例如,在现实中创业者租房时,房租的一般支付方法是押一付三,就是押金一个月预付3个月,先付后用,一般需要一次性支付4个月的房租。

2)对从开业到盈利阶段的资金储备做足够的预算和储备。

3)要把不确定费用计算进去。在创业时可能会遇到一些意料之外的开支,为了应对这些开支,需要把不确定费用计算进去。就是在估算创业启动资金时,把固定资产和流动资产总额乘以一个系数作为不确定费用,一般估算企业的不确定费用为3%~5%,建议创业者按5%~10%计算即可。

第四节 创业企业融资成本

一、融资成本的概念

在创业融资时,除了需要测算资金需求之外,还需要考虑融资成本。融资成本是资金所有权与资金使用权分离的产物,又称为资金成本,指企业为了筹集和使用资金而付出的代价。企业融资成本实际上包括两部分,即资金筹集费用和资金使用费。融资成本的实质是资金使用者支付给资金所有者的报酬。由于企业融资是一种市场交易行为,有交易就会有交易费用,资金使用者为了能够获得资金使用权,就必须支付相关的费用。如委托金融机构代理发行股票、债券而支付的注册费和代理费,向银行借款支付的手续费等。

资金筹集费用指资金筹集过程中支付的各种费用,如申请银行贷款的手续费,各种证明资料的制作与印刷费等,再如发行股票、发行债券支付的印刷费、律师费、公证费与广告宣传费等。这些费用通常数额比较固定,一般一次性支出。

资金使用费是指使用他人资金应支付的费用，或者说是资金所有者凭借其对资金所有权而向资金使用者索取的报酬，如股东的利息、红利、债券及银行借款的利息。

我们在进行企业融资成本分析和企业融资决策时，通常重点考虑的是资金使用费。从现代财务管理的理念上理解融资成本，它至少包括以下几个层面的意义。

首先是企业融资的机会成本。从社会资金配置角度看，自有资金如果投资于其他项目，就可以取得相应的报酬，而放弃的报酬就成为企业自用的机会成本。即使对于企业内源融资来说机会成本也一样存在。如果从社会各种投资或资本所取得平均收益的角度看，内源融资的留存收益也应于使用后取得相应的报酬，这和其他融资方式应该是没有区别的，所不同的只是内源融资不需对外支付，而其他融资方式必须对外支付。

其次是风险成本，企业融资的风险成本主要指破产成本和财务困境成本。企业债务融资的破产风险是企业融资的主要风险，与企业破产相关的企业价值损失就是破产成本，也就是企业融资的风险成本。财务困境成本包括法律、管理和咨询费用。

最后，企业融资还必须支付代理成本。资金的使用者和提供者之间会产生委托—代理关系，委托人为了约束代理人的行为就必须对代理人进行监督和激励，如此产生的监督成本和约束成本便是所谓的代理成本。

二、融资成本的性质

融资成本作为创业企业筹集和使用资金过程中发生的费用，其性质主要表现为以下三个方面：

1）融资成本本质上是商品经济条件下资金所有权和资金使用权分离的产物，是创业企业为获得他人资金的使用权而付出的代价，因而资金的数量、资金使用权的时间、资金使用的方式以及资金所有权与使用权的分配方式都会影响到融资成本的高低。

2）融资成本是创业企业成本的一个部分，具有成本的一般属性。在财务管理上，融资成本的一部分计入成本费用，一部分则作为利润分配处理。但无论是哪一种融资成本，都是企业的资金耗费，都需要创业企业科学计算，提高企业资金的使用效率。

3）产生融资成本的主要依据来自三个方面，即资金的时间价值、投资的风险价值和通货膨胀因素。因此企业融资成本的高低也受到这三个方面因素的影响。

三、融资成本的作用

融资成本在企业融资决策中的作用表现为以下几点。

1. 融资成本是影响企业是否融资的重要因素

创业企业进行融资决策时，最主要的依据是融资成本。只有创业投资的收益大于融资成本时，才能考虑进行创业融资。如果融资成本大于创业投资收益，那么不计成本与后果地进行融资，不仅可能使创业者得不到创业项目的盈利，甚至可能导致创业企业破产，创业行为最终失败。有的创业者甚至会倾家荡产，个人生活都受到严重影响。

2. 融资成本是企业选择融资渠道的基本依据

在今天的金融市场上，融资渠道多种多样，在选择融资渠道时，最重要的影响因素是融资成本的比较。在其他条件相当的情况下，创业者当然要选择融资成本最低的渠道。例如，自有资本往往是创业者容易选择的一种融资渠道，再如，银行融资成本通常要低于风险投资，创业企业一般也愿意选择银行融资。

3. 资金成本是企业选用融资方式的参考标准

除了融资渠道的选择，企业不同融资方式的融资成本也不一样。为了以较低的融资成本取得所需资金，企业自然应分析和比较各种筹资方式的资金成本的高低，尽量选择资金成本低的融资方式及融资组合。

四、融资成本的计算[①]

在科学测试资金需求之后，就需要选择融资渠道进行融资。在选择融资渠道和融资数量时，需要计算融资成本，确保创业企业的融资成本控制在合理范围之内。创业企业应该通过科学的计算设计企业的融资组合模式，既保证企业发展所需资金的供应，也尽量将企业的融资风险降至最低。创业企业融资时融资成本的计算公式如下。

1. 银行长期借款的融资成本

银行长期借款是创业企业获取长期稳定资金支持的重要形式，它的主要特点是偿还期较长、利息费用可以抵减所得税、资金筹集费用相对较少。总的来说，银行长期借款的成本要低于风险投资，如果不考虑其他因素，企业往往首先选择银行融资方式。银行长期借款的融资成本计算公式如下：

$$长期借款融资成本 = \frac{资金占用费}{筹资总额}$$

$$资金占用费 = 年利息 \times (1 - 所得税税率)$$

2. 长期公司债券融资成本

长期公司债券是指由公司发行的期限在 1 年以上，用来筹集资金的一种长期负债。公司债券的筹资费用较高，一般包括申请费、信用评估费、公证费等；公司债券成本中的利息也可以在税前支付。需要注意的是，公司债券发行可以平价、溢价和折价发行，这也会影响其实际融资成本。公司债券的融资成本计算公司如下：

$$长期公司债券融资成本 = \frac{资金占用费}{筹资总额 - 筹资费用}$$

$$资金占用费 = 年利息 \times (1 - 所得税税率)$$

3. 股权融资成本

发行普通股或者优先股是股份公司筹资的主要形式。股权融资需要支付大量的筹资费用，而且股利需要在税后支付，没有抵税作用。对于固定股利的普通股和优先股来说，股权融资成本的简单计算公式如下：

$$固定股利股权融资成本 = \frac{资金占用费}{筹资总额 - 筹资费用} = \frac{年每股股利}{每股发行价 - 每股发行费}$$

如果发行的是股利固定增长的普通股，那筹资成本的计算公式如下：

$$固定增长股利普通股融资成本 = \frac{第一年每股股利}{每股发行价 - 每股发行费} + 年股利增长率$$

对于分配股利不确定的普通股来说，其融资成本较为复杂，不再适用以上公式。

[①] 本节中的公式来自冯丽霞、王若洪主编的《创新与创业能力培养》，清华大学出版社 2013 年 8 月出版。

4. 综合融资成本

创业企业在创办和成长过程中,往往需要多种融资渠道,采用多种方式筹集资金,因此创业企业还需要通过计算综合融资成本,来进一步确定筹集资金的总成本,才能做出科学的融资决策,具体见表9-5。综合融资成本的计算公式如下:

$$K_w = \sum_{i=1}^{n} K_i w_i$$

式中　K_w——综合融资成本;
　　　K_i——第 i 种资金的融资成本;
　　　w_i——第 i 种资金在全部资金中所占比重。

表 9-5　创业企业融资成本测算表

融资渠道	融资金额/万元	该渠道融资金额所占比例(%)	该渠道融资成本/万元	融资渠道具体说明
自有资金				
亲友借贷				
银行贷款				
⋮				
合计				

五、降低企业融资成本的技巧

在创业之初,很多创业者面临着资金不足的窘境,往往不能吸引到足够的资金去创办企业。这造成了一些创业者由于缺少资金,往往求"资"若渴,不考虑融资成本和自己实际的资金需求,为以后的企业运营带来风险。因此,掌握融资技巧,降低融资成本,对于创业者来说是非常重要的技能。

1. 构建最佳的融资组合

创业融资解决的是创业者在创业初期最紧迫的启动资金问题。创业融资的渠道很多,有私人借贷、银行贷款、天使投资、风险投资等。为了最大限度地降低融资成本和融资风险,创业者应该科学有效地整合资源,构建最佳的融资组合。一般来说,成功的创业者的创业资金往往有30%来自自己的积蓄。使用创业者自有资金,可以减少创业者寻找外部投资者所需的时间、精力,有效降低融资成本,减少外部投资者的干预,有利于创业企业顺利地启动。

2. 尽可能获得政府支持

为了支持大学生创业,国家各级政府都出台了多种大学生创业优惠政策,涉及融资、开业、税收、培训等方面。如根据国家相关规定,自主创业的大学生,可以向银行申请开业贷款,并可享受贷款贴息。对于有创业计划的大学生来说,首先应该充分了解国家对于大学生创业的相关支持政策。除此之外,政府对于一些特殊行业和中小型企业,也有很多扶持资金、低息或者贴息贷款以及一些税费返款和贷款援助政策,用足这些政策优惠,对于降低大学生创业的融资成本很有帮助。

3. 精打细算合理选择

在创业融资选择融资渠道时,一定要精打细算,货比三家。如很多银行发放商业贷款时可以有一定范围内的贷款利率浮动，创业企业如果贷款手续完备，可以对比各家银行的贷款利率尽可能选择成本较低的银行办理贷款。另外，企业也应该根据自己的实际资金需求情况和贷款利率的走势选择贷款期限，节省利息支出。企业还可以通过变更贷款方式和年限，提高资金使用效率，降低企业的利息负担。

百度的创业融资历史

1995年开始，李彦宏就利用每年回国的机会考察国内的市场。但那时，他并没有急着回来，因为"感到中国还不需要搜索这个技术，大家还在推广网络的概念"。1999年10月，政府邀请了一批留学生回国参加"国庆典礼"，李彦宏也在受邀之列。这次行程坚定了他回国创业的决心："大家的名片上开始印E-mail了，街上有人穿印着.com的T恤了。"更为重要的是，"中国出现了一批能够为搜索业务付费的门户网站"。

当时，国内门户网站使用的搜索引擎，大多是英文搜索软件的汉化版。虽然中文的语言逻辑和英文有着很大区别，但这些软件在开发时却很少考虑到中国人的搜索习惯，而那时国内出现其他搜索引擎，在李彦宏看来更像是"玩具"。

返回美国之后，手中握有全球第二代搜索引擎核心技术"超链分析"专利的李彦宏，找到了自己刚刚从美国东部闯荡硅谷时认识的好朋友徐勇。1999年11月，徐勇邀请李彦宏到斯坦福大学参加自己担任制片人的《走进硅谷》一片的首映式。第二天，两人就基本敲定了市场方向、股权分配、管理架构以及融资目标等回国创业的大致框架。此时互联网泡沫正盛，但是，为了凭借自身团队的价值成为公司绝对控股的大股东，以便为将来的阶段性融资奠定基础，他们只制订了100万美元的融资计划，并开始寻找融资目标。在与各种背景的投资者接触后，李彦宏倾向于选择有美国背景的投资者，原因在于"他们开的价码、条件比较好"。

很快就有好几家风险投资公司愿意为他们投资，他们看重的是三个因素：中国、技术、团队。"我们选了一家，即Peninsula Capital（半岛资本）。"Peninsula Capital是李彦宏要和另一家投资商签署协议时才开始接触的。"当时急着回国，所以我们只给了他们一天的时间。"巧的是，Peninsula Capital的一个合伙人Greg是徐勇拍摄《走进硅谷》时采访过的。Greg对徐勇说："从你拍的片子，我就知道你能成事。但我不认识他（指李彦宏）。你说他的技术如何了得，有什么办法让我们相信？"不过，在按创投行业惯例与李彦宏工作的Infoseek公司CTO威廉·张通电话后，Greg下定了决心：威廉·张认为，李彦宏是全世界搜索引擎领域排名在前三位的专家。

尽管对中国有着浓厚的兴趣——2000年初Peninsula Capital还联合高盛、Redpoint Ventures（红点投资）向中国最早的IT交易网站"硅谷动力"投资了1000万美元，但是由于没有在搜索领域的投资经验，他们又拉来了Integrity Partners一起投资。这家风险投资公司主要由INKTOMI（美国著名的搜索引擎公司，后被Yahoo收购）的几个早期创业者创办。两家风险投资公司决定联手向百度投资120万美元（双方各60万美元），而不是李彦宏当初想要的100万美元。

"当时我觉得，需要6个月时间把自己的搜索引擎做出来。"投资人问李彦宏，如果给更多的钱，是不是可以缩短这一时间，他的回答是否定的。但事实上，从2000年1月1日开始,百度公司在北大资源楼花了四个半月就做出了自己的搜索引擎。不仅如此,为了防止市场发生大的变化,原计划 6 个月用完的钱,百度做了一年的计划,从而坚持到了 2000 年 9 月第二笔融资到来的时候。

资料来源:百度文库。

训练项目一 科学测算资金需求

一、训练内容

根据资金需求计算的方法科学测算小组创业项目的资金需求。

在这一环节,小组可以根据前面章节的创业训练结果,以自己小组预先设计的创业项目为基础来进行资金需求测算的训练,如果没有进行前面的训练,也可以由指导教师提供一个创业项目案例,根据这个案例进行资金测算需求的训练。小组成员经过课上讨论和课下的实际调查两个环节的工作之后,编制创业企业开办阶段资本性支出资金需求量估算表、创业企业开办费用资金需求量估算表和创业企业运营阶段资金需求量估算表,并对于表格中的项目和金额进行逐项说明。

二、训练步骤

1. 分组

训练采取团队完成任务、团队代表上台陈述、团队之间进行竞争的学习方式。这种方式打破了传统的教师说和学生听的固有模式,通过多方位协作、互动和竞争,寓教于乐,让学生在不知不觉中培养创新意识、学习创业技巧。

训练以班级为单位进行,25~35 人为宜,分为 3~8 组,每组人数 4~8 人为宜。如果多个班级同时进行,也可以打破班级界限组队。小组分好后,建议在整个训练过程中不要随意改动。

2. 团队建设

分组完成之后,各个小组成员通过讨论,课下完成以下工作:

1)确定组长人选。
2)确定小组名称。
3)确定小组工作纪律,并形成正式文件。
4)建设小组工作文化(如设计一个口号等)。

这部分的工作可以由小组将工作流程和工作结果形成书面报告,提交给教师,教师可以根据教学需要,将其纳入最终的训练评分体系中去。

3. 教师讲授相关理论并布置作业

教师安排一定课时讲授知识要点,主要内容包括:

1)讲授本章知识要点。教师对训练环节所涉及的理论知识和实践技能进行讲解,并对学生提出自学要求。
2)训练内容和具体要求。
3)本次训练的内容和作业要求。教师应明确向学生说明本次训练的内容和作业要求,并给予学生一些指导和建议。

作业要求:完成 Word 报告一份;完成演示 PPT 一份。

4. 小组准备作业

在这一环节，建议的工作流程为：

1）每个小组确定一个创业项目，进行资金需求的测算。这个项目可以是小组前期训练的创业项目，也可以由教师指定。

2）小组通过讨论，分别列出企业开办阶段和运营阶段资金需求的项目。

3）小组通过讨论，制订市场调查方案，分工完成市场调查，获得计算资金需求所需的数据。

4）小组可以分工或者合作完成资金需求的测算工作，填写创业企业开办阶段资本性支出资金需求量估算表、创业企业开办费用资金需求量估算表、创业企业运营阶段资金需求量估算表，并在此基础上编制创业企业预计利润表、创业企业预计资产负债表。

5）小组通过讨论，再次审核各项资金需求的测算过程、测算依据、测算结果，并进行修正。

6）小组经过讨论，形成本小组创业企业资金需求测算报告。

5. 报告展示

由各个小组在教师安排下轮流上台进行作业报告展示，主要内容包括：

1）通过抽签确定小组上台顺序。

2）每个小组上台亮相（亮相方式由各个小组提前设计并排练）。

3）每组选出一人根据本组设计好的作业，上台讲解作业思路、内容、理由及结果，还可选一人补充讲解，建议时间在 10min 以内。

4）每组讲解完成后，其他人针对讲解内容进行提问，由小组成员进行回答，问答环节建议时间在 10min 以内。

5）问答环节结束后，由教师进行现场点评，并要求各个小组根据点评对作业进行修改。

6）各个小组将修改好的作业交给教师进行评分。

三、训练要求

具体训练要求同第二章训练项目。

四、考核办法

具体考核办法同第二章训练项目。

训练项目二　科学计算融资成本

一、训练内容

在这一环节，小组根据测算资金需求的结果，进行创业项目融资成本测算的训练。小组成员经过课上讨论和课下的实际调查两个环节的工作之后，结合当地政府的相关政策规定、银行贷款实际利率等情况制定该创业项目的融资组合策略，编制创业企业融资成本测算表，并对表格中各个融资渠道的具体情况和融资成本的计算依据进行具体说明。

二、训练步骤

1. 分组

训练采取团队完成任务、团队代表上台陈述、团队之间进行竞争的学习方式。这种方式打破了传统的教师说和学生听的固有模式，通过多方位协作、互动和竞争，寓教于乐，让学生在不知不觉中培养创新意识、学习创业技巧。

训练以班级为单位进行，25~35人为宜，分为3~8组，每组人数4~8人为宜。如果多个班级同时进行，也可以打破班级界限组队。小组分好后，建议在整个训练过程中不要随意改动。

2. 团队建设

分组完成之后，各个小组成员通过讨论，课下完成以下工作：

1）确定组长人选。
2）确定小组名称。
3）确定小组工作纪律，并形成正式文件。
4）建设小组工作文化（如设计一个口号等）。

这部分的工作可以由小组将工作流程和工作结果形成书面报告，提交给教师，教师可以根据教学需要，将其纳入最终的训练评分体系中去。

3. 教师讲授相关理论并布置作业

教师安排一定课时讲授知识要点，主要内容包括：

1）讲授本章知识要点：教师对训练环节所涉及的理论知识和实践技能进行讲解，并对学生提出自学要求。
2）训练内容和具体要求。
3）本次训练的内容和作业要求：教师应明确向学生说明本次训练的内容和作业要求，并给予学生一些指导和建议。作业要求：完成Word报告一份；完成演示PPT一份。

4. 小组准备作业

在这一环节，建议的工作流程为：

1）每个小组确定一个创业项目，进行融资成本的测算。这个项目可以是小组前期训练的创业项目，也可以由教师指定。
2）小组通过讨论，详细分析不同融资渠道的优劣，选择企业融资渠道。
3）小组进行分工，不同成员分别进行市场调查，获得计算融资成本所需的数据。
4）小组进行分工，根据创业企业的资金需求数量和前期调查的结果，计算不同融资渠道的融资成本。
5）小组通过讨论，确定不同融资渠道的融资比例，填写创业企业融资成本测算表。
6）小组经过讨论，形成本小组创业企业融资成本测算报告。

5. 报告展示

由各个小组在教师安排下轮流上台进行作业报告展示，主要内容包括：

1）通过抽签确定小组上台顺序。
2）每个小组上台亮相（亮相方式由各个小组提前设计并排练）。
3）每组选出一人根据本组设计好的作业，上台讲解作业思路、内容、理由及结果，还可选一人补充讲解，建议时间在10min以内。
4）每组讲解完成后，其他人针对讲解内容进行提问，由小组成员进行回答，问答环节建议时间在10min以内。
5）问答环节结束后，由教师进行现场点评，并要求各个小组根据点评对作业进行修改。
6）各个小组将修改好的作业交给教师进行评分。

三、训练要求
具体训练要求同第二章训练项目。
四、考核办法
具体考核办法同第二章训练项目。

辅助材料

一、创业企业预计利润表

有时，在测算创业资金需求时，还需要在市场需求预测的基础上，编制企业的预计利润表，确定适应特定市场需求的收入、成本、费用等资金量。通常需要编制出开业后 5~10 年的预计利润表（见表 9-6）。

表 9-6　创业企业预计利润表　　　　　　　　　　（单位：万元）

项　　目	第一年	第二年	第三年	第四年	第五年
一、营业收入					
1. 减：营业成本					
2. 营业税金及附加					
二、营业利润					
1. 减：销售费用					
2. 管理费用					
3. 财务费用					
三、利润总额					
减：所得税					
四、净利润					

二、创业企业预计资产负债表

通过编制预计利润表，明确了企业各个年份的收入、成本、费用与利润的数量，同时结合市场需求测算与企业生产经营测算，就可以编制出企业的预计资产负债表，根据资产负债表就可以确定出企业占用与流动资产形态的营运资金的数量，预计资产负债表的编制见表 9-7。

表 9-7　创业企业预计资产负债表　　　　　　　　（单位：万元）

项　　目	第一年	第二年	第三年	第四年	第五年
一、流动资产					
1. 货币资金					
2. 应收账款					
3. 存货					
4. 其他					
流动资产合计					
二、固定资产					
1. 固定资产原值					
2. 减：累积折旧					
3. 固定资产净值					
4. 资产总计					

(续)

项　目	第一年	第二年	第三年	第四年	第五年
三、流动负债					
1. 短期借款					
2. 应付账款					
3. 应付税金					
4. 其他应付款					
5. 流动负债合计					
四、长期负债					
1. 银行借款					
2. 其他短期负债					
3. 长期负债合计					
4. 负债总计					
五、所有者权益					
1. 实收资本					
2. 资本公积					
3. 盈余公积					
4. 未分配利润					
5. 所有者权益合计					
6. 负债与所有者权益合计					

复习思考题

1. 创业融资渠道有哪些？
2. 大学生创业融资有哪些特点？
3. 如何科学测算创业融资需求？
4. 如何科学计算创业融资成本？

Chapter 10

第十章

大学生创业实务训练

年轻创业者不要只想不做,一定要实践。还要有不怕失败、承受压力的胸怀。

——高元坤

引言

当创业进入到实质阶段,也就是开始着手开办企业时,需要做的事情很多,也会遇到很多事先难以预料的风险。比如,如何撰写一份规范的创业计划书?创业企业注册时,确定什么样的法律组织形式?企业应该在哪里选址?选址时需要考虑什么因素?企业注册有哪些手续?需要缴纳哪些费用?这些问题看似不是什么艰深的理论问题,但是头绪繁多、要素庞杂,稍有不慎,不仅会影响企业未来的成长和发展,甚至会导致企业陷入困境。因此,了解企业创办过程中的环节、知识和技能,对于创业企业的健康可持续发展至关重要。

训练目标

1) 了解创业计划书的撰写要求。
2) 了解企业的法律形式。
3) 了解企业注册的基本程序。
4) 了解企业选址需要的信息和技能。

第一节 创业计划书概述

在创业过程中,创业者经常会被要求提供一份完整规范的创业计划书,对创业项目进行全面描述和介绍,包括创业项目的内容、技术、市场前景以及创业企业的财务、人员、制度等,从各个方面对创业项目进行可行性分析。创业计划书既可以为创业者提供创业的行动指南,又是投资者衡量一个创业项目是否值得投资的主要依据。因此,撰写创业计划书不仅是吸引投资的要求,也是创业者对于创业项目的一次全面分析。

一、创业计划书的概念和作用

创业计划书（Business Plan）又称商业计划书，是指按照国际惯例通用的标准文本格式写成的项目建议书，是全面介绍公司和项目运作情况，阐述产品市场及竞争、风险等未来发展前景和融资要求的书面材料。大学生在创业时，往往醉心于对于创业项目的描述和创业前景的勾画，但是对于创业项目的可行性考虑不足。因此，撰写创业计划书对于大学生创业来说尤为重要。一般来说，撰写创业计划书可以有以下的作用。

1. 指导创业行动

通常创业者在创业时，会对创业项目的未来发展有一个模糊的愿景，创业计划书可以将愿景落实为具体的创业目标。创业目标通常以财务目标为中心，即创业企业在未来一段时间内（通常3~5年）什么时候可以实现盈利，以及不同阶段应该达到的盈利水平。同时，创业计划书中还包括为了实现这一目标的具体行动规划。为了实现创业目标，创业者对于创业企业的内外部因素进行全面分析，发现创业的有利因素和不利因素，在此基础上为创业企业的业务发展提供具体方案。通常创业计划结合了市场营销、财务、生产、人力资源等职能计划，有相对固定的格式，几乎反映了投资商所有感兴趣的内容。通过编制创业计划书，创业者对于创业活动有了更为清晰的规划，使得创业活动有条不紊地进行。

2. 提供创业信息

一份制作规范、专业的创业计划书就等于创业者的第一张创业名片。通过创业计划书，创业者可以使创业团队深刻理解创业企业的方向和行动指南，使创业团队的意志统一，形成合力；通过创业计划书，创业者可以获得投资者的信任，吸引更多的外部投资；通过创业计划书，可以使创业者检讨自己的创业行为，使创业企业的发展不会偏离轨道。

3. 获得创业支持

几乎所有的创业企业在融资时都需要撰写创业计划书。在很多情况下，创业计划书的撰写情况会极大影响融资的成功率，增加或减少企业获得投资的机会。当创业者有了好的创业项目，选定了创业目标后，就必须提供一份完整的创业计划书，它是整个创业过程的灵魂。从企业成长经历、产品服务、市场、营销、管理团队、股权结构、组织人事、财务、运营到融资方案，只有内容翔实、数据丰富、体系完整、装订精致的创业计划书才能吸引投资者，让他们理解创业运作计划、使企业得到资金支持。

二、创业计划书的内容

大部分创业计划书有着类似的标准化格式，但是不同情境下创业计划书的内容和格式也存在一定差别。但总的来说创业计划书至少要包括以下三个方面的内容：一是创办企业的目的，二是创办企业所需的资金，三是企业未来发展计划。对于大学生创业者来说，创业计划书无须特别复杂，面面俱到，但是至少要阐明新企业要在未来达成的目标，以及如何达成这些目标。因此大学生创业者的创业计划书通常包括以下几个方面。

1. 创业设想

创业设想是对于创业项目的具体描述，主要包括创业产品或者服务的主要功能和特征、创业产品或者服务的目标客户、创业产品或者服务可以满足客户的哪些需求，同时还要包括产品的市场竞争力分析，产品的研究和开发过程，发展新产品的计划和成本分析，产品的市场前景预测，产品的品牌和专利等，一般还要附上产品原型、照片或其他介绍。

2. 市场分析

市场分析是对创业项目的市场行情进行分析和预测，一般包括创业项目所在的行业分析，顾客类型及细分市场分析，市场现状和需求分析，目标顾客和目标市场分析，竞争对手分析，以及市场未来发展趋势分析。

3. 经营方案

经营方案是创业企业发展的具体规划的发展策略，内容为企业战略目标、组织结构、经营战略、管理方式、风险分析、经营场地、创业团队，就是对人力资源管理、技术管理、财务管理、作业管理、产品管理等方面的具体说明。其中人力资源管理是重点，很多时候，最好在创业计划中对主要管理人员加以阐明，介绍他们所具有的能力，他们在本企业中的职务和责任，他们过去的详细经历及背景。还应该绘制企业的组织机构图，详细说明各部门的功能与责任、各部门的负责人及主要成员。

4. 财务融资

财务融资包括启动资金预算、融资计划、盈亏平衡点、投资回收期估算。其中重点是现金流量表、资产负债表以及损益表的制备。流动资金是企业的生命线，因此企业在初创或扩张时，对流动资金需要预先有周详的计划和进行过程中的严格控制；损益表反映的是企业的盈利状况，它是企业在一段时间运作后的经营结果；资产负债表则反映在某一时刻的企业状况，投资者可以用资产负债表中的数据得到的比率指标来衡量企业的经营状况以及可能的投资回报率。

5. 营销规划

营销规划是对企业市场营销方案的详细说明，主要包括以下内容：市场机构和营销渠道的选择；营销队伍和管理；促销计划和广告策略；价格决策。

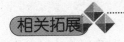

撰写创业计划书的六个 C

第一个 C 是 Concept，概念。概念指的是通过创业计划书让别人迅速知道你想卖的产品是什么。

第二个 C 是 Customers，顾客。有了产品之后，接下来就是要卖给谁，即谁是顾客。细分市场，对于顾客的描述越清晰越好，明确顾客的范围。

第三个 C 是 Competitors，竞争者。市场上是否有类似的产品或服务，如果有，他们的优势、劣势、客户群都是什么？自己与竞争者之间是什么关系？

第四个 C 是 Ccapabilities，能力。要卖的产品或服务自己会不会，懂不懂？比如开餐馆，自己会不会炒菜？开咖啡馆，自己会不会做咖啡？即使自己没有这个能力，创业团队中也要有人会，或者至少懂得鉴赏，自己完全不懂的项目很难成功。

第五个 C 是 Capital，资本。资本可以是现金也可以是资产。详细计算自己所有可以变现的东西价值有多少,自由部分占多少,可以借贷的部分是多少?一定要清楚自己资本的总量。

第六个 C 是 Continuation,永续经营。是否有比较完善的长远发展规划?当事业做得不错时,下一步的计划是什么?

资料来源:百度文库。

三、撰写创业计划书的步骤

创业计划书的撰写是一项非常重要和关键的工作,因此一般要遵循以下几个步骤:创业构思、市场调研、起草计划书、修改计划书、评估计划书五个阶段。

在撰写创业计划书之前,应该首先进行创业构思,通过不断完善和丰富将一个可能不成熟的创意变为一个成熟的创业项目。接着通过市场调研对创业项目进行验证,判断创业项目是否可行,是否需要进行调整和修改;经过市场调研,确定了创业项目之后就可以着手起草创业计划书,这时应参考不同的创业计划书模板,学习他人的经验,了解创业计划书的具体内容和撰写要求;初稿完成之后,以此为基础,创业团队进行反复的讨论和研究,反复修改之后才可定稿;创业者在精心制作创业计划书之后,应该站在一位审查者的角度来评估创业计划书,包括投资回报情况、潜在市场容量、管理团队水平和可能的风险等方面。根据评估情况对创业计划书进行最后的调整,并做好展示的准备。

四、撰写创业计划书的原则

1. 通俗易懂

编制创业计划书就是给投资人或者合伙人看的,其目的就是阐述一个切实可行的创业项目。因此,创业计划书首先要做到清晰,即清晰准确地描绘创业项目的具体内容和核心思想;二是简练,不要在创业计划书中长篇累牍地描述过程和细节,而应该直接切入主题,回答投资者和合伙人最关心的问题;三是通俗,创业计划书应该尽量避免复杂深奥的技术和专业术语,而应该使用简单通俗的解说、图文并茂的形式,使内容形象化、直观化。

2. 客观实际

一份好的创业计划书是建立在对市场的全面调查和分析的基础上的。因此创业计划书应该尽量让事实说话,让数据说话,既不要盲目乐观,也不要妄自菲薄,要做到客观公正、内容全面、深入翔实。具体来说,一是要客观,多使用客观的数据与资料,少用主观的估计或判断,因为主观的估计往往会高估盈利,低估成本和风险;二是要有来源,所使用的数据和资料应该有可靠的来源,如果是自己调查获得的数据,应该说明具体的调查方法,不能使用缺少依据的假设和案例。

3. 市场导向

创业企业成功的标志就是获得盈利,因此创业计划书必须依照市场导向的原则来编写。首先,创业计划书要清楚阐明创业项目的市场潜力和发展可能,描绘创业企业的未来发展前景。再次,创业计划书应指出创业企业的竞争优势,通过对于行业、市场及竞争对手的分析指出投资者的利益所在,显示出创业者获得创业成功的信心。最后,创业计划书要体现出创业团队的市场营销能力，制订全面可行的市场营销方案，尽量展现创业团队的市场营销能力和丰富的经验背景，显示创业团队对于创业企业的市场竞争已经做好了万全的准备。

4. 排版规范

创业计划书的封面、目录、概要、附录、图表等部分是否合理编排、美观整洁，直接影响投资者对创业计划书的评价。也就是说，排版、装订和印刷不能粗糙。比如，用订书针装订的创业计划书看上去既不专业，也不认真，让人感觉不到创业者对创业计划书的重视。因此，创业计划书的排版要力求规范，装订要整齐美观。

创业计划书中的"危险信号"

创业计划书中的"危险信号"见表10-1。

表10-1 创业计划书中的"危险信号"

危险信号	解释
创业者没有资金投入	如果创业者自己都没有资金投入，为什么别人应该投入
引注不明	创业计划应该根据现实证据和周密调研，而不是臆测和想当然。所有一手资料和二手资料研究都要注明引用来源
市场规模界定过宽	市场界定过宽表明，真正的目标市场尚未找到。市场机会需要更精细地界定。新创市场瞄准的是行业内的细分市场或某个特定市场
过于激进的财务数据	许多投资者会直接翻阅创业计划书的财务部分。推理不足或者过于乐观的计划，会失去可信度。与此相反，基于合理研究与判断的冷静陈述，能得到投资者的信任
随处可见的疏忽	让读者艰难阅读文献，审有不平衡的资产负债或者面对随处可见的粗心失误，绝不是好事。这些错误被认为是不注重细节，从而损害创业者的可信度

注：资料来自施永川主编的《大学生创业基础》，高等教育出版社2015年11月出版。

第二节 创办企业的法律形式

企业是一种社会组织，每一个社会组织都以其合适的形式反映出其存在的价值，而这种存在价值是以其法律地位为基本条件的。创业者开始创业时也需要选择其创立企业的法律形式。不同的企业法律形式，对创业者的要求不同，风险不同，企业未来发展的空间也不同。法律形式选择适当、合理，可以为创业企业的发展提供一个良好的平台。当前，我国登记注册的企业法律形式一般包括个体工商户、个人独资企业、合伙企业、有限责任公司四种。

一、个体工商户

个体工商户是根据国务院发布的《城乡个体工商户管理暂行条例》，由有经营能力的城镇待业人员、农村村民及国家政策允许的其他人员，申请从事个体工商业经营，依法经核准登记后成为的市场经营主体。

个体工商户是一种简便的创业组织形式，比设立企业的条件低。个体工商户可以个人经营,也可以家庭经营。个人经营以个人全部财产承担民事责任;家庭经营以家庭全部财产承担民事责任;个体工商户也可以个人合伙形式经营,即由两个以上公民自愿组成,共同出资,共同劳动经营,但从业人数不得超过8人。

二、个人独资企业

个人独资企业是根据《中华人民共和国个人独资企业法》设立的由一个自然人投资、财产为投资人个人所有、投资人以其个人财产对企业债务承担无限责任的经营实体。

从组织结构形式上,个人独资企业的投资者是一个自然人,是由个人创办的企业,国家机关、国家授权投资机构或国家授权的部门、企业、事业单位都不能作为个人独资企业的设立人;从责任形态上,投资者以其个人财产对独资企业的债务承担无限责任;从性质上,个人独资企业不是法人企业,没有独立的资产。投资人的财产就是企业的财产,企业的责任就是投资人的责任。因此个人独资企业没有独立承担民事责任的能力。需要注意的是,个人独资企业虽然不是法人,但是是独立民事的主体,能够以自己的名义从事民事活动。

个人独资企业的设立条件包括以下几点:
1) 独资人为一个自然人。
2) 有合法的企业名称。
3) 有投资人申报的出资。
4) 有固定的经营场所和必要的生产经营条件。
5) 有必要的从业人员。

个人独资企业的优点是企业设立、转让和解散的行为简便,仅需在登记机关登记即可;企业主自主经营、制约因素少、灵活性强、能较快地适应市场的变化;经营信息易于保密;经营成果企业主独享。

个人独资企业的缺点是由于企业主对企业债务承担无限责任,经营风险比较大;个人独资企业受投资人的个人因素影响较大,当投资者发生意外事故或触犯法律、转业、破产并且家人不愿意经营该企业时,该企业将终结。

三、合伙企业

合伙企业是指依据《中华人民共和国合伙企业法》在中国境内设立的,由各合伙人订立合伙协议、共同出资、合伙经营、共享收益、共担风险,并对合伙企业债务承担无限连带责任的营利性组织。

合伙企业以合伙协议为成立的法律基础,在合伙协议中明确了合伙人的责任和权利划分。合伙协议是调整合伙关系、规范合伙人相互权利义务、处理合伙纠纷的基本法律依据,也是合伙企业得以设立的前提;全体合伙人之间的关系是共同出资、合伙经营,收益共享、风险共担。合伙人既可以按照出资比例分享合伙企业盈利,也可以按照其他办法分配合伙企业盈利。合伙人对合伙企业承担的是无限连带责任,当合伙企业资不抵债时,合伙人需要以个人财产清偿债务,即承担无限责任;而且任何一个合伙人都有义务清偿全部合伙债务,即承担连带责任。

合伙企业的设立条件包括以下几点:
1) 有两个以上的合伙人,合伙人只能是自然人,不能是法人。合伙人都要依法承担无限责任。

2）有书面合伙协议。合伙协议应当载明合伙企业的名称、经营场所地点、合伙目的及经营范围、合伙人姓名及住所、合伙人出资方式及数额和缴付出资期限、合伙企业清算与解散、违约责任。

3）各个合伙人实际缴付的出资。出资形式多种多样，可以是货币、实物、土地使用权、知识产权、劳务及其他财产权利等。

4）有合伙企业的名称和经营场所。

5）法律、行政法规规定的其他条件。

合伙企业的优点很多，首先，和独资企业相比，合伙企业出资人较多，扩大了资本来源，企业的融资能力和信用能力得到了增强；其次，和独资企业相比，合伙企业能够发挥合伙人不同的经验、专长和优势，企业的管理能力和抗风险能力得到了增强。

但是，合伙企业也有缺点，首先是在企业存续期内合伙人转让财产比较困难，如果某个合伙人向合伙人以外的其他人转让其在合伙企业中的全部或者部分财产时，必须经全体合伙人同意；其次，合伙企业要求全体合伙人承担无限连带责任，对于合伙人来说风险较大；再次，合伙企业的融资能力虽然比独资企业要强，但是仍然不能满足企业进一步扩大生产规模的需要。

四、有限责任公司

有限责任公司是指股东以其出资额为限对公司承担责任，公司以其全部资产对公司的债务承担责任的法人企业。

和个体工商户、个体独资企业、合伙企业相比，有限责任公司具有企业法人资格，有限责任公司的股东责任是有限的，股东对公司所负的责任仅以认缴的出资额为限。当公司资不抵债时，股东以其在公司的出资额承担有限责任，不需要以其个人财产或者家庭财产为公司清偿债务。因此，有限责任公司是绝大多数创业者所乐于采用的组织形式。

有限责任公司的设立条件包括以下几点：

1）股东符合法定人数（股东人数在50人以下）。

2）股东出资达到法定资本最低限额。《中华人民共和国公司法》规定，公司全体股东的首次出资额不能低于注册资本的20%，也不得低于法定资本最低限额。其余部分由股东在公司成立之日起2年内缴足。

3）股东共同制订公司章程。

4）有公司名称，建立符合有限责任公司要求的组织机构。且名称中必须标明"有限责任公司"字样。

5）有固定的生产经营场所和必要的生产经营条件。

有限责任公司具有以下优点：首先，有限责任公司的有限责任特点降低了股东的风险；其次，有限责任公司实现了公司所有权和经营权的分离，可以聘任专业人才管理公司，提高了公司的竞争力。有限责任公司的缺点是设立程序比较复杂；创办费用高；法律法规的要求也较为严格。

四种企业法律形式的优缺点见表10-2。

表 10-2　四种企业法律形式的优缺点

企业法律形式	优 势	劣 势
个体工商户	形式简单、投资不大、独立自主、经营灵活，进入与退出方便	层次较低、无限责任风险大、筹资困难、竞争激烈、盈利有限、不易成长、失败率高等
个人独资企业	设立、转让、解散等手续简便 管理方便、成本较低 经营自主、方式灵活 利润归企业主所有 在技术与经营方面易于保密 可以满足个人的成就感	以个人全部财产承担经营责任，风险很大 受个人信用限制，融资困难，经营规模难以扩大 个人很难应付企业的经营、管理、人事、财务、技术、营销等问题
合伙企业	扩大了资本来源和企业信用能力 发挥团队作用 提高了企业扩大经营规模的可能性	个人转让其合伙财产时必须征得其他合伙人一直同意 清偿债务时合伙人需要承担无限连带责任 融资能力仍然有限
有限责任公司	只承担有限责任，风险可控 可以吸纳多个投资人，促进资本集中 公司能独立存续 多元化产权结构，有利于决策科学	设立程序复杂，创办费用高 存在双重纳税问题，税负重 不能公开发行股票 产权不能充分流动

注：资料来自王庆生、王坤主编的《大学生创业基础》，清华大学出版社，2013 年 11 月出版。

企业设立前需要考虑的问题

以下问题须在企业设立前仔细思考、深入调研、权衡利弊、预先策划。

1）一般新企业可以享受哪些法定的税收优惠政策？
2）大学生创业有哪些扶持政策？
3）如何合理运用不同的产业政策、区域政策、科技政策获得税收及投资优惠？
4）新创办企业的市场发展方向及商业运营模式是否明确？
5）如何筹划新创办企业未来业务经营项目涉及的税种及税率？
6）不同组织形式的企业在法律责任、税费标准、组织架构方面有哪些不同？
7）如何根据创业者自身特点和业务内容，选择恰当的企业组织形式？
8）自己还是请律师准备合伙协议或公司章程？
9）如何明确投资人的股份比例及各方的责、权、利关系？
10）股东会、董事会、监事会职权划分及其对未来企业的影响？
11）国家禁止私营企业进入经营的领域有哪些？开放趋势如何？
12）目前经营哪些产品或服务（经营范围）须通过国家授权部门的前置审批？
13）新创办企业营业项目涉及哪些政府行业管理部门，准入程度如何？
14）新办企业涉及的工商、银行、技术监督、会计事务所、公安、地税、国税等机构的办事程序与管理权限范围有哪些？
15）怎样办理企业机构代码证、银行开户许可证、铸刻许可证、国（地）税税务登记证？
16）新办企业须向注册所涉及的七家政府部门机构缴纳哪些费用？收费标准是什么？
17）企业正常营运一年须缴纳各项规费明细是什么？

18）新办企业如何能既方便、省钱、快捷、合法地办理申报注册手续？
19）是否需要委托企业登记代理机构帮助办理注册？如何寻找这些机构？费用如何？
20）企业开业需要哪些文件？
21）企业起名应遵循哪些具体规定？须综合考虑哪些因素？
22）会计事务所通过什么方式验证注册资本？如何顺利通过验资？
23）不动产、商标、专利及专有技术等无形资产作价入股有什么影响？
24）如何申请一般纳税人资格、取得增值税发票？
25）如何选择有利于与之发生结算、融资及提现业务的往来银行？

资料来源：李肖鸣、朱建新主编，《大学生创业基础》，清华大学出版社，2009年10月第1版。

第三节　新企业设立登记

在创立企业时，需要根据相应的程序办理各种手续，进行新企业的登记。这个过程不仅需要花费一定的费用，而且费时费力。如果事先对新企业设立登记流程和规定没有一定的了解的话，很容易耽误时间，或者产生不必要的费用。

一、新企业设立登记机构

新企业如果采取公司的法律形式，设立登记需要根据《中华人民共和国公司登记管理条例》规定执行。

国家工商行政管理总局（现为国家市场监督管理总局）负责下列公司的登记：国务院国有资产监督管理机构履行出资人职责的公司以及该公司投资设立并持有50%以上股份的公司；外商投资的公司；依照法律、行政法规或者国务院决定的规定，应当由国家工商行政管理总局登记的公司；国家工商行政管理总局规定应当由其登记的其他公司。

省、自治区、直辖市工商行政管理局负责本辖区内下列公司的登记：省、自治区、直辖市人民政府国有资产监督管理机构履行出资人职责的公司以及该公司投资设立并持有50%以上股份的公司；省、自治区、直辖市工商行政管理局规定由其登记的自然人投资设立的公司；依照法律、行政法规或者国务院决定的规定，应当由省、自治区、直辖市工商行政管理局登记的公司，国家工商行政管理总局授权登记的其他公司。

设区的市（地区）工商行政管理局、县工商行政管理局，以及直辖市的工商行政管理分局、设区的市工商行政管理局的区分局，负责本辖区内下列公司的登记：《中华人民共和国公司登记管理条例》第六条和第七条所列公司以外的其他公司；国家工商行政管理总局和省、自治区、直辖市工商行政管理局授权登记的公司。前款登记的具体登记管辖由省、自治区、直辖市工商行政管理局规定。但是，其中的股份有限公司由设区的市（地区）工商行政管理局负责登记。

新企业如果采取合伙企业的法律形式，设立登记需要根据我国《中华人民共和国合伙企业登记管理办法》规定执行。该办法规定国务院工商行政管理部门主管全国的合伙企业登记工作。市、县工商行政管理机关负责本辖区内的合伙企业登记。

新企业如果采用个人独资企业的法律形式，设立登记需要根据我国《个人独资企业登记管理办法》规定执行。该办法规定国家工商行政管理局主管全国个人独资企业的登记工作。省、自治区、直辖市工商行政管理局负责本地区个人独资企业的登记工作。市、县工商行政管理局以及大中城市工商行政管理分局负责本辖区内的个人独资企业登记。

个体工商户可以就近到当地工商行政管理所办理设立登记。工商行政管理所是区、县（含县级市）工商行政管理局的派出机构。工商所的人员编制、经费开支、干部管理和业务工作等由区、县工商局直接领导和管理。

二、新企业设立登记所需手续

新企业申报需要相关的手续，创业者需要根据自己的实际情况来选择要申办的组织形式，确定好创业项目的组织形式，准备相应材料，根据法律规定进行申办，见表10-3。

表10-3 各种组织形式申办手续一览表

组织名称	登记机关	法律依据	设立条件	注册资金	提交文件
个人独资企业	企业所在地工商所	《中华人民共和国个人独资企业法》	有民事能力的一个自然人	不少于3万元	① 投资人登记申请书 ② 投资人身份证 ③ 经营场所证明 ④ 企业名称核准通知 ⑤ 规定的其他文件
合伙企业	工商行政部门	《中华人民共和国合伙企业法》	合伙人数不少于2人	同上	① 合伙人登记申请书 ② 合伙人身份证 ③ 合伙人委托书 ④ 合伙协议 ⑤ 出资证明 ⑥ 经营场所证明 ⑦ 规定的其他文件
有限责任公司	同上	《中华人民共和国公司法》	1~50人	同上	① 登记申请书 ② 公司章程 ③ 验资证明 ④ 规定的其他文件

资料来源：李肖鸣、朱建新主编，《大学生创业基础》，清华大学出版社，2013年5月出版。

三、新企业设立登记的程序

新企业办理设立登记的程序比较复杂，大体要经过提交申请、工商部门审查受理、做出决定、领取执照几个步骤。

1. 核名

核名就是创业者为自己创办的企业确定一个合适的名称，企业在选名时要注意不要选取重复常见的名字，以免耽误注册时间和工作效率。一个高度概括、具有强烈吸引力和潜在文化价值的名称能够迅速唤起大众注意力和兴趣。

名字起好之后，在工商局领取并填写"企业（字号）名称预先核准申请表"，工商局检索没有重名后，再核发一张"企业（字号）名称预先核准通知书"。在核名阶段需要向工商局交付 40 元名称核准费。

2. 租房

所有企业都需要合适的办公地点。企业在寻找到合适的办公地点之后就需要签订租房合同。这个阶段需要房东提供房产证复印件，然后到房管局备案。

这一阶段需要到税务局去购买印花税，按照年租金千分之一的税率购买，贴在租房合同的首页。

3. 编写"企业章程"

编写"企业章程"，并需要所有股东签名。法律规定了企业章程的记载事项，分为必要记载事项和任意记载事项。以有限责任公司为例，有限责任公司的章程必须载明下列事项：公司名称和住所；公司经营范围；公司注册资本；股东的姓名或名称；股东的权利和义务；股东的出资方式和出资额、股东转让出资的条件；公司的机构及其产生办法、职权、议事规则；公司的法定代表人；公司的解散事由与清算办法；股东会认为需要记载的其他事项。

如果登记的企业形式是有限责任公司或者股份有限公司，可以在工商局网站上下载"公司章程"样本作为参考。

4. 刻私章

刻一个方形的法人私章。

5. 领取"银行询证函"

银行询证函是指会计师（审计）事务所在执行审计过程中，以被审计企业名义向银行发出的，用以验证该企业的银行存款与借款、投资人（股东）出资情况以及担保、承诺、信用证、保函等其他事项等是否真实、合法、完整的询证性书面文件。企业可以联系一家会计师事务所，领取一张"银行询证函"，必须是原件，有会计师事务所盖鲜章。

6. 开立公司验资户

验资户就是企业增加注册资金存入银行账户或者新成立企业交注册资金的银行账户。银行验资户属于临时存款账户的一种，临时存款账户是存款人因临时需要并在规定期限内使用而开立的银行结算账户。顾名思义验资户就是企业在注册验资期间为此而临时开立的账户，注册验资的临时存款账户在验资期间只收不付，注册验资资金的汇缴人应与出资人的名称一致。验资过程完成后，验资户一般应该注销（如果是分批次验资的可以考虑暂时不注销）。

开立验资户需要所有股东带上自己入股的资金以及公司章程、核名通知、法人代表的私章、身份证以及空白询征函表格。公司账户开好后，各个股东按照自己的出资额在公司账户中存入相应的投资款。银行会发给每个股东缴款单并在询征函上盖上银行的公章。

7. 办理验资报告

凭银行出具的股东缴款单、银行盖章后征询函以及公司章程、核名通知、房租合同、房产证复印件到会计师事务所办理验资报告，会计师事务所按照注册资本收费，费用500元。

8. 注册企业

到工商局领取企业设立登记的各种表格，包括设立登记申请表、股东（发起人）名单、董事经理监理情况、法人代表登记表、指定代表或委托代理人登记表。填好表格后，连同核名通知、企业章程、租房合同、房产证复印件、验资报告一起交给工商局。大概 15 个工作日可以领取执照。

9. 刻公章、财务章

凭营业执照,到公安局指定的刻章企业去刻公章、财务章。后面步骤中,均需要用到公章或财务章。

10. 办理企业组织机构代码证

组织机构代码证是各类组织机构在社会经济活动中的通行证。代码是"组织机构代码"的简称。组织机构代码是对中华人民共和国境内依法注册、依法登记的机关、企、事业单位、社会团体和民办非企业单位颁发一个在全国范围内唯一的、始终不变的代码标识。凭营业执照到技术监督局办理组织机构代码证,一般来说,技术监督局会先发一个预先受理代码证明文件,凭这个文件可以办理后面的税务登记证、银行基本户开户手续。

11. 办理税务登记

税务登记是税务机关依据税法规定,对纳税人的生产、经营活动进行登记管理的一项法定制度,也是纳税人依法履行纳税义务的法定手续。税务登记是整个税收征收管理的起点。税务登记种类包括开业登记;变更登记;停业、复业登记;注销登记;外出经营报验登记;纳税人税种登记;扣缴税款登记等。领取执照后,30 日内到当地税务局申请领取税务登记证。一般需要办理两种税务登记证,即国税和地税。纳税人在申报办理税务登记时,应当根据不同情况向税务机关如实提供以下证件和资料:

1)工商营业执照或其他核准执业证件。
2)有关合同、章程、协议书。
3)银行账户证明。
4)组织机构统一代码证书。
5)法定代表人或负责人或业主的居民身份证、护照或其他合法证件。
6)税务机关要求的其他需要提供的资料。

12. 去银行开基本户

基本存款账户是企事业单位的主要存款账户,该账户主要办理日常转账结算和现金收付,存款单位的工资、奖金等现金的支取只能通过该账户办理。基本存款账户的开立须报当地人民银行审批并核发开户许可证,许可证正本由存款单位留存,副本交开户行留存。企事业单位只能选择一家商业银行的一个营业机构开立一个基本存款账户。办理银行基本户需要的资料是:营业执照正本、副本;公司章程;法定代表人身份证原件及复印件;合伙人或股东身份证复印件;经办人身份证原件及复印件;五章(公章、财务章、法人章、合同专用章、发票专用章);当地银行要求提供的其他材料。对于开户所需费用,各地银行要求不一,一般会根据不同的服务收取相应费用。

13. 申请领购发票

依法办理税务登记的单位和个人,在领取税务登记证件后,向主管税务机关申请领购发票,发放发票领购簿。如果是销售商品的企业,需要到国税去申请发票;如果是服务性质的企业,需要去地税申请发票。

办理完以上手续之后,企业就可以开始营业了。

第四节 新企业选址

对新创企业来说,选址对于企业未来的发展具有重要的影响。据香港工业总工会和香港总商会统计,在开业不足两年就倒闭的企业中,由于选址不当导致企业失败的数量占总量的50%以上。这主要是因为一个地区的商业环境质量和区域竞争优势会影响这个地区的企业发展前景和竞争力。对于新创企业来说,一旦选定一个地区和位置,就需要长期大量的资金投入。正确的选址能为企业带来巨大的收益,而错误的选址则会使企业的投资血本无归。了解企业选址的重要性,掌握企业选址的技巧和方法,对于新创企业来说是很有必要的。

一、企业选址的影响因素

一般说来,企业选址的影响因素分为两大类:选位影响因素和定址影响因素。其中选位即选择什么地区,又可以分为国家和地区或城市两个部分。定址指地区确定后选定的具体位置。企业选位和定址的影响因素大概有以下几个方面,见表10-4。

表10-4 影响企业选址的部分因素

选址类别		影响因素
选位	国家	政局稳定
		政府对创业的鼓励与扶持政策
		经济、文化、宗教信仰等情况
		汇率
	地区或城市	地区政策
		目标市场
		原材料供应地
		运输条件
		与协作厂家的相对位置
		劳动力资源
		气候条件
		基础设施情况
定址		场所大小和成本
		可扩展的条件
		地质条件
		周边环境

二、大学生创业选址的影响因素

对于大学生创业者来说,在选择企业所在的地区时,往往有两种选择:一是选择在家乡或者大学所在地创业,这是由于大学生资源和经验的限制导致大学生们愿意选择熟悉的地方创业;另一种是因为被大城市的商业环境吸引而去北上广等大城市创业。

具体到企业定址,也就是如何在一个地区内选择企业所在的具体位置,大学生们往往关注以下几个因素。

1. 地理交通因素

地理因素是指一个地区的气候、地势、用地形式及道路关联等地理条件。对于那些限制在某些地理范围内销售的某些产品和服务的企业来说，这个因素特别重要。

交通因素指的是企业附近的交通运输条件。便利的交通能够提高企业效率，降低企业成本。对于加工业来说，原材料、生产工具、产品和废物、零件的运输都需要便利的交通条件；对于零售业和服务业来说，店面附近的交通情况会在很大程度上影响生意的好坏，因此一般的开店地点，都会考虑上下班路线，尤其是住宅区。对于所有的企业来说，职工上下班也需要便利的交通。因此交通因素是企业选址必须要考虑的重要因素。

2. 经济因素

经济因素包括多个方面的内容。首先是一个地区的经济发展水平，一个地区的经济发展水平决定了这个地区的消费水平和对产品或服务的需求情况。选择靠近企业产品和服务的目标市场有利于接近客户，降低运输成本，减少分销费用，提供便捷服务。其次是一个地区的人口收入水平，附近人口的收入水平对选址也有着重要影响。家庭人均收入可以通过入户抽样调查取得。在企业选址时，应以可支配收入较多者居住区域为优先考虑的因素。再次是一个地区的竞争对手分布情况，从竞争对手的角度看，经营地点的选择有两种不同的思路。一是选择同行聚集林立的地方，同行成群有利于人气聚合与上升，如建材市场、家电市场、小商品市场等；另一种思路是与现有企业在经营品种、经营理念和经营档次上形成相互补充的关系，即"别人淘金我卖水"的思路。总之，在选址时，要充分了解该地附近类似企业的数量、规模、装修、品种、价格及待客态度如何，自己的加入将是增加竞争还是互为补充。

3. 人口因素

人口因素也包括多个方面因素的考虑，创业者选址应该尽可能对选址附近的社区、家庭数量、消费者数量、性别、年龄、教育程度、职业、人口稳定等情况进行充分调查。首先是人口密度，一个地区的人口密度，可以用每平方公里的人数或者户数来衡量。一般来说人口密度越高，则越适合开办一些商业企业。其次是附近的人员特征和客流规律，如附近流动者多为儿童，那他们可能是快餐店的顾客，而不是服装店的顾客。再次是人流的高峰时间，如有的地区是白天人口密度高。最后还需要了解人流来往的目的和停留时间。

4. 发展前景

新创企业选址时要有长远眼光，在了解地区内的交通、街道、市政、绿化、公共设施、住宅及其他建设或者改造项目的规划前提下，做出最佳地点的选择。有的地点虽然目前看来十分合适，但是可能会随着市政建设规划而变得不合适；有的地点从目前来看虽然不理想，但也有可能成为有前途的新的商业中心。

三、企业选址的具体步骤

企业选址是一项复杂的工作，在企业选址过程中，创业者需要进行全面的实地调查，反复论证，最终才能提高企业选址的科学性。企业选址的具体步骤如下。

1. 条件分析

创业者根据自己的具体条件从几个方面考虑企业选址的条件，主要包括三个方面：需求分析、费用分析、约束条件分析。

（1）需求分析　就是根据创业企业的核心业务、主要产品和服务、目标客户等因素，列出企业在选址时必须满足的选址条件。

（2）费用分析　计算企业选址可能需要支付的相关费用，包括房租、交通、水费、电费以及其他需要支付的费用项目，在此基础上核定企业选址的费用的可能水平及费用上限。

（3）约束条件分析　根据创业企业的具体情况，考虑是否有一些其他的必须满足的约束条件，也需要在企业选址时一并考虑。

在此基础上，创业者再进一步列出"必需的"和"希望的"选址条件。

2. 选择某一个地区

无论选择在哪个城市创业，都需要对这个城市不同商圈进行考察和比较，根据前面列出的选址条件选定一个地区作为创业选址的范围。

3. 在同一地区选择若干地点

根据前面的分析，对在同一地区进行进一步的考察，从该地区选择几个比较适宜的地点。

4. 进行实地考察

通过实地考察，比较不同地点的差异，主要包括交通、基础设施、配套设施、周边社区、周边人口构成、周边市场情况、竞争对手情况等。

5. 收集数据

进行实地调查，主要包括不同时段的人流量、车流量、车流方向、人群构成、消费情况等。

6. 业内咨询

收集该地区同行的相关意见，并向有经验的业内人士或者专家请教。

7. 做出决策

综合分析收集到的信息，做出企业选址决策。

2015中国十大企业选址事件

"2015中国十大企业选址事件"评选通过对选址事件的企业规模、成本投入、投资强度及产业链的价值等进行综合考量，联合专业机构进行调查与评选，征求行业内专家意见，并进行为期两个月网友投票活动，结合搜狐焦点产业新区等行业媒体观察，最终形成"2015中国十大企业选址事件"。

1. 微软关闭北京及东莞手机工厂

微软自收购诺基亚以来，一直未有建树。诺基亚昔日风光不再，微软中国区业务也一再收缩。微软关闭诺基亚原来位于北京和东莞两家工厂，而亚洲的产能将全部由越南工厂承担。微软在全球仅保留3家手机工厂，均分布在新兴地区。微软快速整合诺基亚，以求削减开支、节约成本。这与其正在中国遭受反垄断调查不无关系。而中国越来越高的生产成本，也迫使外资企业选择迁徙至成本更为低廉的国家和地区。

【点评】从产业迁徙路径来看，中国原有的低成本优势越来越小，外资需要寻找新的适合产业生长的土壤。而这也是中国制造业升级，向"制造业强国"转变所必须经历的阵痛。

2. 万达集团总部从北京迁至上海

万达集团要把总部从目前的北京搬到上海,未来将建造新的总部大楼,很可能落户上海浦东,而据报道,目前万达电商已把业务总部放到了上海。分析人士指出,更容易迁移到上海的是万达的新板块业务,无论是电商还是金融,都需要上海这座城市最前端的技术和信息支持。

【点评】作为年纳税额近300亿元的纳税大户,万达总部搬迁涉及注册地及纳税地区的更改,牵动地方政府神经。

3. 苹果海外首个光伏项目选址四川

近年来中国光伏行业本身在转暖,光伏产业不再一味追求产能,而更注重质量以及市场开拓的问题。苹果公司选择了这样一个时机,进入中国光伏市场。四川苹果光伏项目,不但是苹果公司在中国的首个光伏项目,也是其海外的首个光伏项目。在世界各地采用清洁,可再生能源,是要实现全球范围内所有苹果公司设施100%采用可再生能源,这是苹果的目标。未来苹果在中国的办公设施和零售店100%采用可再生能源供电。然而,据媒体报告,在与四川晟天新能源的合作中,苹果的身份只是个财务投资者,涉水中国光伏,是履行社会责任的噱头?

【点评】苹果或许通过投资中国光伏,布局未来的能源互联网市场。苹果入川,产生"眼球效益"吸引更多产业巨头关注、投资四川。

4. 北京600家大红门商户入驻白沟

过去,要说北京哪里卖便宜衣服,当属"动批""大红门"。为了疏解北京非首都功能,专业性市场等低端功能将疏解至北京以外,原有市场已经启动就地改造试点。北京600家大红门商户搬迁只是京津冀一体化产业转移下的一个缩影。为了加快京津冀一体化推进速度,京津冀三省市实行市场准入负面清单管理,产业转移指导目录确定了信息技术、装备制造、商贸物流、教育培训、健康养老、金融后台、文化创意、体育休闲八大类重点转移产业。

【点评】京津冀协同发展拉开序幕,三地从一般产业到高端产业合作,将以园区作为点来支撑,推动京津、京冀产业带合作,由点到面,将形成全方位的产业转移和产业合作。

5. 阿里巴巴北京总部落户望京

阿里巴巴一掷千金在北京寸土寸金的望京买楼了,从杭州起家的阿里巴巴,在北京开辟第二战场,将望京绿地中心3号楼作为北京新总部。到2016年,阿里北京的所有员工将搬至望京。据悉,阿里非电商业务将驻扎北京,马云曾表示北京是竞争对手最强的地方,只有在北京深深扎住,才能参与中国经济的发展。

【点评】北京成为TMT企业必争之地。量身定制的自建大楼或园区是TMT行业巨头最好的选择。一方面,有利于成本控制;另一方面,吸引人才,为员工创造多元化、舒适度高和趣味度高的环境,使员工的多方面需求能够得到满足并获得乐趣。

6. 日韩企业从中国迁往越南

受益于劳动力成本较低,日韩制造业工厂进驻越南的热潮仍在持续。近两年,中国开始强调制造业的转型升级,剔除廉价代工厂,提升本土企业品牌溢价能力和制造能力。在这样的大背景下,部分外资工厂开始转移。另一方面,日韩企业并非全面撤离中国,而是开始大幅度调整对华投资,撤离一般低端制造业,增加对高端制造业的投资。

【点评】外资企业搬离,这是中国产业升级必须要经历的过程。在中国和世界工厂告别的时候,中国希望更多外资企业能把研发中心、区域总部等高层分工放在中国,但这种调整却没有那么快。

7. 中兴全球最大生产基地落户西安

中兴已在全球建立19个研发中心和18个生产基地。中国生产基地主要设立于深圳、杭州、西安。未来西安基地将担负中兴手机高端智能手机的生产。西安对中兴的吸引力主要有三个方面:人才优势、区位优势和丝路起点战略优势。值得一提的是,中兴西安基地邻近即是三星芯片园区与比亚迪结构件工厂,中兴不出园区即可实现就近配套。

【点评】随着东部沿海城市用工成本增加和城市发展的去制造业趋势,一些制造业向中西部地区的转移是大势所趋。

8. 顺丰电商产业园落户泰州、长春

2015年3月,占地150亩、总投资2.5亿元的顺丰电商产业园落户泰州海陵区城北物流园,占地面积20万米^2、一期投资10亿元的长春顺丰电商产业园也签约开工。顺丰的物流野心,远不止于快递。未来5~8年,顺丰将在全国50多个城市布局物流园区,建立全国性的电商服务网络体系,为众多电子商务客户及商家提供仓储、物流、融资、销售等全产业链电商服务。

【点评】物流巨头自建园区已然是一种趋势。电商产业园是借助顺丰已具备的强大营运能力,为电商企业提供全面的一站式服务,是顺丰战略转型的重大举措。

9. 亚马逊国际贸易总部落户自贸区

美国电商巨头亚马逊打算在中国大干一场,落脚点是上海自贸区。去年上海自贸区管委会、上海市信息投资股份有限公司与美国亚马逊公司,签署了关于开展跨境电子商务合作的备忘录。亚马逊正式在上海自贸区设立国际贸易总部,发展跨境电子商务、跨境贸易和跨境金融业务,该总部成为亚马逊全球业务的枢纽。从此,中国消费者将可以"同期、同款、同价"购买亚马逊美国、欧洲等境外网站的货品。

【点评】亚马逊放大招,不仅仅是为了巩固中国现有市场,其目标更多地还是指向中国电商巨头。

10. 创业公司选址北上广深杭

近几年,80后90后已逐渐成为中国商业的主流,很多旧有的商业模式已被颠覆,创业公司在中国发展起来。在北京、上海、深圳等创业氛围浓厚的城市,不仅有充满激情的大学生在创业,很多白领中高层、公务员也跃跃欲试投入到创业大军中。面对着每年数量庞大的毕业生和就业压力,政府给予创业者各项税收、贷款、融资、办公场所、工商注册等优惠政策。在政策不断松绑与扶持之下,中国已进入创业近乎"零门槛"时代。

【点评】简政放权、互联网技术发展带来创新、高新区与科技园区的载体功能、"职业创业人"的崛起等,带动新一轮创业浪潮。

新常态下,企业选址现新趋势:

中国经济进入"新常态",企业选址呈现出几个剖面。这一年,我们能够看到,与以往世界500强企业落户、涉及百亿投资的大体量选址事件相比,草根创业者的选址行为受到越来越多的关注。

"大众创业,万众创新"政策开启"众创时代"序幕,创业者的选址成为热门。创业要靠近资本,靠近人才,靠近市场和受众群体,有利于展开上下游的互动,进行调研,获取最前沿的市场动态。中国东部仍然是创业的主要地区,北京、长三角地区和珠三角地区成为最主要的创业基地,西南地区的重庆、成都也有后来居上之势。

这一年,松下、三星等知名外资企业正纷纷在东南亚和印度开设新厂,加速撤离中国,并且一些原本在华生产的外资高端制造业回流发达国家。从产业迁徙路径来看,中国原有的低成本优势越来越小,外资在寻找新的适合产业生长的土壤。中国正在经历制造业的升级,向"制造业强国"转变的阵痛。

外企对于中国投资,对于成本的关注越来越明显,对于人才的争夺也更加激烈;与此同时,很多外资企业开始摒弃此前独立自我的状态,更多地向中方合作伙伴靠拢。外企投资正从制造业转向服务业,从劳动密集型转向技术密集型,从东部沿海地带向中西部地区转移。

这一年,在京企业开始成批地"主动疏解"至周边区域。北京600家大红门商户入驻保定白沟,北京石材企业迁移至唐山,北京生物医药企业批量转移至沧州……京津冀产业转移进入实质化阶段。信息技术、装备制造、商贸物流、教育培训、健康养老、金融后台、文化创意和体育休闲等八大类确定为重点转移产业。

这一年,TMT行业的蓬勃发展,使其在办公空间市场中占据了很大份额。多数TMT企业仍处于快速扩张的阶段,原有租用面积大以及高租金成本的压力,使得许多企业从核心商圈迁出,入驻租金较低的新兴商圈以及产业园区。大型TMT企业则选择拿地自建或购买整栋办公楼。同时,由于工作性质及特点,部分TMT企业开始实行家庭办公。

纵观以上十大选址事件,很多城市逐渐成为企业关注的选址新热地,包括西安、天津、成都、重庆。在企业选址过程中,对于成本和产业的优化是主要趋势。制造业企业倾向于人力成本更低,原材料价格更低的区域;而对于人才需求迫切的第三产业及科技类企业,则更多地向人才、产业集中度高,创新程度高,思想活跃高的区域转移;对于某些企业来说,其选址也体现其企图影响政策决策的诉求。

资料来源:2015中国十大企业选址事件,http://chanye.focus.cn/news/2015-07-10/6224923.html。

训练项目一　创业计划书撰写训练

一、训练内容

各个小组遵循创业计划书的编制原则,分工完成一份创业计划书的编制,将创业点子发展成为创业项目的策划方案。要求如下:

1)包含创业计划书的基本要素与内容,不能有主要内容的缺失。
2)创业计划书的模板可以参考辅助材料中的模板或者教师推荐的其他模板。
3)篇幅合理,教师可以根据具体情况限定字数。
4)文字简洁、语言流畅。

二、训练步骤

可参考第七章训练项目一创业机会识别训练。

1)分组。
2)团队建设。
3)教师讲授相关理论并布置作业。

4）小组准备作业。在这一环节，建议的工作流程为：①每个小组选择一个创业项目作为创业计划书的撰写内容，这个项目最好是前期创业训练的项目，也可以由教师根据教学需要为每个小组重新选择或者设计创业项目；②如果小组前期已经进行过该创业项目的市场调查，则可以利用前期市场调查的数据，如果还没有进行过市场调查，则小组应准备一份市场调查纲要，进行一定范围的市场调查，获取相应数据；③小组成员分工完成创业计划书不同部分的编制；④小组通过集中讨论，对创业计划书进行修改完善；⑤创业计划书定稿并打印。

5）提交作业。

三、训练要求

具体训练要求同第二章训练项目。

四、考核办法

具体考核办法同第二章训练项目。

训练项目二　企业选址训练

一、训练内容

在创业进入实际操作阶段时，需要完成的工作头绪繁杂，难度增大，既需要大学生们具备相应的理论知识，也需要培养大学生们的实际操作能力和职业素养。其中，创业选址需要大学生进行实地调查、缜密分析、团队讨论，最终形成选址决策，这一项工作培养了创业团队的综合能力和素质，因此也作为本章的训练环节。在本章训练环节，将创业选址作为训练内容之一。

二、训练步骤

1）分组。

2）团队建设。

3）教师讲授相关理论并布置作业。教师安排一定课时（2h为宜）进行理论教学活动。

4）小组准备作业。在注意环节，建议的工作流程为：①每个小组选择一个创业项目作为创业计划书的撰写内容，这个项目最好是前期创业训练的项目，也可以由教师根据教学需要为每个小组重新选择或者设计创业项目；②小组通过讨论和各项信息收集，根据创业项目的具体情况，确定5项在此次企业选址中的关键要素，见表10-5；③小组根据企业选址目标调查表，制订调查计划，分工完成企业选址调查；④小组进行实地调研和小组研讨，根据企业选址影响因素统计表确定企业选址的具体地点；⑤小组确定企业选址决策后，形成报告，对小组的工作过程、选址决策及决策理由进行详细说明。

表10-5　企业选址影响因素统计表

	企业选址影响因素	个人选择	小组选择
影响因素	1		
	2		
	3		
	4		
	5		

5）报告展示。

三、训练要求
具体训练要求同第二章训练项目。

四、考核办法
具体考核办法同第二章训练项目。

辅助材料

一、创业计划书撰写模板

1. 前言

前言包括封面、目录和企业创业计划概述。前言部分主要写作目的在于让读者可在10分钟之内读完全文，并做出是否有兴趣投资的初步决定。如果想要引发投资兴趣，以进一步使投资人详读整本产业计划书，那么前言部分就必须要信息充分，且具有吸引力。

（1）封面　企业名称、联络地址、电话传真、E-mail：越容易让投资人联络到创业者，后续联系就越可能发生；

联络人姓名及职称：联络人最好是创业者本人或者是主要创业人员，必须能完全了解本创业企业现状，随时都能准确回答投资人的任何问题。

企业成立时间，并注明这本创业计划书的完成时间。

创业计划书的递送对象或筹资、融资对象：尽量使该公司的完整全名。

（2）目录页（略）

（3）创业计划概述　创业计划概述也称作创业计划摘要或执行概览，它作为创业计划书的第一项内容，是整个创业计划的摘要和主体内容，类似于一篇论文的详细摘要。主要目的是为了吸引战略合伙人或风险投资者的注意和兴趣，使他们迅速对新创企业有一个全面而准确的了解。因此，创业计划概述也可以说是整个创业计划书的核心凝练，是精华所在。由于时间宝贵，投资人不可能一开始就看完整个创业计划，只有觉得执行概览不错，才会愿意花费时间阅读全篇，所以创业计划概述甚至是创业计划书中最重要的部分。

有了创业计划概述，则说明创业计划书完成了一半，而且是最重要的一半。计划书中接下来的各部分内容与创业计划概述中的标题一一对应，将是对创业计划概述的详细解读。投资者只有对创业计划概述感兴趣，才肯花时间仔细阅读下面的内容。

创业计划概述篇幅不宜过长，要待创业方案全部内容撰写完毕后才能动笔。创业计划概述最简单的格式是在逐项基础上提供对创业计划的总览，内容主题是以创业计划中的相同顺序来描述。

2. 企业描述

创业计划书的主体内容从企业描述开始，应详细介绍包括企业发展史、特色和差异化、市场定位和企业使命、企业向目标市场提供的具体产品和服务、企业名称和品牌来源等。这一部分应该清楚解释企业创意的来源以及企业创建的驱动力量，企业自我定位以及当前创业项目的进展情况。

3. 产业（行业）分析

产业分析是市场分析和产品介绍的前提和基础，因为任何企业都身处所从属行业的大环境之中，行业的规模、竞争格局、背景、特征都会影响企业商机的把握和创业前景，因此，产业分析有助于未来市场调研和营销战略的制订。产业分析包括宏、微观环境分析，如政治法律环境、社会文化环境、技术环境、竞争对手、顾客需求、营销渠道等方面。

4. 市场调查和分析

这部分着重于对创业项目的目标市场进行调查和深入分析。充足的市场分析有助于了解顾客需求和购买行为特点，从而可以提供相适宜的产品或服务。此外，市场调查也有助于企业说服投资者相信自己对于创业机会的把握是准确的，因为它能够描述出企业预期的销售额和市场份额。市场分析主要涵盖目标市场分析、消费者行为分析以及竞争者分析。

5. 产品服务

产品介绍是创业计划书中不可缺少一个部分，本部分精确地描述产品或者服务的名称、特征、功能等，还要对于产品或者服务的成本、定价依据、利润等情况进行说明，以及尽可能详尽地描述产品或服务的消费者。描述要求准确、通俗易懂，可以附带产品原型、图纸等加深投资者对产品的印象。

如果产品是全新的研发产品，还应该说明研发工作的进展情况，包括研发工作的当前阶段、下一步工作的打算、研发成本及所需时间等。最后，还要说明企业拥有的或打算保留的专利、商标、版权及商业秘密等。

6. 营销战略与策略

营销战略与策略主要描述企业将如何制订营销策略达到预期销售目标的状况，投资者从营销战略中可以看出企业进入市场的能力。企业首先必须明确自己的目标顾客，因此需要首先制订营销战略（目标市场战略），通过市场细分来确定自己的目标顾客，并为其生产相应的产品和服务；为了实现营销战略，需要辅以策略支持，即4PS策略（产品、价格、渠道和促销）。

7. 商业模式

商业模式的核心是收入定价假设。商业模式是投资者最为关心的主题之一，因为这关系到企业的投资收益率和投资者的利润回报所在，是否值得投资要看企业能否有足够的收入、利润和增长来证明商业模式可行。

8. 管理团队

创业管理团队是投资者比较重视的一项内容。创业专家乔尔·库茨曼认为，企业第一位的因素是人，其他因素次之。尤其是寻求融资的初创企业，胜出者往往是那些靠着准备更好地执行其创业计划的管理团队获得融资。管理团队一般包括企业创建者和关键管理人员。创业计划书应该提供每个管理团队成员的个人简介，并显示他为何能够胜任，为何能对企业做出特殊贡献，关键管理人员的完整情况可以作为附录置于创业计划书末尾。而公司结构也必须存在，因为它将解释企业内部权力和责任的分配。

9. 融资方案

好的融资计划和财务分析可以帮助企业降低经营风险，增强风险企业的评估价值，提高企业获取资金的可能性。创业计划书如果没有完整的融资计划和财务状况计划，则投资人很难知道这份计划书是否可行，投资是否会有收益，因此也就无法提供融资或资金所需的信息。必备的财务信息包括资金明细表、预计利润表、资产负债表、现金流量表和比率分析等。

10. 风险分析

任何创业都是机会和风险并存的,只分析机会如何把握,而不思考可能产生风险的诸多因素,这是不客观的创业计划。创业计划书中应该分析企业可能面临的技术、市场、政策、经济等方面的风险和问题,提出相应的合理有效的规避方案等。风险分析包括政策风险、行业风险和市场风险、管理风险、人力资源风险、财务风险及其他风险。

11. 附录

附录是创业计划书的辅助材料,可以包括调查问卷、相关政策法规、图表信息等,反映了创业计划书写作的依据与相关材料。

二、企业选址目标调查问卷

企业选址目标调查问卷

1. 目标区域基本情况

(1) 地址　市_____区_____街_____。

(2) 占地面积　占地_____平方米。

(3) 地区主要分布　企业单位_____个;事业单位_____个;商业机构_____个;居民小区_____个;其他机构_____个。

(4) 本地区属于下面哪一种社区?

老城区(　) 　　　新社区(　) 　　　高新区(　) 　　　郊区(　)

另附:

1) 本地区地图(A4纸)。

2) 目标店所处区域具体位置图(可用当地交通地图局布复印,A4纸)。

备注:

2. 目标店周边环境(以3千米为辐射半径)

(1) 人口密度

40万人以上□　　　　　　　　　　30万~40万人□

20万~30万人　　　　　　　　　　20万人以下

(2) 家庭人数

5人以上□　　3人以上□　　2人□　　1人□

(3) 文化水平

本科以上□　　高中以上□　　初中□　　初中以下□

(4) 职业构成

公务员□　　国企□　　私企　　其他□

(5) 收入水平

5000元以上　　　　　　　　　　　2500~5000元□

1000~2500元□　　　　　　　　　1000元以下

(6) 消费水平

月收入的50%以上　　□　　　　　月收入的30%~40%　□

月收入的10%~20%　　　　　　　月收入的10%以下　□

（7）流动人口数量

人口密度的 30% 以上 □　　　　　　　人口密度的 20%~30% □

人口密度的 10%~20% □　　　　　　　人口密度的 10% 以下 □

（8）产业结构

商业区 □　　　　　工业区 □　　　　　农业区 □

（9）交通状况　交通流量统计见表 10-6。

表 10-6　交通流量统计表

_____年___月___日星期_____调查时间自_____至_____

天气情况_____气温_____

	方　向	时　间	数　量
行人自行车	___至___	___时___分至___时___分	
	___至___	___时___分至___时___分	
	___至___	___时___分至___时___分	
	___至___	___时___分至___时___分	
私家车辆	___至___	___时___分至___时___分	
	___至___	___时___分至___时___分	
	___至___	___时___分至___时___分	
	___至___	___时___分至___时___分	
公交车出租车	___至___	___时___分至___时___分	
	___至___	___时___分至___时___分	
	___至___	___时___分至___时___分	
	___至___	___时___分至___时___分	

（10）消费者的购物方式

私家车 □　　　　公交车 □　　　　自行车 □　　　　步行

（11）自然、人为地理障碍

山脉 □　　　　桥梁 □　　　　铁路　　　　没有

（12）是否有不同的商业行业企业（如有，请注明企业名称）

饮食业：

服务业：

娱乐业：

邮电业、银行业：

（13）是否有同类型门店（如有，请注明门店名称）

有 □　　　　　没有 □

名称：

（14）请用文字描述该城市将来发展的计划，如交通网络的开发、社区发展计划及商业区的建设计划等。

复习思考题

1. 常见的企业法律形式有哪几种？它们有什么差异？
2. 企业登记注册的流程是什么？
3. 影响企业选择的因素有哪些？

参 考 文 献

[1] 曾湘泉. 高校毕业生结构性失业原因及对策分析 [J]. 教育与经济, 2009 (1): 1-4.
[2] 赵履宽. 劳动就业与劳动力市场建设 [M]. 南京: 江苏人民出版社, 2006.
[3] 陈岩. 大学生就业选择的认知影响因素探究及对策分析 [D]. 哈尔滨: 哈尔滨工程大学, 2011.
[4] 王茜. 我国大学生就业运行机制中的政府职能研究 [D]. 长春: 吉林大学, 2010.
[5] 李旭. 大学生职业不适应性问题探析 [J]. 皖西学院学报, 2005, 21 (1): 144-147.
[6] 李志, 邓维, 李兢. 大学生职业适应性障碍的自我认知研究 [J]. 青年探索, 2008 (4): 70-73.
[7] 黄俊毅, 沈华玉, 胡潇文. 大学生职业生涯规划 [M]. 北京: 清华大学出版社, 2010.
[8] 王昆来, 尹玉斌. 大学生职业发展与就业指导 [M]. 北京: 科学出版社, 2011.
[9] 张涛. 创业教育 [M]. 北京: 机械工业出版社, 2010.
[10] 刘万韬, 那菊华, 王钰允. 大学生职业生涯规划 [M]. 西安: 西安电子科技大学出版社, 2015.
[11] 宋爱华. 大学生职业生涯规划教程 [M]. 北京: 化学工业出版社, 2016.
[12] 陈姗姗, 吴华宇. 大学生职业生涯规划与就业创业指导 [M]. 2 版. 北京: 中国经济出版社, 2012.
[13] 石笑寒, 张艺. 大学生职业生涯发展与规划 [M]. 北京: 清华大学出版社, 2017.
[14] 王彩凤. 大学生职业生涯规划与就业指导 [M]. 北京: 中国人民大学出版社, 2014.
[15] 张利君. 我国大学生创业实践模式的探索以及构建 [J]. 国家教育行政学院学报, 2010 (9): 65-68.
[16] 李娟, 杜广辉. 大学生职业生涯决策影响因素及教育对策研究 [J]. 教育教学论坛, 2016 (19): 33-34.
[17] 通识教育规划教材编写组. 大学生就业指导 [M]. 北京: 人民邮电出版社, 2016.
[18] 刘红霞, 万是明. 大学生就业与创业实训教程 [M]. 2 版. 北京: 科学出版社, 2016.
[19] 刘玺明, 陈洪玲, 赵劲, 等. 大学生就业指导与创业教育的理论与实践 [M]. 北京: 中国人民大学出版社, 2014.
[20] 麦可思研究院. 2017 年中国高职高专生就业报告 [M]. 北京: 社会科学文献出版社, 2017.
[21] 邹思扬. 大学生就业指导与创业实务 [M]. 沈阳: 东北大学出版社, 2017.
[22] 曲振国. 大学生就业指导与职业生涯规划 [M]. 北京: 清华大学出版社, 2015.
[23] 胡恩立. 大学生就业指导 [M]. 北京: 高等教育出版社, 2018.
[24] 黄赤兵. 大学生就业指导 [M]. 厦门: 厦门大学出版社, 2015.
[25] 程志玲. 大学生就业能力培养策略研究 [D]. 大连: 大连理工大学, 2009.
[26] 王麒凯. 大学生就业规划意识、就业准备与就业竞争力及其关系的研究 [D]. 重庆: 重庆大学, 2010.
[27] 杜旌, 尹晶. 无领导小组讨论中个人绩效的影响因素——基于性格、价值观和团队经验的研究 [J]. 人力资源管理研究, 2009, 46 (4): 132-141.
[28] 刘春. 浅谈大学生求职技巧及训练指导 [J]. 唐山职业技术学院学报, 2009 (2): 74-76.

[29] 马占军. 浅议对大学生礼仪普及与规范的重要作用 [J]. 品牌（下半月），2010（11）：42.
[30] 黎恒. 无领导小组讨论研究现状和理论进展 [J]. 人类工效学，2005，11（3）：61-63.
[31] 徐秋梅. 和谐社会视野下大学生礼仪修养提升的路径选择 [D]. 上海：华东师范大学，2009.
[32] 丁萍. 大学生礼仪教育研究 [D]. 济南：山东师范大学，2010.
[33] 马兴梅. 浅论大学生礼仪教育 [J]. 安阳师范学院学报，2009（4）：102-104.
[34] 钟万林. "大学生礼仪"课程教学实践探索 [J]. 科学咨询，2009（7）：79.
[35] 李璐，李纪宾. 浅谈当代大学生求职礼仪 [J]. 中国科技信息，2010（23）：155-156.
[36] 李桂鑫. 试论我国大学生就业权益的保护 [J]. 学校党建与思想教育，2011（18）：115-117.
[37] 张永斌，丁天生. 浅析新时期的大学生权益保护 [J]. 劳动保障世界，2016（32）：5-6.
[38] 柯新华. 就业与劳动权益保护维权实例与实务指引 [M]. 北京：法律出版社，2013.
[39] 杨志军. 大学生就业权益保护问题研究 [J]. 出国与就业（就业版），2010（2）：54-56.
[40] 卢少华. 大学生就业权益保护实用手册 [M]. 北京：中国政法大学出版社，2014.
[41] 孙素芳. 图说劳动合同法下的大学生就业权益保护 [M]. 成都：西南交通大学出版社，2012.
[42] 王丽娟. 中国大学生就业权益的法律保护 [M]. 南京：南京大学出版社，2011.
[43] 王庆生，王坤. 大学生创业基础 [M]. 北京：清华大学出版社，2013.
[44] 郑伟. 大学生创业指导教程 [M]. 北京：机械工业出版社，2012.
[45] 马雅红. 大学生创新创业教育基础与能力训练 [M]. 北京：北京理工大学出版社，2016.
[46] 施永川. 大学生创业基础 [M]. 北京：高等教育出版社，2015.
[47] 冯丽霞，王若洪. 创新与创业能力培养 [M]. 北京：清华大学出版社，2013.
[48] 余博. 我国大学生创业团队组建研究 [D]. 上海：华东师范大学，2016.
[49] 李剑锋. 组织行为管理 [M]. 3版. 北京：中国人民大学出版社，2006.
[50] 陆晓峰. 大学生创业项目的选择 [D]. 上海：复旦大学，2010.
[51] 吴萍. 基于市场调查法的旅游目的地形象设计研究 [D]. 北京：北京第二外国语大学，2006.
[52] 陈玉锋. 企业商业模式设计及创新研究 [D]. 大连：大连海事大学，2008.
[53] 齐严. 商业模式创新研究 [D]. 北京：北京邮电大学，2010.
[54] 康秋林. 大学生创业项目选择的策略 [J]. 当代经济，2015（3）：100-101.
[55] 陈春花，曹洲涛，刘祯，等. 组织行为学：互联时代的视角 [M]. 北京：机械工业出版社，2016.
[56] 洪大用，毛基业. 2016大学生创业报告 [M]. 北京：中国人民大学出版社，2017.
[57] 王丹，李达伟. 在校大学生创业融资瓶颈探析——以内江师范学院为例 [J]. 职业技术教育，2016，37（8）：59-62.
[58] 王成. 我国创业融资困境与对策研究 [D]. 武汉：武汉科技大学，2016.
[59] 靳能茂. 山西大学生创业融资环境研究 [D]. 太原：山西财经大学，2017.
[60] 李肖鸣，朱建新. 大学生创业基础 [M]. 2版. 北京：清华大学出版社，2013.